Comprehensive Anatomy of Motor Functions

运动功能的理解性解剖

Comprehensive Anatomy of Motor Functions

运动功能的理解性解剖

原　著　Pierre Rabischong

主　译　凌　锋　鲍遇海

译　者　（按姓名汉语拼音排序）

鲍遇海　首都医科大学宣武医院

杜郭佳　新疆医科大学第一附属医院

郭宗铎　重庆医科大学附属第一医院

李路明　清华大学航天航空学院

李茗初　首都医科大学宣武医院

梁建涛　首都医科大学宣武医院

凌　锋　首都医科大学宣武医院

刘思祎　首都医科大学宣武医院

刘晓东　山西医科大学第一医院

楼美清　上海交通大学医学院附属第一人民医院

陆　夏　首都医科大学宣武医院

任革学　清华大学航天航空学院

尚　峰　首都医科大学宣武医院

宋　刚　首都医科大学宣武医院

孙　澎　首都医科大学宣武医院

王　杰　上海德济医院

尉辉杰　天津医科大学总医院

徐　磊　重庆市第四人民医院

徐巳奕　上海交通大学医学院附属仁济医院

徐远志　上海交通大学医学院附属第一人民医院

钟春龙　上海交通大学医学院附属仁济医院

北京大学医学出版社

YUNDONG GONGNENG DE LIJIEXINGJIEPOU
图书在版编目（CIP）数据

运动功能的理解性解剖/（法）阿波斯冲（Rabischong，P.）原著；凌锋，鲍遇海主译. —北京：北京大学医学出版社，2016.1
书名原文：Comprehensive Anatomy of Motor Functions
ISBN 978-7-5659-1284-9

Ⅰ.①运… Ⅱ.①阿…②凌…③鲍… Ⅲ.①运动解剖 Ⅳ.①G804.4

中国版本图书馆 CIP 数据核字（2015）第 273995 号

北京市版权局著作权合同登记号：图字：01-2015-7085

运动功能的理解性解剖

主　　译：凌　锋　鲍遇海
出版发行：北京大学医学出版社
地　　址：（100191）北京市海淀区学院路 38 号　北京大学医学部院内
电　　话：发行部 010-82802230；图书邮购 010-82802495
网　　址：http://www.pumpress.com.cn
E - mail：booksale@bjmu.edu.cn
印　　刷：北京强华印刷厂
经　　销：新华书店
责任编辑：高　瑾　　**责任校对**：金彤文　　**责任印制**：李　啸
开　　本：787mm×1092mm　1/16　　**印张**：11.75　　**字数**：272 千字
版　　次：2016 年 1 月第 1 版　2016 年 1 月第 1 次印刷
书　　号：ISBN 978-7-5659-1284-9
定　　价：129.00 元

译者前言

在中国国际神经科学研究所（China-INI）即将落成之际，我们对进入这座大脑型的建筑充满期待和思考。人能认识完全自己的大脑吗？“不识庐山真面目，只缘身在此山中”不正是这座建筑对大脑研究的真实写照吗？我们一遍遍地问自己：

人类为什么能做微雕、刺绣、杂技、舞蹈等如此精致而又美轮美奂的动作？

人类的各组织结构为什么要如此组成？

每一个动作或功能都涉及了哪些解剖结构？

是进化论导致如此精致的结构和功能完美的统一还是造物主的精美设计？

恰逢法国蒙彼利埃大学医学院的 Pierre Rabischong 教授新出版了这本《运动功能的理解性解剖》，给了我们一个清晰的回答。

Rabischong 教授是一位享誉世界的解剖学家，他提出、倡导并系统阐述了“理解性解剖”（comprehensive anatomy）的理念。这一理念区别于传统的描述性解剖（descriptive anatomy）和功能性解剖（functional anatomy），是从发现和认识人体的各种具体运动功能入手，阐述实现这些功能的原理，再解释并描述涉及的解剖结构，从而架设起一座从功能到形态的桥梁。

Rabischong 教授同时是一位生物医学工程专家，他将理解性解剖的理念应用于生物力学研究、计算机辅助外科研究以及功能性义肢的设计，从 20 世纪 70 年代至今，历数十年而不辍。他先进的解剖理念和丰硕的研究成果使神经外科医师及众多领域的专家学者受益，因此被前世界神经外科联合会主席 MadjidSamii 教授誉为“教授们的教授”。

本书是 Rabischong 教授多年来对运动功能理解性解剖研究的总结，内容精辟，图文并茂，结构清晰。本书由 MadjidSamii 教授作序，前言是作者对自己理解性解剖学思想的哲学概括；第一章讲述运动功能的基本概念，是全书的基础；第二章至第十章为各论，分别讲述脊柱的运动功能、行走、抓握、眼球运动、面部运动、咀嚼、吞咽和言语、膀胱与直肠的控制，以及射精与性高潮等内容，涉及了人体各种主要的运动功能。

这些内容涉及传统神经外科、脊柱外科、手外科、眼科、耳鼻咽喉头颈外科、口腔科、普通外科、泌尿外科、男科学等众多学科。作者将分散于上述各专科中的、与人体生存和生活质量密切相关的主要的运动功能融会贯通，统一于理解性解剖的框架下，一定会使读者建立起对人体运动功能的透彻理解，进而使临床工作受益。

鉴于本书的上述特点，主要阅读对象除上述各专科的临床医生和感兴趣的医学生外，还应包括康复科学、生物医学工程、义肢设计、人体工学研究等领域的研究人员。

本书翻译工作由China-INI联盟读书会组织，盟员单位神经外科临床医生分工合作完成，清华大学航天航空学院李路明教授和任革学教授负责全书力学和生物医学工程术语的审校，翻译过程中得到了北京大学医学出版社和高瑾编辑的大力支持，在此一并表示感谢。

本书打开了一扇认识人体各种运动功能的大门，也锻造了这把开启人类智慧的钥匙。让我们顺着这个桥梁，去探索大脑的无限奥秘！

凌 锋

2015年3月3日于北京

原著序

能够为Pierre Rabischong教授——这位我一直敬佩的长者及科学家的新书作序，对我来说是种特殊的喜悦和荣幸。他无疑是近50年来最杰出的医学科学家之一。他的研究活动远远超出了传统解剖学的范畴，其影响不仅局限于解剖学界，更是扩展到了整个医学界。Pierre Rabischong教授在青年时期即掌握了描述解剖学的知识，但他并未止步于此。他想知道机体是如何发挥功能以及各个独立的器官和系统是如何相互连接的。Pierre Rabischong教授的下一个研究层面是生物力学——对于他来讲各个专科间人为设定的界限从来不存在。在各个领域他都做出了重要且极具创造性的贡献。事实上，Pierre Rabischong教授不仅仅是一位解剖学家，更是一位百科全书式的科学家，在多个领域都有突出贡献，包括：解剖学、生理学、计算机辅助外科学、神经假体技术和生物医学技术。

Pierre Rabischong教授的人格魅力还体现在教学：他努力不懈又满怀激情地向医学生和同行讲解人体的构成和功能。他在全球做了许多次演讲，我有幸聆听了其中的多场并乐在其中。我非常高兴Pierre Rabischong教授最终决定将他关于人体功能的观点总结在这本新书中。其内容涵盖运动器官、脊髓功能、呼吸、行走、抓取，甚至还有讲话、吞咽、膀胱和性功能等，旨在呈现“如何理解解剖而不是简单地描述其结构”。因此，所有医生，无论你对哪个专业或领域感兴趣，此书都非常有帮助。阅读这本书是一种享受，同时也是一种思维上的挑战。

Madjid Samii，M. D.，Ph. D.
神经外科学教授
国际神经科学研究所（INI）所长
汉诺威，德国

原著前言

有别于传统解剖图书对人体结构的单纯描述，本书的主要目标是阐释如何理解解剖学。本书的主要原理是：人体并非由人类建造，这是无可争辩的事实。因此，摆在我们面前的是“成果”而不是“问题”。换句话说，我们的处境如同一个工程师站在一台并非由他设计建造的机器面前，他希望同时了解这台机器的功能以及其创造者的意图。人体这一“机器”是非常复杂的，我们了解越多，越是能够在更高级的层次发现技术智慧，从而引导我们对高科技进行讨论。

想要掌握这种解剖的理解性方法，首先要做的是观察功能：如果可以，试着用“工程师”那熟悉技术应用并了解工程学词汇的眼光去观察。其次，为了明确获得某种功能需要解决的技术问题，我们不得不定义一系列技术细节，这需要在机器中发现。最后，我们有必要去追寻解剖学解决方案，利用精细的检测手段，包括磁共振成像这样现代医学史上不折不扣的革命性技术，这使我们对此了解得越来越多。在应用这种方法时，我们应努力去更好地理解为何造物主选择这些生物部件，以及做出这些选择带来的某些技术死结。当然，我们必须承认，造物主是如此优秀，以至于研究运动程序时我们很难发现设计错误。

对于任何活体的研究无非都是从三个方面进行。首先，人体结构的重要特征之一就是功能自动化。没有它，复杂的活体系统无法运转，因为“飞行员”几乎完全不了解功能实现的技术。此特征存在于大多数人类及所有动物，因而动物无法主动地干预其自身构建模式。其次，所有的人类个体都是独一无二的存在，也就是说在生命历史长河中，绝对不会出现完全一致的复制品。每个人的基因组都有着物种特有的部分，同时又有着个体的独特之处(现在科学家们正试图通过蛋白基因中的非编码区部分破解它)。对于个体特性的找寻颇有追溯生命发展史的意味，这种找寻可以证明神经元的不可再生性，因此大脑结构终其一生不变，这样能保证人格连续；同时，成长环境及文化多样性又使得每个个体都是独一无二的。

再次，个体的生命都是有限的，器官和细胞遵循一个时间周期，或者按既定程序继续增殖分化，或者维持原样。但是无论怎样变化也敌不过岁月的侵蚀，随着生命系统衰退和老化，病变及各种药物应用的增多在所难免。

最后，我们也希望这本书能成为不同运动缺陷疾病治疗（包括手法治疗）——这一未来运动系统医学一大治疗方向的基础阅读书籍。我们还添加了大量的解释绘图及影像资料以帮助理解记忆。

Pierre Rabischong
蒙彼利埃，法国

原著致谢

我首先要感谢的是 Madjid Samii，我最好的朋友之一，我认识他多年，他是一位真正的世界级的神经外科大师。

我也想感谢我所有用心并乐在其中教授的学生以及我在蒙彼利埃解剖学实验室的助手们，是他们帮助我完成了这项很有意义的任务。

如果没有法国国家健康与医学研究院（INSERM）103 单位的帮助，我不可能开展生物力学领域的研究，也无法建立与工业上诸多领域的联系，主要包括现代化机器人的汽车制造、配备特殊航行系统的飞行器制造和许多生物医疗的研发应用，尤其是在运动障碍领域。

遗体的捐献者使得我们能够为本书准备解剖图片，使人体组织结构的精美得以展示，我们必须对他们的慷慨无私致敬。

我还要感谢我许多的医生朋友，特别是世界神经外科协会（WFNS）的神经外科医师以及国际手外科协会（GEM）的外科医师，他们为我提供了宝贵的参与国际课程教学的机会。

最后，我非常感激 Nathalie Huilleret 为本书通过 Springer 公司出版在编辑上所给予的支持，以及 Anne Guilloux 在本书筹备过程中的杰出工作。

目　录

第1章　运动功能的基本概念

（尚峰　孙澎　译，李茗初　陆夏　校）

摘要

骨骼、关节和肌肉是运动系统的组成部分，它们的构筑可用生物力学的基本原理进行解释。骨骼矿化的伺服机制（servomechanism）可解释施加于骨骼的机械压力以及由此产生的压电微电流（piezoelectric microcurrent）对骨细胞的刺激，以上这些对于骨骼系统塑形的特殊作用。这一机制在骨折后骨骼再生过程中也发挥作用。关节可分为两种类型：不动关节（immobile）和可动关节（mobile），前者如颅缝，后者又包括椎间关节等微动关节（amphiarthrosis）和依据关节面形状和连结方式区分为不同类型的运动关节（diarthroses）。肌肉是具有黏弹性（viscoelastic）的单向、非线性作动器（actuators），可通过缩短其可收缩部分来产生拉力，缩短的长度不超过其自身长度的三分之一，这可用来解释人体各可运动部位的具体构成方式。临床上非常关心肌肉运动的指令与控制。就运动功能的方面来看，功能性"运动单元（motor unit）"与一个运动神经元通过开/关模式控制的肌纤维数量相一致，该数量是可变的，这说明可能存在一种比例控制（proportional control）。就感觉功能的方面来看，本体感觉来自两类传感器（transducers）：肌梭测量肌肉的僵硬度进而可检测肌肉放松、收缩、拉伸等三种状态，高尔基体可测量肌肉产生的拉力。对位置和运动的控制需要皮肤鲁菲尼小体（Ruffini transducers）提供的角度信息。有意识的、自主的运动控制用于控制动作，而非肌肉。

1.1　引言

运动功能是神经系统控制和调节的四大功能之一，其他三项为：信息交流、生物维持和"救生包"。运动功能使人体移动各个部位或使其保持在某一特定位置（姿势）成为可能。人体有相当一部分体重的存在是为了实现运动功能，运动器官的形态也由其塑造，这包括构成人体支架的骨骼以及移动和固定骨骼的肌肉和关节。在神经系统中，相当一部分中枢神经系统（脑，包括大脑、脑干和小脑）和周围神经系统（神经根、神经丛和神经）的功能是对运动进行控制。一些特殊的生物力学概念对理解所有这些器官的复杂性和精巧设计非常重要[1-4]。

1.2 运动器官的组成

1.2.1 骨骼杠杆

骨骼由两种类型的骨组织构成。

1.2.1.1 骨松质和骨密质[5-14]

骨骼是具有抗机械力的结构，其矿物成分主要由羟基磷灰石、磷酸盐和碳酸钙微结晶构成，矿物质附着于蛋白基质，后者90%的成分为胶原蛋白和黏蛋白。骨骼依据形态可分为短骨、长骨和扁平骨。

胚胎发育过程中有两种成骨方式：

- 直接方式，纤维状骨膜上成骨，如颅盖骨；
- 间接方式，软骨雏形在血管侵入后发生继发骨化而成骨。

骨质分两种：密质和松质。

骨密质由其功能单元，即骨单位构成，骨单位中心有微血管，微血管将成骨细胞从循环血液中带到局部骨组织（图 1.1）。

骨单位是在碱性磷酸酶的作用下形成的由同心圆排列的骨板构成的环状骨质结构。骨细胞（osteocytes）位于骨板之中，它们是真正的骨质细胞，其作用是使骨质发生并保持矿化。骨细胞位于微陷窝中，成骨细胞通过细小的骨小管与之交通，共同形成一个互相连接的骨细胞网络。微小的骨板按同心圆方式组合成圆筒状骨单位，蛋白基质中的倾斜的胶原纤维使其具有黏弹性的力学特性。

从力学角度来看，一种材料对机械力的反应表现为应力。应力无法直接测量，只能通过对材料形变（应变，strain）的测量间接确定，这在力学中被称为应变测量（extensometry）（图 1.2）。将一些小型电路黏在材料上，使用应变仪（strain gauges）可精确测量材料形变导致的电阻变化，从而实现应变测量。在载荷（load facor）因素下材料纵向和横向的形变被称为“杨氏纵向弹性模量（longitudinal elasticity module of Young）”，骨的杨氏模量在 20 000MPa（2000daN/mm^2）量级，骨的类型不同，其杨氏模量也不同。“泊松系数”为材料的纵向应变（ε_1）与横向应变（ε_2）之比[7]。骨骼是非均质的、各向异性的材料。钢板和螺钉等金属的杨氏模量在 200 000MPa（20 000daN/mm^2）量级，与骨骼有很大不同，在使用这些材料进行骨折内固定时，将上述生物力学参数考虑进去是十分重要的。

松质骨具有蜂窝状结构，纵向的骨小梁沿着主要受力方向排列和延伸，纤细的横向小梁与之交叉，这样可确保骨骼的整体强度（图 1.3）。骨小梁这种沿受力线方向排列的现象在胎儿期间就已出现，此时骨骼尚未受承重的影响。这种结构与用粗的主干和细的金属丝交织来提高混凝土结构牢固稳定程度的方法有异曲同工之妙。在力学上，这种蜂窝状组织因其几何结构而具有很好的承重性能，并且还减少了骨组织的量，明显降低了自重。然而，这种结构仅有轻微的弹性，在过高压力的情况下会产生残余形变（residual deformations），如在椎体骨折或胫骨平台骨折时发生的情况。在骨松质的网眼中，能够产生血液成分的脆弱的造血组织可得到保护。现代飞机的机翼也采用了这种蜂窝状结构，不过内部流动的是煤油燃料。

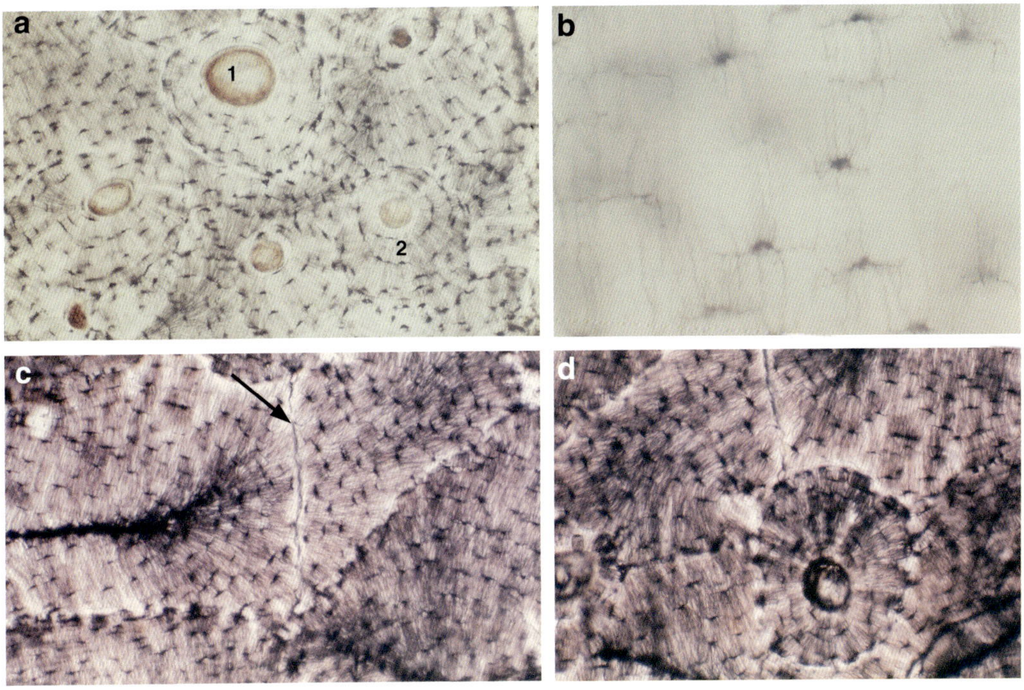

图 1.1　脱水骨切片中的骨密质结构。(**a**) 1. 走行血管的哈弗管；2. 同心圆排列的成骨细胞。(**b**) 成骨细胞的细节图，它们与微管网络相互连接形成骨受力传感器。(**c**) 带微裂痕（箭头指向）的成骨细胞网络。(d) 有着同心圆排列的成骨细胞的骨单元

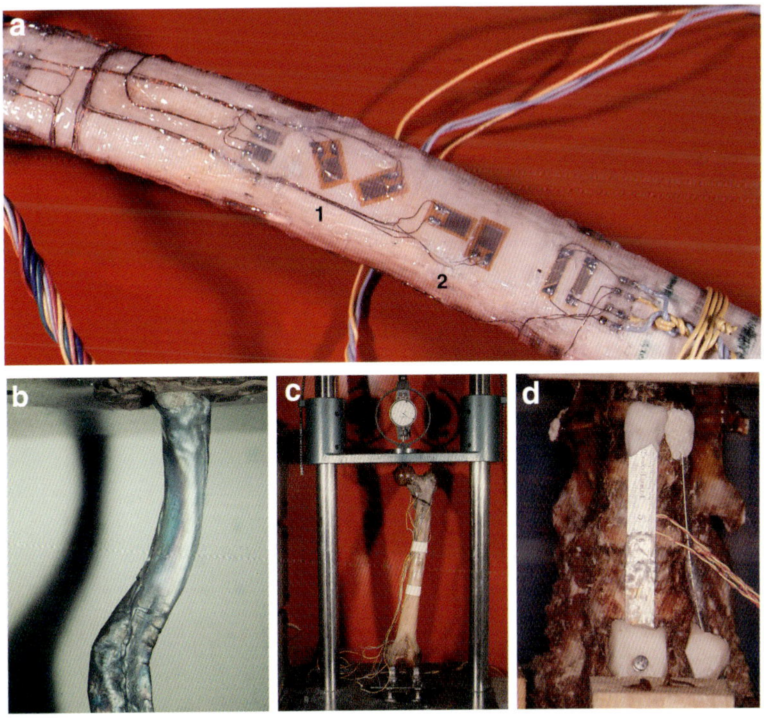

图 1.2　生物力学实验。(**a**) 股骨上的应变计电桥（strain gauge bridges)：1. 测量扭矩（45°)；2. 测量牵拉/压迫。(**b**) 锁骨光弹应力测试，蓝色代表受压应变。(**c**) 压缩机试验中的股骨和应变仪。(**d**) 用压力传感器测量两块椎骨的受压情况

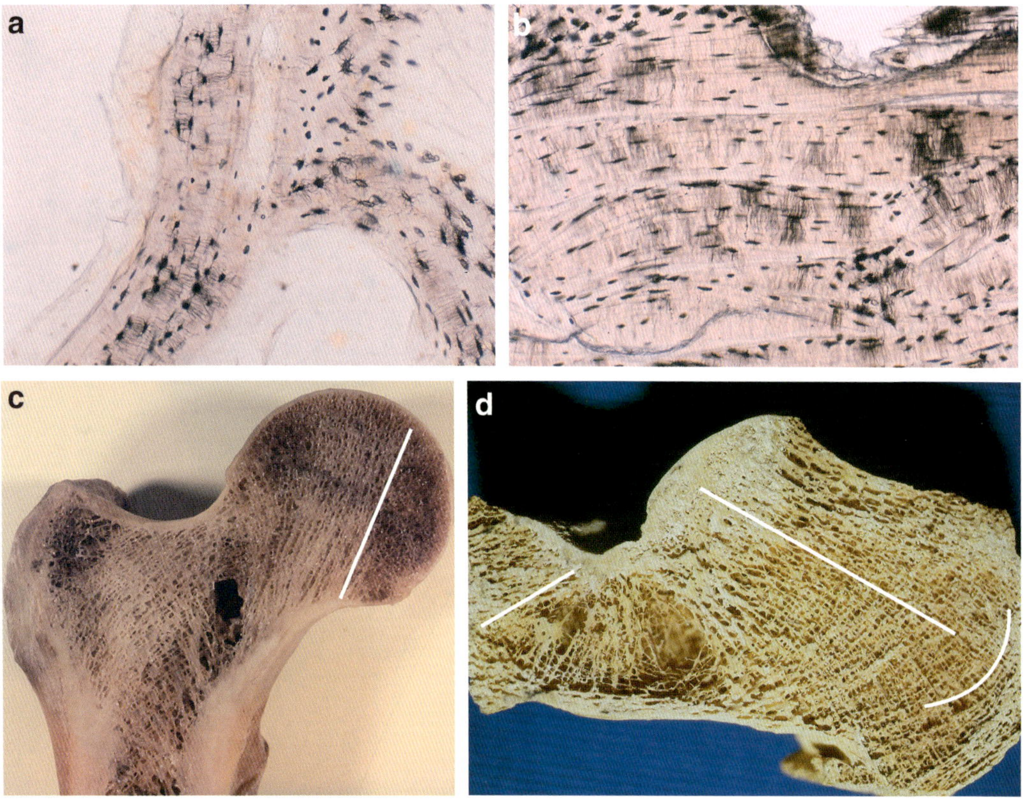

图 1.3 骨松质的骨小梁结构。(a) 骨小梁和成骨细胞的微观结构。(b) 层状骨化。(c) 股骨上部，沿着力线方向排列的骨小梁。(d) 跟骨：骨小梁的机械定向

1.2.1.2 骨骼的力感受器

力学因素和骨骼之间一定存在关联，但是迄今为止，除了在骨膜中发现极少量的帕西尼小体，还没能在骨骼中发现力的感受器。这些帕西尼小体不能感受在三个方向上施加于骨骼的应力。基于上述对骨的结构及其相互连接的骨小管网络的描述，可认为骨骼作为整体就是一个对应力，主要是压力敏感的力感受器。

1.2.1.3 骨骼矿化伺服机制

骨骼矿化不是静态、稳定的过程。它依赖于新陈代谢和内分泌学因素。同时我们也应强调力学因素的重要性，它是骨骼矿化伺服机制存在的基础。事实上，骨骼的矿物成分主要由羟基磷灰石晶体构成，通过与基质中的胶原纤维接触，羟基磷灰石晶体形成并沿胶原纤维纵轴与之结合。大家知道，对磷灰石晶体施加压力时，会由于压电效应产生正向或负向的微电流。因此，对骨骼施加载荷也会产生微电流，微电流可刺激处于成骨细胞包围之中的骨细胞，进而促进骨骼矿化。这一假说已被实验所证实，并且可以在许多患者身上得到验证，例如，对采用石膏制动的骨折患者进行放射线检查可发现明确的骨质脱钙现象，因截瘫而不能正常直立的患者会发生严重而危险的骨质疏松症，甚至在太空失重状态下生活的宇航员，其骨骼的矿物质也要在返回地球后经过数月时间才能恢复正常。

骨骼因承受载荷而激活矿化伺服机制对骨折修复具有十分重要的积极意义。骨

骼损伤后有自动修复的倾向。破骨细胞具有吸收骨质能力，它们在骨折区通过吸收骨质形成隧道，隧道内有大量的成骨细胞进行骨骼重建。然而，为了保证这种显微镜尺度下的骨骼重建能够成功，两个骨折断端必须被严格固定一段时间。因此骨科手术中需要使用石膏、螺钉和骨钉等固定措施。来自伯尔尼和达沃斯的 Maurice Müller 教授的团队明确证实，在对骨折进行固定以后，正确地施加一定的压力能够显著促进骨骼再生的过程。

1.2.2 关节

关节是骨的连接。一类关节的作用是在生长期之后封阻相应的骨骼，防止发生运动；而另一类关节的作用是实现运动，而运动幅度取决于关节面的形状及限制关节活动的关节囊和韧带。

1.2.2.1 不动关节：颅缝

颅（skull）由两部分组成：脑颅，容纳脑；面颅，构成面部腔隙，包括眼眶下部、鼻腔和口腔。颅骨生长最终会形成骨性颅腔，它有一个可动部分，即下颌骨，并通过枕颈关节与颈椎连接。

脑是在胚胎早期由各个脑泡发育形成的：成对的前脑泡最终形成两侧大脑半球，前脑泡之间连接的部分形成半球间联合（commissure area）；中脑泡和后脑泡形成脑干和位于后部的小脑，其中脑干包括三个部分：中脑、脑桥和延髓。在胚胎发育过程中，神经生长速度很快，可导致特有的卷绕（winding）现象。脑组织被包裹在一个将来会发展成硬脑膜的纤维囊中，其生长发育会对颅盖产生推挤作用。膜性的纤维囊促使其表面的一些部位形成直接骨化中心，骨化范围逐渐扩大并在颅缝处汇合，颅缝因此成为脑颅各颅骨生长的界限（图 1.4）。

颅底为脑提供支撑，其发育方式与脑颅不同。脊索与中枢神经系统关系密切，在诱导椎体和后神经弓（posterior neural arch）生长发育中发挥重要作用。在颅底，脊索向上延伸到蝶鞍后部，蝶鞍容纳垂体，位于颅中窝的正中。后颅窝颅底中线部位是与脊柱结构类似的斜坡，它由枕骨基底突和蝶骨后部汇合形成。蝶鞍以前为颅底的脊索前部（prechordal part），其中心是筛骨筛板，筛板两侧是眶顶壁。脊索前部与斜坡形成夹角，此夹角与脑和面部的形态发育程度有关。人类的这个夹角是后凸的，而其他动物是前凸的。Bolk 将人类这种颅底后凸的现象称为“胚胎化（foetalisation）”，因其与胚胎颅底相似。另外，无论颅底夹角是后凸还是前凸，鼻腔开口始终与筛骨筛板平面平行。

事实上，一方面人类明显发育的端脑造成了特征性的额部隆起和向后的卷曲，同时，尾状核和侧脑室等端脑内部结构也因此而具有弯曲的形态。另一方面，因人类端脑向额部发展，使颅底维持了胎儿期的形状，这一点与颅底前凸的动物是不同的。因此，端脑和面部发育是决定头部形态的两个主要因素。

需要注意的是，在所有脊椎动物中，斜坡后缘和脊椎的夹角与相应的延髓和颈髓的夹角都几乎相等（Dabelow 角），从鸟类到人类，随着颅骨形态的不同，其角度也是不同的。

至于颅顶或称颅盖，其可塑性在生长过程中也会逐渐变化，由于骨化中心的缘故，其可变形性逐渐降低，这将涉及脑颅的适应性（neurocranial accommodation）。事实上，在胚胎时期，端脑表面的皮质是非常平滑的。随着成神经细胞（neuroblast）从脑室旁区沿胶质纤维向外迁移到皮质表面，皮质神经元数量在垂直和水平

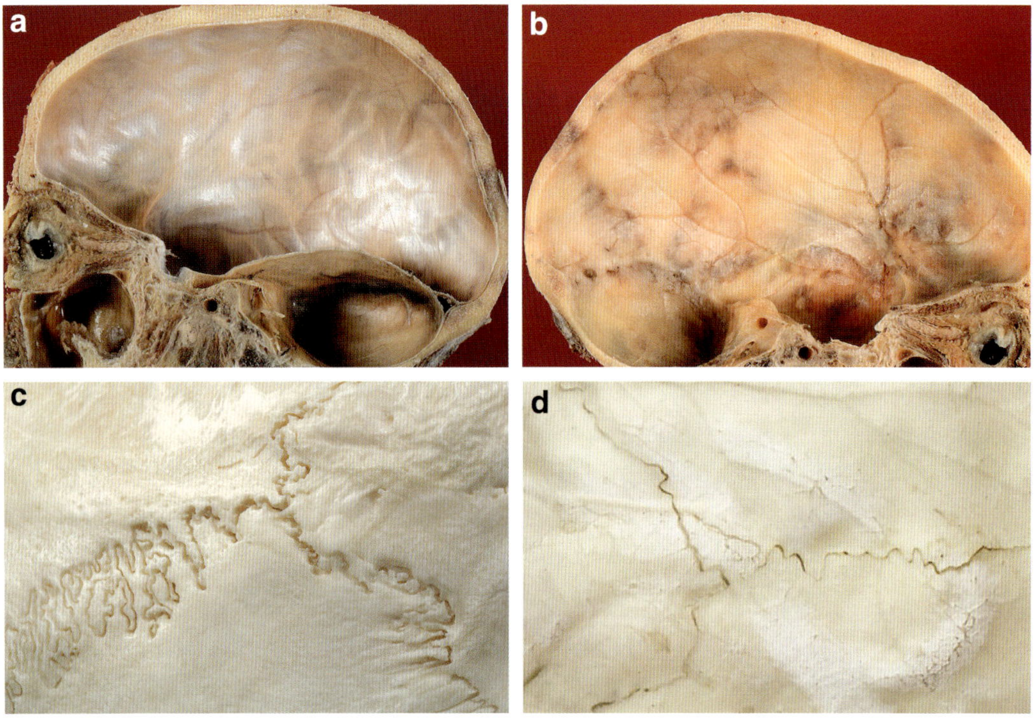

图 1.4 颅缝。(**a**) 颅内图，带硬脑膜。(**b**) 颅内图，不带硬脑膜，显示颅缝完全骨化和脑膜中动脉的纹路。(**c**) 颅外骨缝，由于肌肉牵拉而导致骨缝呈锯齿状，可避免任何移动。(**d**) 颅内骨缝线，与端脑逐渐变化且规则的生长力有关

两个方向上都持续增多。这导致端脑在颅骨切线方向上的扩张，它不仅表现为体积的增加，而且表现为表面积的增加。这种扩张发生在胚胎发育的最后阶段，此时硬脑膜和颅骨可塑性逐渐降低，在机械性的几何因素作用下，皮质发生折叠现象，对此 Brummelkamp 曾进行了深入研究。脑沟和脑回因皮质折叠而产生，它们具有很大的个体差异，但所有个体仍保留了相同的解剖学特征。例如，在前面论及的前脑泡向后卷曲的过程中，中央沟（Rolando sulcus）和外侧裂（Sylvius fissure）与岛叶和基底神经节等端脑内部结构存在固定的位置关系。胼胝体是最大的端脑间连合，两侧大脑半球之间的皮质因胼胝体的存在而平行裂开，这在胼胝体发育不全的患者中是不存在的。

在脑颅适应的过程中，端脑的发育是颅骨扩张的动力，这一点很重要。没有什么能对抗它生长的力量。因此，头颅的最终形状是端脑，换言之就是脑发育的表现。人的脑容量有大有小，存在个体差异。“枕骨高突”可看作是脑发育过度的表现。考虑到神经系统在思考和理解问题过程中的功能价值，脑容量较大者似乎具有某种优势。但实际上不同人脑的差别并没有那么明显，如果脑是件乐器，这或许可以解释成同样的乐器可以有许多不同的演奏方法，并没有明显的高下之分。而如果你的脑是一把小提琴，那你就拉不成大提琴了，这么说是为了强调遗传因素在大脑构建中的重要性。

端脑发育的力量不会被异常的颅缝生长所限制。在自然情况下，头颅畸形（如尖头、舟状头等）被认为是大脑向没有骨缝限制的方向代偿性生长的特征表现。而

玛雅人以及生活在他们周围的族群，会采用绑紧新生儿头部的方法促使端脑向垂直方向扩张。

Virchow 在观察一个伴严重智力障碍的小头畸形死亡患儿的头颅时，注意到颅缝早闭现象，他认为过早闭合的颅缝限制了其前脑的发育并导致智力低下，至今仍有人相信他提出的这一观点。而我认为颅骨是不可能阻止大脑生长的。认为对某些头颅畸形的患儿实施手术解除颅缝早闭可以促进其脑发育的观点只是一种错觉。

先天无脑畸形是一种以端脑发育不全为特征的特殊的先天畸形，同时导致颅盖骨缺如，但可有正常的颅底和面颅。因此可以说没有端脑也就没有正常的颅盖骨发育。而另一种情况是，持续存在的端脑扩张可以对颅骨产生异常的推力，导致颅骨形态和比例严重失常，就像在脑脊液循环异常导致的脑积水中看到的情况。

人在 20 岁左右时完成脑发育，此时颅缝停止生长并从颅内面开始通过骨性结合闭合。颅缝内部可分为内、外两个部分，中间被一薄层骨松质，即板障隔开，影响这两部分骨缝的力学因素是不同的。颅缝的内侧部受到端脑发育产生的膨胀性、平缓而稳定的推力的影响，因此几乎呈线性。颅缝的外侧部则受到附着肌肉产生的间断的、不断变化的切线方向的牵引力的影响，施加牵引力的肌肉包括咀嚼肌，主要是颞肌和附着在枕骨上、作用是维持头部位置的颈部肌肉。当这些肌肉足够强大以致能支撑头部和咀嚼较硬的食物时，它们就会对颅骨的外侧壁产生切向牵引力，这可解释为什么颅缝表现为交错嵌合的形态。由于颅缝互相嵌合，分开各颅骨很困难，尤其是当颅缝内侧部完成骨性结合以后，就不能再分开了。实验证实，离断新生狗的颞肌会抑制颅缝外侧部这种交错嵌合形态的形成。对年轻的成年患者，创伤后脑积水可导致颅缝裂开，而到了 50 岁左右，它会导致颅内压增高，临床上表现为因视网膜受压而发生的视力下降，眼底视乳头水肿可支持这一诊断。

因此，胎儿和新生儿的颅缝呈直线连接相邻颅骨，这种情况会持续 1～2 年，只有在称为囟门的区域表现为纤维连接。囟门包括前囟和后囟，前者连接顶骨和额骨，后者位于人字缝尖端，连接顶骨和枕骨。成人以后，颅缝从颅内封闭，而在颅外遗留可见的交错嵌合的颅缝，但相邻颅骨再无移动的可能。

所谓的头颅整骨疗法（cranial osteopathy）基于两点，一是通过头皮感知某种特殊节律，二是尝试使颅缝发生移动。然而如上所述，到了一定年龄颅缝移动是不可能的。实际上，这种疗法的临床效果应该不在于使颅骨发生了移动，而是对覆盖颅骨的头皮产生了作用，与针灸穴位一样，头皮中也富含各种皮肤感受器和神经血管复合体。在知道我们对这类疗法的认识以后，整骨医生似乎有必要改变他们现有的解释，当然这要花费很多时间，但是很重要。

1.2.2.2　可动关节

可动关节允许骨与骨之间有两种类型的运动：

- 一种是两骨之间没有直接接触（微动关节），两骨之间为纤维结缔组织（纤维连结）或软骨（软骨连结）；
- 另一种是两骨之间存在直接接触（滑膜关节），这样的关节之间需要具有黏弹性的介质，即关节软骨。

微动关节

可见于正中矢状面前后。

- 耻骨联合（图 1.5）

在骨盆环中，位于前方的耻骨联合（微动关节）与两个位于侧后方的骶髂关节

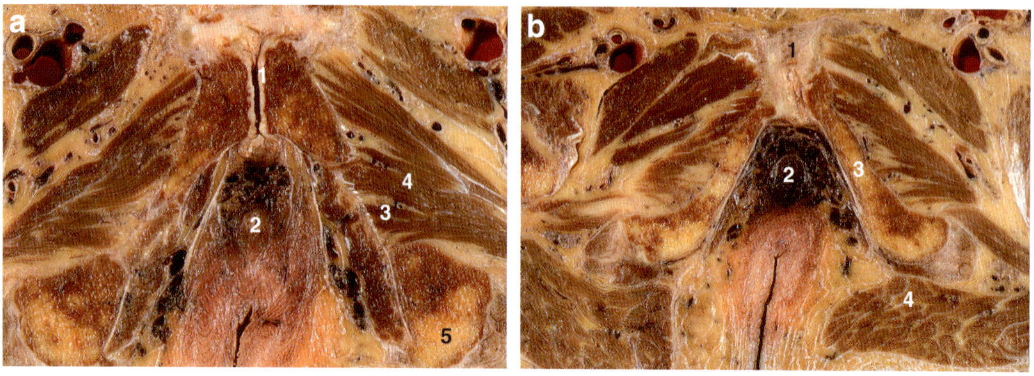

图 1.5 耻骨联合轴向切面（老年人）。(**a**) 上切面：1. 耻骨间盘完全性机械破裂；2. 尿道前列腺部；3. 闭孔膜；4. 闭孔外肌；5. 髂骨。(**b**) 下切面：1. 下耻骨弓状韧带；2. 前列腺静脉丛；3. 坐耻骨分支；4. 臀大肌

（活动关节）共同构成骶髂关节三角（sacroiliac joint triangulation）。这一特征大大增加了骨盆承受外力的能力。耻骨联合由固定在软骨板上的高强度横向纤维构成，但受到垂直剪切力时可最终导致撕裂。这可能是引起耻骨疼痛的原因，尤其是在足球运动员大幅摆腿用力踢球的时候。

● 椎间微动关节

椎间微动关节由椎间盘构成[15-16]，椎间盘可在椎体间保持一个不能压闭但可变形的空间，分摊施加在脊柱上的主要来自垂直方向上的力，人在行走、跑步或跳跃时足跟着地或脊柱在三个方向上运动时都会产生这种垂直方向上的压力。液体是人体中唯一不可压缩的介质，但是无法想象将水囊置于椎体之间，因其不能耐受高压。生物有一套独特的解决方案，在椎间盘内部的髓核里，水被固定在纤维性亲水介质中，形成富含纤维的凝胶（fibrillar armed gel），亲水介质主要由蛋白多糖（65%）和Ⅱ型胶原（25%）构成。髓核被位于椎间盘周边的纤维环固定于椎体之间，纤维环由多层不同方向的同心圆排列的纤维条带构成，一层为环形，两层为斜向，纤维环的主要成分为Ⅰ型、Ⅱ型胶原（60%）和蛋白多糖（20%）[17]。

椎间盘固定在软骨板上，软骨板为无血管组织，其外周部分被椎间盘外围的纤维截断，这些纤维连接在椎体终板的骨质上。在椎间盘中央，亲水介质构成的髓核与半渗透性的软骨板直接接触（图 1.6）。

因此，在椎间盘和椎体的软骨下静脉丛之间存在液体交换，而其受到受载荷因素的影响。与直立时相比，液体交换的方向在平卧休息期间会逆转。交替出现的压迫和减压作用会产生椎间盘泵效应（discal pumping effect）。其功能是在椎体的骨髓中产生压力梯度。这将促进造血组织中产生的血液成分释放到与硬脊膜外静脉丛连接的粗大椎体后静脉中。

椎间盘泵的概念可在病理状态下得到验证。如果椎间盘塌陷，则泵不再起作用，沿着椎间盘的边缘，椎体骨髓可发生严重程度不一的脂肪变性，此时在 MRI 检查中可清楚地看到这种现象，也就是 Modic 征（图 1.7）。

椎间盘的另一个重要特点是，正常压力和剪切力等机械力可导致其形成裂隙，这与局部的生物力学条件有关。这也是所有承受压力和剪切力的结缔组织间隙共同的生物力学特点，就像士兵由于步枪长期摩擦肩部而导致的锁骨前滑囊，或“跪坐”职业人群的髌骨前滑囊。需要注意的是，在脊柱前屈或后伸过程中，椎间盘后部是

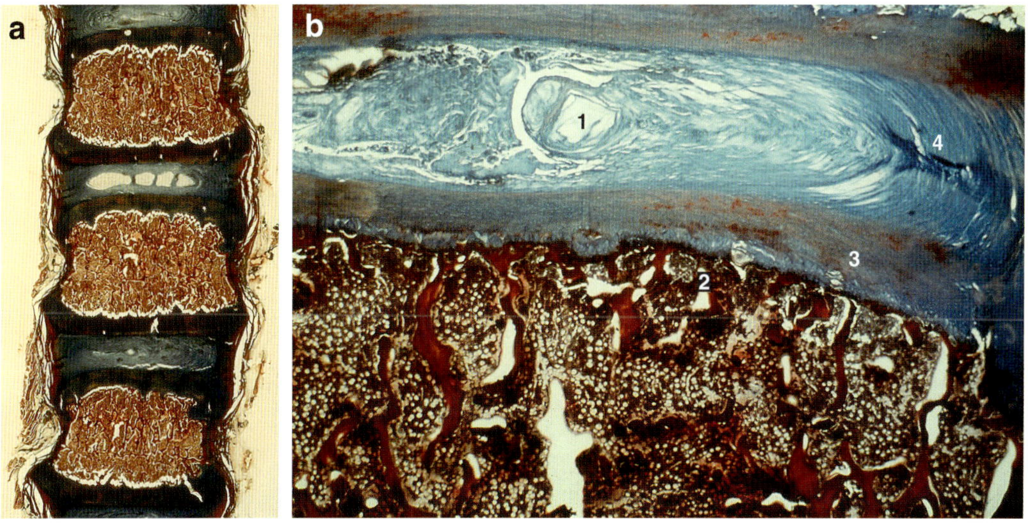

图 1.6　一名 3 岁男孩的腰椎冠状切面。(a) 总体视图。(b) 椎间盘-躯体复合细节图：1. 椎间盘中央区（髓核）；2. 软骨下静脉丛；3. 软骨板；4. 椎间盘外周区（纤维环）

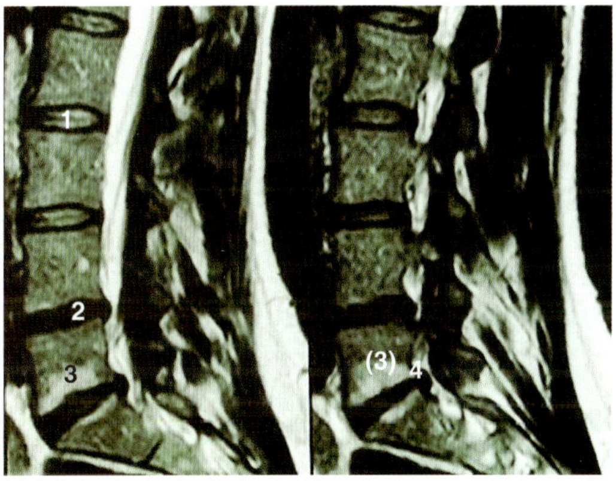

图 1.7　腰椎矢状位 MRI。1. 破裂的椎间盘；2. 黑色的椎间盘；3. 骨髓脂肪变性（Modic 征）；4. 椎间盘突出

应力最大的部位，因此纤维环最可能在此处破裂。纤维环破裂可向后延伸到椎间盘外周部，在椎间盘水分充足的年轻人，这会导致位于椎间盘中心的凝胶样髓核脱出，压迫神经根和脊神经节，进而造成疼痛。随着时间推移，椎间盘逐渐发生慢性退行性变（anatochronesis），表现为脱水和蛋白多糖减少。这可以解释为什么在一些老年人会发生椎间盘完全破裂却未见髓核脱出的现象。

在颈椎钩突与椎体终板的连接处，椎间盘很早就开始破裂，导致以前的解剖学家误以为这里存在钩椎关节，认为它是一种介于微动关节和活动关节之间的特殊关节，而实际上它是不存在的（图 1.8）。因此，应该认为钩突的作用是为椎动脉提供保护，阻挡椎间盘并避免其突出，以及从侧面维持椎体的形态。当然，被认为是关节性颈椎病变的所谓钩突关节病（arthrosis）也可以改变颈椎原本的正常结构，并对椎动脉产生压迫。

椎间盘向各个方向的运动明显受到后方关节突关节的限制和引导，三者形成椎间关节三角（articular intervertebral triangulation）。从力学来说，这不是基于三个支点、提供直立的、均衡的平衡支撑的三脚架，而是由三个以上支点形成的超稳定支撑结构，无法用几何方法进行计算。不同脊柱节段的关节突形状各不相同，关节突对限制和引导脊椎间的运动起到非常重要的作用：

- 在活动度很大的颈段，关节突呈圆柱状，其表面圆形、水平位，朝向后方。

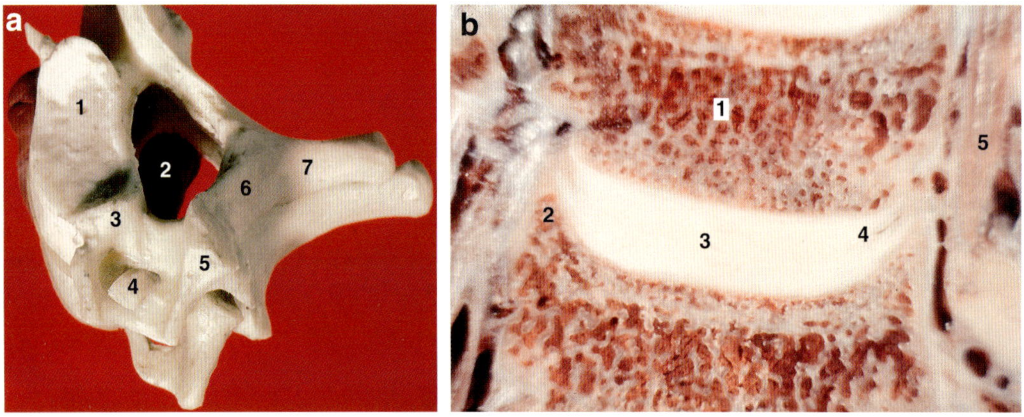

图 1.8 假钩椎关节。(**a**) 颈椎：1. 椎体；2. 颈椎管；3. 椎体钩；4. 横突孔；5. 上关节突；6. 颈椎板；7. 棘突。(**b**) 一位年轻人（20 岁）的颈椎冠状切面：1. 椎体；2. 椎体钩；3. 椎间盘；4. 椎间盘机械破裂（钩椎关节假象）；5. 椎动脉

- 在胸段，关节突表面更向后、向外倾斜，与肋椎联合关节（肋头与椎体形成关节、肋结节与横突形成关节）相关，这一体系大大限制了轴向旋转，只允许一定幅度的前屈/后伸运动。
- 在腰段，力学上的问题是在限制水平剪切力的同时允许前屈、后伸、外旋和轴向旋转运动。因此，关节突呈垂直的圆柱状，形成车轴关节，主要靠前部支撑。在水平切面上，两侧的关节间隙处在同一个圆上，从而使关节能够做轴向旋转。L5 被 S1 支撑，其关节面与水平面倾斜，呈 45°角，增加了上述圆弧的半径，不仅使关节能够做轻微的轴向旋转，还能阻止其前后滑动。但在病理情况下腰椎向前或向后的滑脱还是可能出现的。为叙述完整，还应该强调一点，即腰椎活动由关节突引导，但受到距离关节线（joint line）最近的固定关节囊的限制。在滑膜关节的边缘还可以看到一个半月板的假象，实际仅由滑膜组织构成，而无纤维加固或软骨。脱水并破裂的椎间盘塌陷以后，关节突关节活动受限可牵拉关节囊导致疼痛，局部浸润阻滞可以减轻这种疼痛。与之相似，椎间盘塌陷后，棘突可能会相互接触，因机械摩擦，棘突间纤维组织发生破裂，经皮触诊按压棘突会产生一种特殊的疼痛（图 1.9）。

可动关节

在可动关节中，直接接触的骨骼需要有特殊的滑动界面，这是此类关节的特点。关节软骨能很好满足这个功能要求，因其不含血管，主要由含有软骨细胞的具有力学强度和黏弹性的基质构成。这是一种理想的衬垫，能使受力线受到限制和校准，均衡传递。关节软骨正常或加速的磨损是可动关节的主要病变。由于没有血管，关节软骨必须从滑液中获取营养，滑液具有特定黏性，有利于关节面滑动。关节活动对滑液动态渗入软骨表层至关重要。滑液由透明质酸蛋白质复合物构成，由带皱褶和绒毛的滑膜分泌[18-21]。

在此必须说明滑动（sliding）和滚动（rolling）的含义。滑动就好比一辆汽车突然刹车，车轮与地面刹车带的接触面保持不变。而滚动正好相反，一个物体是“点压着点”地在另外一个物体上移动。在某些关节类型和某些关节功能障碍中，这两种运动方式常常会同时发生。

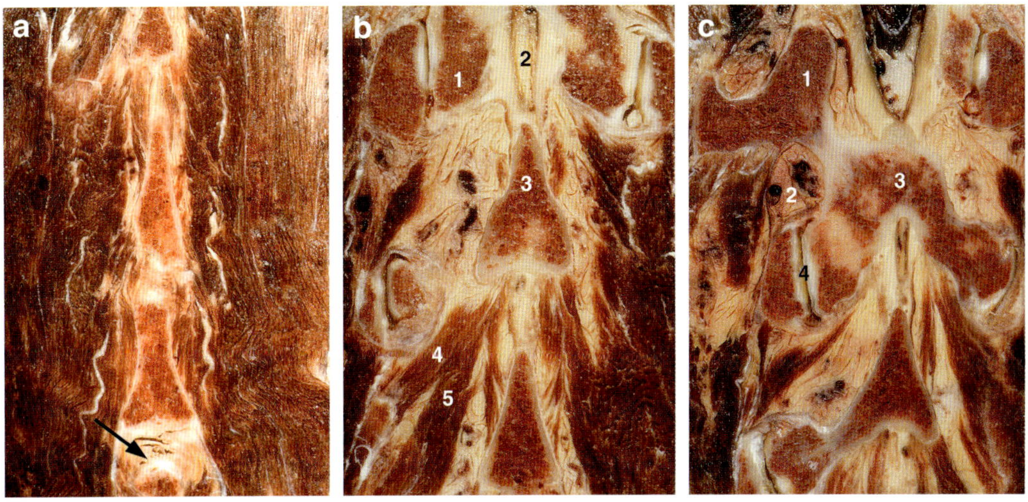

图 1.9　棘突的连续冠状切面（从后向前）。(**a**) 椎间盘塌陷引起的摩擦导致椎间纤维组织发生机械脱层（黑色箭头所指）。(**b**) 1. 椎板；2. 脂肪垫；3. 棘突；4. 多裂肌较短的棘突部分；5. 多裂肌较长的棘突部分。(**c**) 1. 上关节突；2. 后神经血管蒂；3. 椎板（小狗图）；4. 后小关节

可动关节的活动性由两个因素决定：

- 第一，关节面的形状及其相互关系：
  - -两个球截面的连结可有 3 个自由度（degree of freedom），如杵臼关节，包括肩关节或髋关节等；
  - -两个圆柱体构成的关节可有 1～2 个自由度，如车轴关节，包括桡尺滑车关节或寰枢关节等；
  - -与两个弯曲的圆柱体连接的髁状关节，如桡腕关节，有 2 个自由度；
  - -由滑车和较深滑车切迹构成的滑车关节，如肱尺关节，只有 1 个自由度；
  - -两个关节面均为平面，如颈椎关节突关节，没有具体的自由度；
  - -如一侧关节面大、一侧关节面小，两个关节面大小不一致可导致关节活动度增大，如肩关节。
- 第二，关节的结合方式：
  - -关节囊是紧张程度不一的纤维囊，附着于关节软骨的边缘，并包裹着滑膜。关节囊中含有机械刺激感受器，但其在运动感知中并无太大作用。
  - -韧带是限制关节活动的不可拉伸的纤维条索状组织，它可位于关节囊内，对关节起增强作用，这称为囊内韧带，也可位于关节囊外，与关节囊分开，称为囊外韧带。有些韧带位于关节囊内，但为滑膜外韧带，例如膝关节中的交叉韧带或股骨头圆韧带。只有一种韧带具有弹性，即连接上下椎板的黄韧带，它们可分担脊柱前屈的作用力。

除了这些被动的限制因素，还应强调某些肌肉的重要性，它们实际上起到了主动限制关节活动的关节周围韧带的作用，例如，梨状肌之于髋关节、腘肌之于膝关节或肘肌之于肘关节等。还应当强调的是，在关节周围跨越关节的肌腱，在肌肉收缩时起着稳定关节的重要作用，如在腕关节和踝关节所见的情况。对所有这些结构来说，超过其正常功能限度的过度拉伸都可导致损伤，继而出现疼痛和肿胀等特定表现，其严重程度取决于韧带中机械刺激感受器和自主神经的密集程度。

1.2.3 肌肉

肌肉是无噪声、具有黏弹性的单向非线性的作动器，工业中没有与之相当的作动器。人体中有近 600 块肌肉，大约占体重的 45%。它们通过主动的单向（非双向）收缩产生力量，收缩的距离不超过肌肉长度的三分之一。这一点明确决定了肌肉系统的整体组织特征。

1.2.3.1 功能单元：肌细胞

肌细胞在胚胎期由若干成肌细胞融合形成。融合后的肌细胞不再通过有丝分裂进行增殖，因此肌肉生长主要依靠肌细胞体积增大（hypertrophy）而非数量增多（hyperplasia）。有一些成肌细胞变成卫星细胞，仍保留分裂能力，可能与肌细胞再生有关。肌细胞内有肌原纤维（图 1.10），肌原纤维上有结构复杂的肌节，肌节由明带与暗带组成（图 1.11），因此称其为横纹肌纤维。肌纤维聚集成束。肌蛋白有很多，可分成三类：收缩蛋白，包括肌动蛋白（细肌丝）和肌球蛋白（粗肌丝）；调节蛋白，包括肌钙蛋白和原肌球蛋白，充当肌肉收缩的开关；结构蛋白保证肌原纤维的稳定性和弹性。

肌纤维根据其用途可分成不同类型：

- Ⅰ型（红肌纤维），为 SO 型（慢速有氧型），高有氧代谢能力，高线粒体密度；
- Ⅱa 型（白肌纤维），为 FOG（快速有氧糖酵解），中等无氧和有氧代谢能力，高线粒体密度；
- Ⅱb 型（白肌纤维），为 FG（快速无氧糖酵解），高无氧代谢能力，低线粒体密度。

肌纤维聚集成束，外面包裹纤维膜，称为肌束膜。肌束可通过解剖互相分离，肌束成组聚合后形成某块肌肉，肌肉被腱膜（筋膜）包裹而具备解剖学形态[22]。肌肉终止于肌腱，肌腱形态各不相同，随其作用和解剖位置的不同而定。肌腱纤维十分坚韧，不可拉伸，弹性极低。肌纤维如何附着在肌腱上并能保证充足的力量，这是一个很复杂的力学问题。肌腱的大小在一定程度上是由遗传决定的，通常会有充

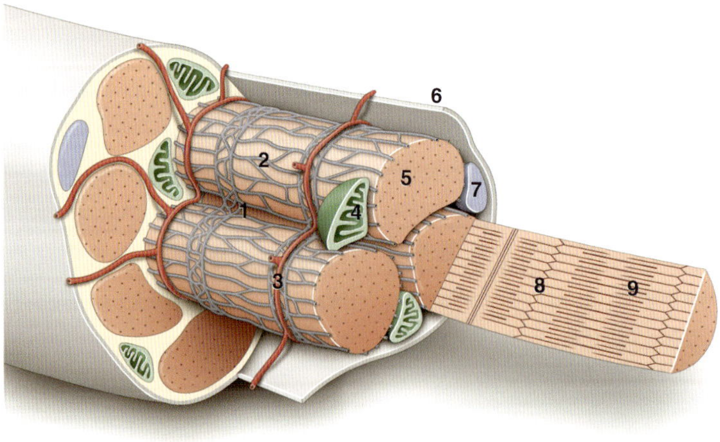

图 1.10 由大约 100 个成肌细胞融合而成的肌细胞图（10～100μm）。1. 肌浆网的终池（储存钙离子）；2. 肌浆网；3. 横小管中充满间质液，与两侧的终池形成三联体；4. 线粒体（产生 TPA）；5. 肌原纤维；6. 肌浆（含糖原和肌红蛋白）周围的肌纤维膜；7. 肌细胞核；8. 肌节的 Z 线；9. 粗细肌丝的重叠

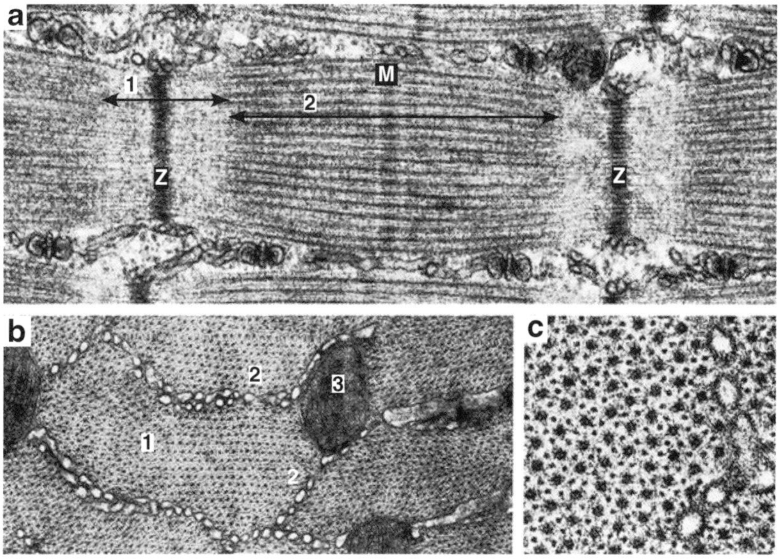

图 1.11　肌节的亚显微结构（Tortora 供图）。(**a**) 两条 Z 线之间的肌节：1. 明带；2. 暗带和两种肌丝：粗肌丝（肌球蛋白）和细肌丝（肌动蛋白），M 线由结构蛋白（主要为肌联蛋白和肌间蛋白）构成。(**b**) 肌原纤维的横断面：1. 肌原纤维；2. 管状肌浆网；3. 线粒体。(**c**) 放大图（88 000 倍）：六边形的粗细肌丝

分的安全系数。但如果一块肌肉过度发达而遗传决定其肌腱较小，肌腱就可能断裂，特别是跟腱（Achilles tendon）。这就好比一个人从父母的一方遗传了较大的颌骨，从另一方遗传了较小的牙齿，从而导致切牙缝过大。相反的情况是，如果牙齿大而颌骨小，就会导致牙齿交叠和旋转。

1.2.3.2　肌肉内部功能结构[23]

主动收缩是肌肉的主要功能，不同类型的肌肉结构使其在实现这一功能方面具有一定的灵活性。

梭形肌通常可根据肌腱末端（头）的数量分为二头肌、三头肌和四头肌。除了这种圆柱状肌腱，在宽阔的腹部肌肉，还有一种由纤维筋膜覆盖的宽大扁平的肌腱，如腹外斜肌及其 Cooper 腱膜。三角形的肌肉，如三角肌，其肌纤维汇聚于肌腱，肌腱或多或少地穿入肌肉实质内。有些肌肉会被肌腱纤维隔断，形成二腹肌或多腹肌。肌肉可以作用于一个关节（单关节肌）或多个关节（多关节肌），这对肌肉的协同控制是很重要的。

1.2.3.3　肌群的功能架构原则

从力学上来讲，只存在两种可能的运动方式：平移（translation）和旋转（rotation）。关节运动很少为单纯平移（颈椎关节突关节）。

旋转是更常见的运动方式，但是常和平移结合，肩胛骨在胸廓上的运动就是如此。旋转可分为两种类型：

- 第一种是向心性的、平衡的旋转，通过两块肌肉向相反方向施力形成扭矩来实现。例如头部的水平旋转是通过一侧胸锁乳突肌和对侧头夹肌的协同作用实现的，但因肌肉倾斜产生垂直方向的压力，导致颈椎关节病多发。另外一个例子是桡骨的旋前旋后运动是由

肱二头肌和旋后肌形成肌肉扭矩驱动的。

- 第二种旋转方式是由单块肌肉作用于弯曲的关节面来完成的，应力被关节面吸收，例如前臂的屈曲。有的关节具有髁状关节面，它有两个曲率半径，可在互相垂直的两个轴向上旋转，两者结合还可形成第三种旋转，也就是绕瞬时转动轴（instantaneous axis of rotation）产生的回旋运动。枕颈关节就是这样的万向轴（cardan），它具有两个具体的旋转轴和一个叠加而成的旋转轴。

关节运动可以区分为屈曲/伸展、外展/内收和轴向旋转三种类型，每种类型因作动器不同都具有合理的结构设计。

肘、髋和膝关节的屈曲运动

有趣的是，技术的限制使肌肉主动收缩不能超过其长度的三分之一，因此生物体不能在最恰当的力学条件下使用肌肉。对于一个杠杆来说，当主动收缩的肌肉附着在杠杆远端时，可对杠杆旋转产生最大的力，例如，在理想的情况下，使上肢屈曲时肌肉应附着在腕，使下肢屈曲时肌肉应附着在膝和踝。但是，因为肌肉主动收缩的长度限制，其远端附着点必须更靠近关节的旋转轴，由此肌肉收缩的行程会缩短，收缩产生的力量也会随之减小，当然这同时带来一个额外的好处，就是当肌肉附着点靠近关节旋转轴时，肌肉不必分散成翼状。但这样一来，由于施加在杠杆末端的阻力可对杠杆产生最大力矩，就使得肌肉的主动运动变得困难。生物体采取了经济实用的解决方案，就是在第一组由多关节肌和单关节肌联合组成的收缩肌群基础上，再增加第二组肌肉，它们可基于反射进行自动收缩，为对抗阻力提供额外的力量。

- 对于肘关节屈曲，第一组由肱二头肌（多关节肌）和肱肌（单关节肌）构成，第二组由肱桡肌构成，与第一组对称，并且只在前臂受到阻力时才会激活，很容易自行控制。
- 对于髋关节屈曲，第一组由髂腰肌（单关节和多关节肌）构成，第二组由股直肌和缝匠肌构成。
- 对于膝关节屈曲，第一组由股后肌群和股二头肌短头（多关节肌和单关节肌）构成，第二个组件由小腿三头肌的多关节部分构成。

还没有人对上述第二组肌肉如何通过反射收缩以对抗阻力进行详细的研究。这一反射在脊髓水平完成，相应脊髓节段受损会导致反射消失。这种设计体现了生物体在肌肉构建方面的伟大智慧，也体现了生物体在存在技术限制时寻找最优解决方案的探索。

伸展运动

伸展运动常伴随弯曲，并且通常不是特别有力。在肘关节和膝关节，伸展运动由两组强壮的肌肉控制：上肢是肱三头肌（单关节肌和多关节肌），下肢是股四头肌。在移行过程中，股四头肌需要解决的问题是如何沿下肢长轴施力，这可解释髌骨（股四头肌的籽骨）存在的理由，髌骨在运动过程中受股骨滑车引导，侧方受到鳍状纤维组织约束。因此，髌骨错位可能是膝关节功能障碍的原因之一。

外展/内收运动

外展和内收运动发生于冠状面。在此类运动中，臂外展最有代表性，它由三角肌完成。肌肉收缩长度限制的问题同样存在于臂外展运动中。实际上，当三角肌收缩其原长的三分之一时只能使手臂达到水平伸展的水平。从力学角度来看，要实现手臂继续外展、使手高过头顶，必须使支撑肱骨的肩胛骨向上回旋（tilt）。这需要肩胛骨能够自由移动，而肩胛骨只通过胸锁关节与中轴骨相连。首先，斜方肌收缩使肩胛骨旋转，然后在前锯肌的作用下将肩胛骨内侧缘拉向前方。斜方肌是肩部肌肉而非头部肌肉，它固定于锁骨和肩胛冈，肩胛骨旋转时即以肩胛冈为杠杆。斜方肌麻痹时，会导致上肢悬垂和肩胛骨不能上抬，使手臂不能完全外展。肩胛骨的“下回旋（contratilt）”与上回旋运动相反，使肩胛带下降，通过背部的菱形肌和胸部的胸小肌将肩胛骨向内侧牵拉来实现。

这里需要强调的是上肢的主动内收运动，它通过一组非常强壮的肌肉，即胸大肌、大圆肌和背阔肌（三大肌）来实现。有人可能会问，为什么强大的内收肌群中会包括附着于腰-骨盆区域的背阔肌。答案在于人类也需要完成引体向上的动作，就是抓住高于自身头部的物体，通过背阔肌收缩使整个身体上升的动作。这提示了人类与在树上栖息的类人猿之间在进化上的联系，但一直被人们忽略了。

下肢的外展功能有其特点，双下肢能够外展分开以至显露外阴。最有趣的是在行走过程中单腿支撑时，人体如何保持骨盆和躯干向外侧的力学稳定性。这一功能由包括臀中肌、臀小肌和阔筋膜张肌在内的内旋肌群联合运动实现，当单腿支撑时它们可使下肢内旋或使骨盆旋转锁定。下肢的内收功能相反，其作用是保护会阴以及保持骨盆向内侧的稳定性。

轴向旋转

如上所述，轴向旋转有两种方式：第一种具有中心性的平衡的旋转扭矩，如手的旋前和旋后运动，依靠两个反向的桡尺滑车关节，通过肱二头肌（固定在桡骨上）和旋后肌（附着在尺骨上）形成的扭转力来实现。第二种是不平衡的轴向旋转，如肱骨的旋转，由一对相互拮抗的肌肉，即位于前方的肩胛下肌和位于后方的冈下肌及背阔肌进行控制；又如头向对侧的协同的旋转由一侧胸锁乳突肌（SCM）和对侧头夹肌和颈夹肌控制，躯干向一侧的协同旋转，通过一侧的外斜旋转和另一侧的内斜旋转来实现；再如，在有骨盆髋臼支撑的情况下，下肢旋转由内侧的臀中肌、臀小肌和外侧的梨状肌、闭孔内肌、下孖肌、股方肌来实现。

综上所述，我们可以说这些肌群产生协同作用（synergies），即多个不同肌肉联合起来完成复杂的运动。位于身体同一侧的不同肌肉产生同侧协同作用，如右侧的胸锁乳突肌、夹肌、斜角肌和肩胛提肌使头向右侧倾斜；位于身体两侧的不同肌肉产生异侧协同作用，如右侧胸锁乳突肌和左侧的夹肌使头向左旋转；位于身体两侧的同一肌肉也可产生协同作用，如仰卧起坐时双侧胸锁乳突肌和腹部大肌肉（斜肌和横肌）的协同作用。

对于肌肉的协同作用，需要补充的是，通过主动肌和拮抗肌的协同收缩可使身体的某个部分固定，使其维持在特定位置。“协同作用”这一术语似乎比“肌肉链”更准确，后者通常是代表了一种心理过程，并没有严谨的生理学基础。实际上协同作用完全是自动的，无需有意识的、解析性的指令就能自动完成。它们的内在机制和神经系统传导通路尚未完全清楚，需要进一步研究。但有一点可以肯定，那就是我们控制的是自己身体的运动（movement）而非具体的肌肉（muscle）。我们只有在疼痛的时候才感觉到肌肉的存在。我们在完成复杂的运动任务时根本不用知道自己有哪些肌肉，也不需要知道在某一特定运动中需要激活哪块肌肉，更不用记住身体 600 块肌肉的名字。

1.3 命令和控制

运动控制（motor control）由两个重要理念主导。第一，考虑到其很高的性能表现，所以运动系统一定是高度整合的。第二，鉴于大多数情况下使用者对运动系统的技术问题几乎完全无知，因此运动控制必须简单高效，当然其执行过程一定非常复杂。

因此，高度的流程自动化（process automation）是脑功能的关键。运动控制表面上看起来很简单，导致人们倾向于低估实现它的难度，而一旦出现运动功能障碍，也不是总能恢复的，患者，尤其是瘫痪的患者对此是难以理解的。

从工程师的角度来看，可以应用类似于不同水平的神经整合机制的特定的伺服系统实现需要的流程自动化。它贯穿整个长传导通路：从外周开始上升到脑内中枢，又从中枢到外周，激活精确选出的完成某个特定任务所需的多个作动器。我们总是倾向于用这种还原论（reductionist）的简化法来看待多个操作过程，但需要记住的是，脑的功能活动的特点是并行架构（parallel architecture type）和非时序性（non-sequential）的，在脑内同时有多个功能迥异的神经系统在同时运行。而完全认识极其复杂、互相连通的神经网络是不可能的。

另一方面，运动功能采用分层式（heterarchical type）控制模式，不同的层之间有多种相互作用，但没有一个集中的控制中心。在这个非单一性的神经网络中，需要数量庞大的具有智能线路的特殊传感器，应用生化递质精确控制突触门控通道，形成有选择性的定向信息流。因此，在这一控制模式中神经递质具有极其重要的意义。

得益于电子显微镜和现代神经化学的发展，突触连接现在已为人们所熟知。突触神经控制的基本过程包括易化（facilitation）和抑制（inhibition）。虽然神经功能的正常运转一直在使我们受益，但我们无法感知甚至很难想象数以亿计的神经元在为此共同工作。

下面必须对几个技术问题进行解释，包括比例控制（proportional control）、运动控制（motor control）和中枢控制（central control）。

1.3.1 比例控制

控制分两种类型：全或无型（all or nothing）控制和比例控制。全或无型控制就像灯的开关，肌纤维的收缩即采用这种模式：它们要么收缩，要么不收缩。而比例控制是根据需要按比例调整输出量的强度，肌肉就是如此，它包含许多肌纤维，它们可被激活使肌肉发出的力达到最小或最大值。

运动神经元发出的运动神经纤维通过神经肌肉接头的终板来控制一定数量的肌纤维，构成一个运动单元（motor unit）。要使肌肉产生特定大小的力需要激活特定数量的运动单位。在比例控制中，运动单位代表了特定的力的增量（increments）。

这个系统的聪明之处在于每个运动单位控制的肌纤维数量与产生的力量各不相同。例如，控制眼外肌的力量增量（运动单位）与控制臀大肌的不同[24]。前者每个运动单位有大约 25 条肌纤维，而后者约有 6000 条肌纤维。这也解释了肌肉控制的灵敏度的变异。因此很显然，为调控运动单位，肌肉中必须要有两种传感器：一种用于指示需要产生的力量大小，第二种用于精确指示实际提供的力量的大小。

1.3.2　运动控制

在命令和控制中有两种可能的调节方式。

第一种被称为开环控制（open-loop control）。这类控制不受效应器的反应以及局部环境条件的影响。例如，如果一位行人没有看到开过来的车而横穿街道，司机不得不急刹车，此时他不会考虑用力的大小。

第二种控制直接与效应器的执行相关，而且必须根据外部或内部因素进行适应性调节，被称为闭环控制（closed loop control）。这意味着效应器中必须包含某些特定的传感器，以便将一些相关信息传递到命令系统，并使其按照适应性的（adaptive mode）模式进行调整。人体的大多数运动功能都是闭环控制，包括内分泌腺的精细调节。伺服系统（来源于 *servus* 一词，意为奴隶）中包含两个互相制约的技术参数，一个参数受到另一个参数的影响。伺服系统遵循一些特定规律，其中一个具有重大的功能价值。(It follows very specific rules and one ofthem, anticipation, has a great functional value.)

应用上述原则来解释运动功能，必须认识到与运动的控制模式相关的一些具体特点[25]。第一，肌肉是具有黏弹性的、单向的非线性作动器。对于一个具体的动作，每个自由度需要至少两个作动器，称为主动肌和拮抗肌。在运动过程中，这些具有黏弹性的肌肉会经历不同的状态，其机械性僵硬度分别对应三种明确的控制状态：放松、收缩或拉伸（被动或主动）。

因此，可以用僵硬度传感器，即肌梭来确定它们的三种功能状态[26]。肌梭长约 1cm，由固定在肌纤维上的纤维囊构成（图 1.12）。肌梭内有一束细小的横纹肌纤

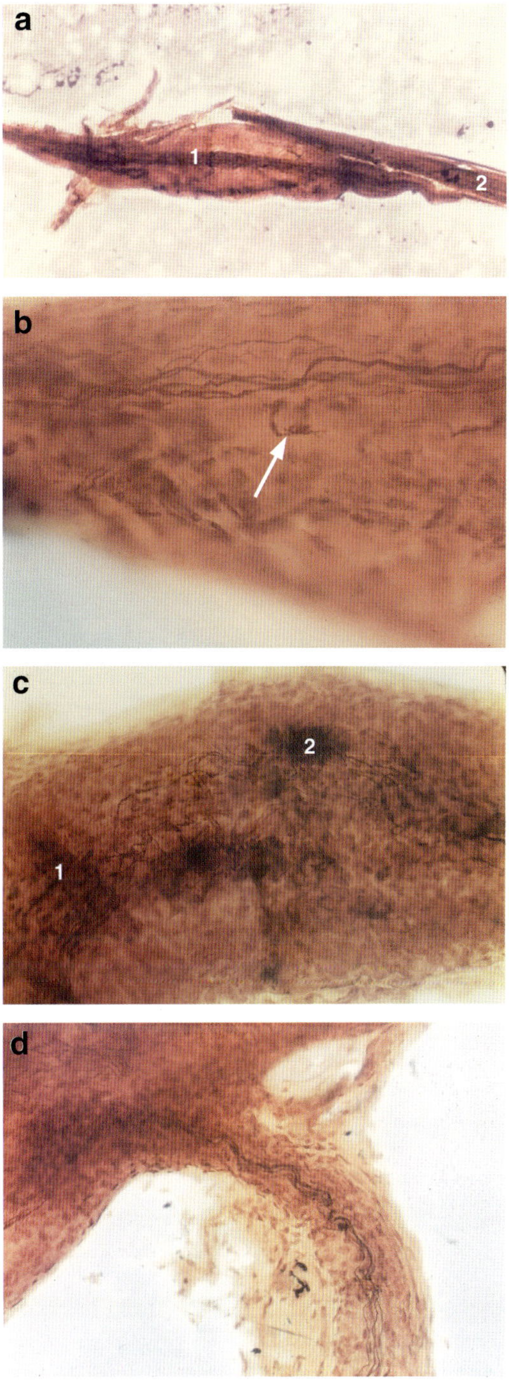

图 1.12　肌梭（1cm 长）的显微切片，用银染色法显示肌梭内的神经纤维。(**a**) 1. 肌梭内的横纹肌纤维；2. 肌梭外的横纹肌纤维。(**b**) γ 运动纤维的运动终板（箭头所指）。(**c**) 1. γ 运动神经纤维；2. 环螺旋状神经纤维。(**d**) 肌梭的神经蒂

维，肌纤维上附着两种神经末梢：一种是脊髓前角γ运动神经元发出的运动神经纤维，分布于梭内肌纤维的两端，第二种是感觉神经纤维，呈簇状或螺旋状，分布于梭内肌纤维中部。

肌梭是一种牵张感觉器，其受刺激产生的信号以最快速度通过单突触连接传递到脊髓前角α运动神经元，进而激活相应肌肉的肌梭外肌纤维，引起肌肉收缩。这就是 Sherrington 所述的牵张反射，又称肌肉伸张反射（myotatic reflex）。肌梭感受器的黏弹性物质（梭内肌纤维）在γ纤维作用下会有或多或少的收缩，从而调节感受器的灵敏度及其增益（gain）。梭内肌纤维越“紧张”，反射就越灵敏。肌梭感受器同时对肌肉拉伸的速度敏感，被称为张力和相位系统。因此，γ神经元过度活跃会导致肌肉张力增高。

了解肌梭伺服系统中控制环路的作用十分有趣。实际上，肌梭可以根据特定任务需要，利用这一伺服系统调节肌肉收缩的程度。它相当于一个“招募者（recruiter）”，使更多的运动单位兴奋，直到施加于骨骼的机械阻力引起的肌肉牵张刺激停止。

我们能够理解，主动收缩的肌肉中的肌梭可能无法指示此肌肉应施加的力量大小，而这个值对于准确控制运动是必需的。这正是高尔基腱器官（Golgi organ），这种位于肌腱和肌肉连接处的力学传感器存在的原因（图 1.13）。它附着在腱器官外肌腱上，由包裹在纤维囊中的微肌腱和内部的感觉纤维构成[27]。作为一种力感受器，它可提供肌肉受力的信息，并通过触发反牵张反射（nverse myotatic reflex）抑制α运动神经元，避免过度收缩，从而保护肌肉。为了更好地理解，可以想象有很大一群人，每人手持一根绳索想要拉起一个巨大的重物。他们每个人都可以感觉到一定的阻力，并对此作出用力拉绳索的反应，但是他们不知道与重物连接处的绳索情况如何。因此，只有派人在要拉起的重物附近（相当于固定在骨骼上的肌腱），才能监控这些人的施力效果[28]。

牵张反射是指活体肌肉受到牵拉时引起肌肉收缩的反射。可以用叩诊锤敲击肌腱引出，其结果可能为活跃或减弱，可用来检查神经系统的反应。当然，这种肌肉反射必须由脊髓以上水平的神经系统来控制，否则不可能完成需要主动肌和拮抗肌协同才能完成的运动。实际上，反射能够实现的原因在于肌肉的交互神经支配，即收缩主动肌的同时放松拮抗肌，这是在脊髓和脑干控制下实现的。

神经病理学可以帮助我们更好地理解。在瘫痪（如截瘫、四肢截瘫或偏瘫）患者身上，肌梭伺服系统不再受中枢神经控制，而肢体的主动运动会引起拮抗肌异常收缩，造成关节活动异常，这被称为强直状态。如果是下肢伸展的强直状态，它可以使患者在没有帮助的情况下自行站立，这在功能上是有益的。但如果它发生在上肢，并使其处于持续屈曲状态，就会使肌肉进行性缺氧并继发纤维挛缩，进而导致严重的残疾。现在有许多药物治疗强直状态，但对于某些难治性病例，可施行脊髓后根神经根切断术（rhizotomy），打断来自感觉神经纤维的传入信号，缓解强直状态。

人体几乎所有肌肉中都有肌梭和高尔基腱器官，其数量随肌肉的控制精度变化。手部的蚓状肌是人体唯一不附着在骨骼上的肌肉，本身富含本体感受器（proprioceptor），是研究肌梭和高尔基腱器官的良好材料[26-27]。

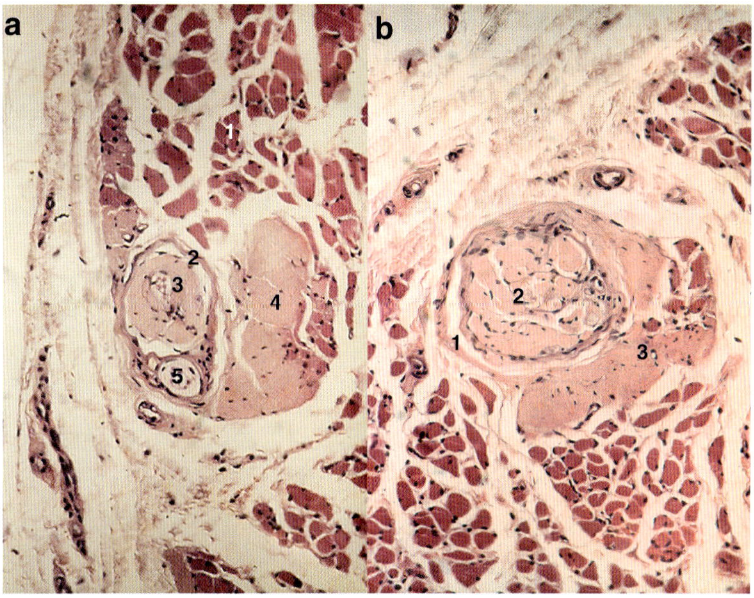

图 1.13　高尔基腱器官的显微切片。(**a**) 上部：1. 肌纤维；2. 纤维囊；3. 神经-腱器官及内部神经纤维；4. 肌腱；5. 高尔基腱器官的感觉神经。(**b**) 下部：1. 纤维囊；2. 高尔基腱器官的微肌腱；3. 肌腱

不过，也有一些例外。首先是声带肌，其张力和僵硬度随音高不同而变化，其振动频率远远超过自身的频带宽度（bandwidth），是靠耳来调节的。这就是先天性耳聋患者不会说话的原因。其次是位于面部皮肤内的面肌，其运动受到三叉神经（Ⅴ）传导的面部皮肤感觉的调节，而支配面肌运动的面神经（Ⅶ）在进入面部时是单纯运动神经。为面瘫患者做面容恢复时，可将面神经与另一单纯运动神经，即舌下神经（Ⅻ）进行吻合，这种方法有一定的临床效果。

在 1992 年新加坡举行的一次机器人学会议中，我们提出了"机器人仿生学（robionics）"的概念，这一概念结合了机器人学、电子学和生物学，并试图解释人体的运动协调的原理。而仿生学（bionics）的概念是美国科学家在 1960 年创造的。

这种方法促进了知识的双向交流：

- 首先，从生物系统到人工系统，仿制一些高度专业化的生物传感器，或从动物身上得到启发制造出有足的移行系统（生物模拟学 biomimetics）；
- 其次，从人工系统到生物系统，工业机器人与人体上下肢的控制需要面对的技术问题十分相似，在研究过程中可以更好地理解人体运动协调的规律（图 1.14）。因此，在为机器人编写控制算法时，工程师知道必须要确定两个控制参数：运动（电动或液压）的状态和各部位的角

图 1.14　绘画机器人（雷诺公司）。1. 由多肌肉制动器激活的终端器官（以象鼻为原型）；2. 单个自由度的中间关节（相当于肘关节）；3. 有两个旋转轴（2 个自由度）的底座

度。可以使用线性或角度电位计测量角度。

人体运动控制也有同样的技术要求。如上所述，人脑必须通过肌梭和高尔基腱器官传递的信号感知肌肉的运动状态。

至于人体各部位之间的角度，在生物体内不存在与电位计类似的角度感受器。肌肉也不能提供这种角度信息。首先，因为肌肉具有黏弹性，这种角度信息对于同一个关节运动来说是多余的。其次，诸如肌肉在骨骼上的附着点与关节轴之间的距离以及肌肉长度等技术参数，并不是像数据库似地储存在大脑中，随时可以用来进行复杂的集合运算，计算出角度。

为了说明这一点，必须作两个重要注解。第一，生理学家在肌梭测量过程中描述了一个特殊比值，即张力/长度之比，但是我们清楚肌梭实际感受的是僵硬度（stiffness）而非长度，而僵硬度可以让大脑在运动控制中辨别出三种可能的肌肉状态。第二，我们通常会用一个带箭头的矢量来表示肌肉活动的方向和强度。但它是典型的人类语言，对大脑是无法直接理解和使用的。富含力感觉器的韧带不能提供角度信息，它应当被看作关节移动范围的指示器，超出其机械牵张范围会引起疼痛的扭伤。

人体巧妙的解决方法是将覆盖全身所有部位的皮肤感受器作为测角计。由于Ruffini牵张感受器（Ruffini stretch transducers）对运动时关节周围皮肤的机械变形敏感，使得大脑能够确定所有身体部位的位置和运动，包括脊柱和四肢在内，无一例外[29-31]。视觉可以进一步提高皮肤测角计的精确度。使用镜子可以帮助舞蹈演员或治疗师获得身体隐蔽部位的信息。因此可以说我们生活在三维的空间中依靠的是视觉和皮肤，而非肌肉提供的信息。因为C型无髓鞘纤维位于肌纤维之间并对乳酸等化学物质敏感（代谢感受器），我们只有在疼痛时才感觉到肌肉存在。许多治疗师对于这个基本概念仍然缺乏理解。这也清楚地说明了大脑皮质功能结构的特殊性。

实际上，在大脑皮质的中央区域可以发现两块并列的“键盘（keyboard）”，通过短纤维连接，形成了一个闭环调节系统，利用现代纤维跟踪成像可以清楚地显示（图1.15）。

- 首先是运动区：大脑额叶中央前回4区，管理全身肌肉，不同肌肉对应不同的皮质区域，区域大小与肌肉大小特别不成比例。1920年，通过对一千多名清醒患者所做的术中电刺激研究，加拿大神经外科医生William Penfield已经明确了中央前回不同区域与肌肉的对应关系。在4区的下部，有一大片区域对应面部，与发声和吞咽有关；手的代表区域也很大，与抓握有关；半球间一小片皮质对应下肢，因为下肢在移行过程中基本上是半自动模式的。
- 然后是感觉区：大脑顶叶中央后回的1、2、3、5区，全身所有皮肤区域均在此有代表区，其分布与肌肉代表区的不成比例的对应方式相同。我们认为在运动区和感觉区之间存在一种静态-动态环路（stato-kinesthetic loop）联系，通过对位置和运动的特有感知，使我们能够随时知道所有身体部位的静态位置（where we are）和动态运动（where we go）。因此，人体对运动和静止的感知从根本上来说来自皮肤（图1.16）。

这可以解释为什么神经系统不能对有感觉障碍的部位的运动进行协调。例如，手指双侧感觉神经受损以后，只要没有运

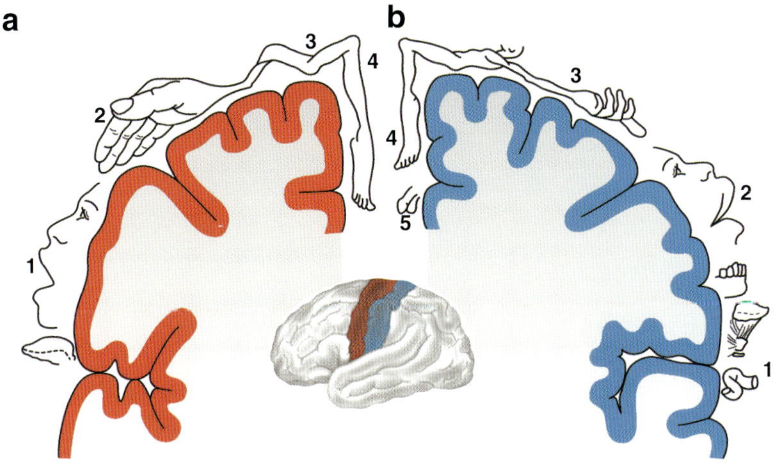

图 1.15　Penfield 皮质矮人图中的运动键盘（a）和感觉键盘（b）。（**a**）中央前回（4 区）：1. 吞咽、发声、面部表情和咀嚼；2. 抓握；3. 脊柱肌肉和姿势；4. 运动（两半球间的纵裂表面）。（**b**）中央后回（1、2、3、5 区）：1. 腹腔脏器；2. 头颈部皮肤和黏膜；3. 上肢感觉区，其中手部占据较大面积；4. 下肢皮肤感觉；5. 生殖器官感觉

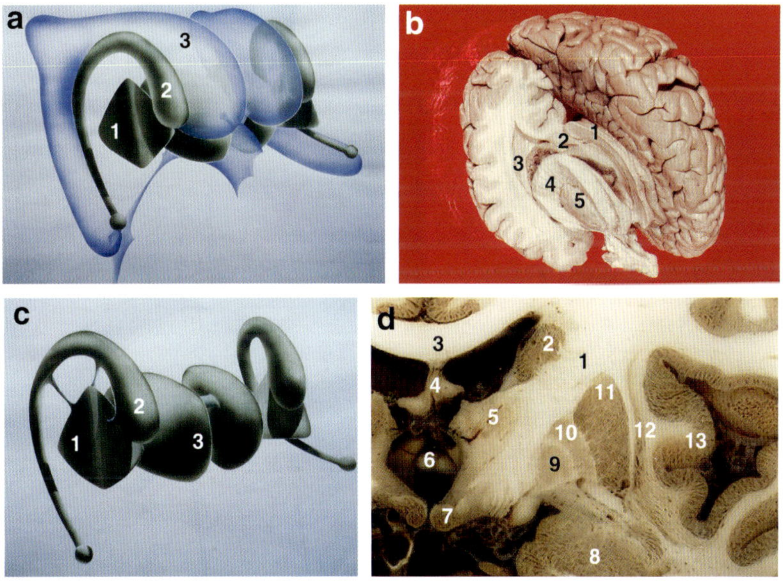

图 1.16　基底神经节。（**a**）端脑环绕大脑中央螺旋形生长示意图：1. 豆状核；2. 尾状核及其头部、体部和尾部；3. 侧脑室及其额角、枕角和颞角。（**b**）右侧大脑半球解剖：1. 胼胝体；2. 穹窿后柱；3. 侧脑室的枕角；4. 内囊（放射冠）；5. 豆状核。（**c**）去掉侧脑室后的示意图：1. 豆状核；2. 尾状核；3. 丘脑。（**d**）大脑冠状切面（右侧，从后往前看）：1. 内囊；2. 尾状核头部（纹状体）；3. 胼胝体；4. 穹窿；5. 丘脑；6. 前连合；7. 乳头体；8. 杏仁核；9. 苍白球内侧部（GPM）；10. 苍白球外侧部（GPL）；11. 硬膜（纹状体）；12. 屏状核；13. 岛叶

动神经损伤导致的麻痹，依然能够进行主动运动。但是在用这只手执行一项任务时，我们就会发现感觉丧失的那根手指会被排除在协调运动之外。常见于偏瘫患者的偏

侧忽略症（hemineglect）也与皮肤感觉（量角器）功能的改变有关[32-33]。我们还必须清楚一点，皮肤上的瘢痕，如位于棘突中线或膝关节附近皮肤上的瘢痕必须谨慎处理，以“重组（realign）”或“恢复（reset）”皮肤的测角器功能，避免骨骼肌相关系统的功能受到影响。

1.3.3 运动的中枢控制

在此不对传导通路和运动中枢进行详细的描述[34-44]，只有几点需要说明。

从教学的角度来看，我们倾向于借助示意图将复杂的运动传导通路简单化。但是我们必须记住，所有结构都是共同工作的：上行和下行通路，都需要调用记录下来的运动程序，这些程序通过学习获得，储存在基底节运动程序库中；而我们自己，作为人体机器的操纵者，多数时候对运动程序涉及的技术问题都一知半解甚至一无所知。因此，大部分运动程序都是根据预先编程的自动模式工作，并且在两个水平进行控制。

1.3.3.1 意识决策水平

它使用一种通用的、简单的、功能性语言：行走、拿个东西、跑、跳等，因此在意识水平指挥的是运动而非肌肉。

1.3.3.2 无意识执行水平

它处理大量的输入和输出，解决三个主要问题：

- 第一个问题，是如何为一个既定的运动程序选择正确的作动器。这是不能有意识完成的，因为作为人体机器的操纵者，我们不知道有哪些肌肉，也不知道应该为某个具体运动选择哪些肌肉。因此，为了能正确使用“运动键盘（motor keyboard）”而形成了特殊的控制回路，它从作为决策区的大脑皮质运动前区到运动皮质，再到外侧小脑，然后回到皮质脊髓束（锥体束）。因为大多数肌肉具有多脊神经根支配的特点，上述的控制回路可以使运动控制信息到达适当的体节水平。同时，通过背侧和腹侧脊髓小脑束，皮肤将感觉信息传送到小脑角度测量中枢和大脑顶叶中央后回皮质的感觉区，用以进行运动协调；
- 第二个问题，是如何协调主动肌/拮抗肌的运动。这是通过识别从肌梭输入到小脑中间部的肌肉状态信息实现的，而小脑中间部与脊髓之间是互动关系。小脑中间部病变会导致辨距不良、辨距过度和意向性震颤等运动协调功能障碍；
- 最后一个问题，是如何实时监测外周系统在执行运动程序时发生的错误。这是通过一个现在众所周知的神经结构，即位于延髓的下橄榄核实现的。下橄榄核是形似微小皮质的神经元结构，在横断面上呈贝壳样，长约3cm，与脊髓（脊髓橄榄核束）和小脑（橄榄核小脑束）有纤维联系，还参与特殊的皮质控制通路（皮质-橄榄核-脊髓通路）（图1.17）。

结论

我们提出的理解性解剖方法，其主要特点就是识别某个特定功能背后的技术问题。神经解剖学有着悠久的历史，期间知识不断积累，而术语亦随之不断变化，它们未必总是与一成不变的神经系统的实际功能相符。但很明显，要突破传统、改变世代相传的知识是很困难的。

例如，当我们行走或看一样东西时，做这个动作的有意识的决策（conscious decision）功能不是定位于大脑皮质中央运动

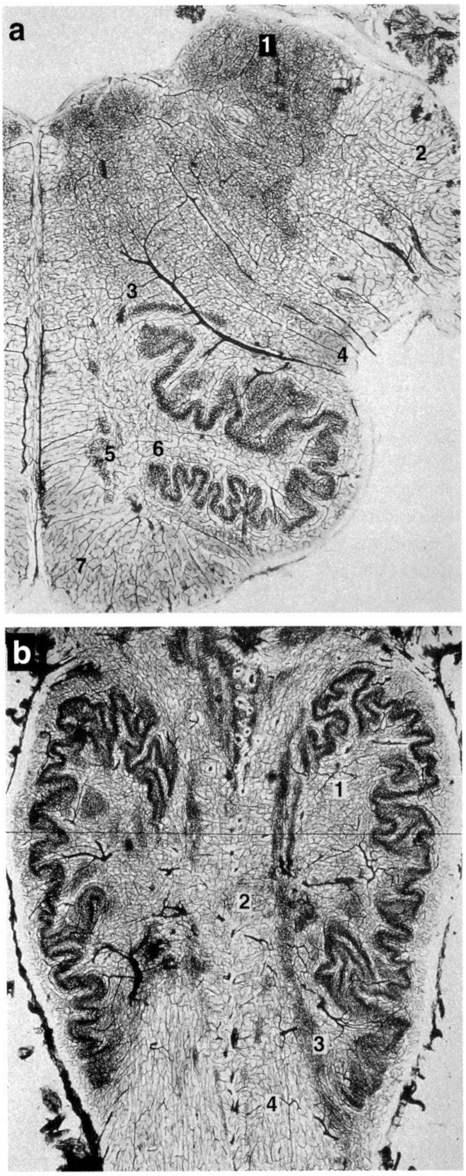

图 1.17　延髓下橄榄核的血管显微注射（H. Duvernoy）。（**a**）延髓的轴向切面：1. 前庭内侧核；2. 小脑下脚；3. 外侧副橄榄核；4. 脊髓丘脑束；5. 内侧副橄榄核；6. 下橄榄核门区；7. 皮质脊髓束。（**b**）冠状切面：1. 门区；2. 内侧丘系；3. 外侧副橄榄核；4. 皮质脊髓束

区，因为该区域负责无意识的执行功能；我们将这一决策功能定位于中央运动区前方的区域，称为运动前区（premotor area），这与普遍接受的补充运动区（supplementary motor area）不是一个概念。在这个决策区，我们可以有意识地进行运动的控制，如通过固定眼睛的中央凹实现对注视的控制，这无疑是最强大的功能之一，使我们能够盯住一个空间中的物体，并围绕这个固定点移动身体。这只是一个例子，希望引起大家对理解性解剖方法的关注，对解剖结构功能的理解不仅是可能的而且是必需的，解剖细节单调乏味、容易忘记，与其采用简单的死记硬背，不如推广采用理解性解剖的方法学习。

参考文献

1. Rabischong P (2003) Le programme homme. PUF, Paris
2. Kapandji AI (2011) Qu'est-ce que la BIOMECANIQUE? Sauramps Medical, Montpellier
3. Kapandji IA (2009) Physiologie articulaire : Tome I Membre supérieur Tome II Membre inférieur Tome III Tête et rachis. 6e Edit. Maloine S.A.
4. Dufour M, Pillu M (2006) Biomécanique Fonctionnelle: membres, tête, tronc. Elsevier Masson S.A.S.
5. Martin RB (1991) Determinants of mechanical properties of bones. J Biomech 24(Suppl 1):79–88
6. Cheng X (1997) Assessment of human vertebral strength: relationships to bone mass and trabecular microstructure in vitro. Acta Biomedica Lovaniensia 147, Leuven University Press, Leuven
7. Rabischong P, Konirsch G, Avril J (1964) Etude biomécanique du tissu osseux compact des os longs en fonction de leur structure. Bull Ass Anat:1:1359–1387.
8. Goldstein SA (1987) The mechanical properties of trabecular bone: dependence on anatomic location and function. J Biomech 20:1055–1061
9. Galante J, Rostoker W, Ray RD (1970) Physical properties of trabecular bone. Calcif Tissue Res 5:327–330
10. Ashman RB, Corin JD, Turner CH (1987) Elastic properties of cancellous bone: measurement by an ultrasonic technique. J Biomech 20:979–986
11. Gibson LJ (1985) The mechanical behaviour of cancellous bone. J Biomech 18:317–328
12. Evans JA, Takakoli MB (1990) Ultrasonic attenuation and velocity in bone. Phys Med Biol 35:1387–1396
13. Evans FG (1958) Relations between the microscopic structure and tensile strength of human bone. Acta Anat 35:285–301
14. Amling M, Herden S, Pösl M et al (1996) Heterogeneity of the skeleton: comparison of the trabecular microarchitecture of the spine, the iliac crest, the femur, and the calcaneus. J Bone Miner Res 11:36–45
15. Mizrahi J, Silva MJ, Keaveny TM et al (1993) Finite-element stress analysis of the normal and osteoporotic lumbar vertebral body. Spine 18:2088–2096
16. Rabischong P, Louis R, Vignaud J et al (1978)

Le disque intervertébral. Anat Clin 1:55–64
17. Shirazi-Adl SA, Shrivastava SC, Ahmed AM (1984) Stress analysis of the lumbar disc-body unit in compression. Spine 9:120–134
18. White RK (1963) The rheology of synovial fluid. J Bone Joint Surg Am 45-A:1084–1090
19. Barnett CH, Cobbold AF (1962) Lubrication within living joints. J Bone Joint Surg 44-B:662–674
20. Clarke IC (1971) Surface characteristics of human articular cartilage. A scanning electron microscope study. J Anat 108:23–30
21. Bayourthe VP, Anklewicz J (1972) La lubrification articulaire. Rhumat Tome XXIV 8:55–74
22. Guimberteau JC (2004) Strolling under the skin. Elsevier S.A.S.
23. Bonnel F, Marc T, et al (2009) Le muscle, nouveaux concepts: anatomie, biomécanique, chirurgie, rééducation. Sauramps Medical
24. Winckler G (1964) Les aspects morphologiques de l'innervation des muscles striés. Arch Biol 75:943–973
25. Julia M, Hirt D, Perrey S, et al (2012) La proprioception. AMPR, Sauramps Medical
26. Rabischong P (1962) L'innervation proprioceptive des muscles lombricaux de la main chez l'homme. Rev Chir Orthop 48(3):234–244
27. Rabischong P (1961) Recherches sur la morphologie et la répartition des organes neurotendineux et des récepteurs épitendineux et intramusculaires encapsulés dans les muscles lombricaux de l'homme. Arch d'Anat, d'Histo et d'Embryo XLIV 5/8:329–349
28. Roll JP, Vedel JP (1982) Kinaesthetic role of muscle afferents in man, studied by tendon vibration and microneurography. Exp Brain Res 47:177–190
29. Halata Z (1988) Ruffini corpuscle – a stretch receptor in the connective tissue of the skin and locomotor apparatus. Prog Brain Res 74:221–229
30. Halata Z (1977) The ultrastructure of the sensory nerve endings in the articular capsule of the knee joint of the domestic cat (Ruffini corpuscles and Pacinian corpuscles). J Anat 124:717–729
31. Iggo A (1982) Cutaneous sensory mechanism. In: Barlow HB, Mollon JD (eds) The Senses. Cambridge University Press, Cambridge, pp 369–406
32. Vallar G (1998) Spatial hemineglect in humans. Trends Cogn Sci 2(3):87–97
33. Verdon V, Schwartz S, Lovblad KO et al (2010) Neuroanatomy of hemispatial neglect and its functional components: a study using voxel-based lesion-symptom mapping. Brain 133(3):880–894
34. Bossy J (1990) Anatomie clinique, neuroanatomie. Springer, Paris
35. Martin JH (2012) Neuroanatomy text and atlas. McGraw Hill, New York
36. Heimert L (1983) The human brain and spinal cord. Springer, New York
37. Nieuwenhuys R, Voogd J, van Huijzen C (2008) Human central nervous system, 4th edn. Springer, Heidelberg
38. Rabischong P (2004) Comprehensive anatomy of the spinal cord. Riv Neuroradiol 17:268–276
39. Duvernoy H (1999) The human brain. Surface, blood supply and three-dimensional sectional anatomy, 2nd edn. Springer, Wien NewYork
40. Marieb EN (1992) Anatomie et physiologie humaine. DeBoeck, Canada
41. Catani M, Thiebaut de Schotten M (2012) Atlas of human brain connections. Oxford University Press, Oxford
42. Tortora GJ, Derrickson B (2006) Principles of anatomy and physiology. Wiley, Hoboken, NJ
43. Moore KL, Dalley AF, Agur AMR (2010) Clinically oriented anatomy. Wolters Kluwer/Lippincott Williams and Wilkins, Philadelphia, PA
44. Rabischong P (2012) The skin neural interface. In: Ajeena IM (ed) Advances in clinical neurophysiology. InTech

第 2 章　脊柱功能

（楼美清　徐远志　译，李茗初　陆夏　刘晓东　校）

摘要

脊柱是复杂的生物力学结构，由相互形成关节的椎骨以特定姿态连接而成，在肌肉作用下可向不同方向运动。脊柱伺服系统（servomechanism）依靠三组传入信号自动调节脊柱稳定：控制脊柱平衡的肌肉传感器，附着于棘突轴线上负责体位和运动整体协调的皮肤，以及控制头部水平稳定的前庭椭圆囊斑（倒立摆系统）。一组肌肉从脊柱向四肢延伸，另一组肌肉直接固定在脊柱（脊肌）上，它们复杂的解剖结构目前已被大家熟知。脊柱的每一节段都有其独特的功能特征。颈椎与视觉关系密切，颈枕交界区万向关节（cardan joint）和椎动脉（维系生命的动脉）保护系统的存在具有合理性。胸椎与呼吸功能有关。腰椎借助关节与不连续的骨盆环及其可变形关节相连接，骨盆环有三个可变形关节，包括位于后方的两个骶髂关节和位于前方的耻骨联合，它们可增强骨盆的机械抗性。临床上必须正确鉴别脊柱疼痛，需要特别强调脊神经节在该病中的重要作用。

2.1　引言

脊柱呈纵向柱状，由相互叠加、形成关节的椎骨连接而成，肌肉控制其活动。脊柱上端承托头部，下端连接骨盆，并为上下肢提供附着。尽管脊柱是一个密切联动的整体，在维持脊柱稳定性的复杂功能方面具有共性，但其各个节段的特殊规律仍需要单独研究。

从力学角度看，脊柱这样的梁柱（beam）承受着巨大的压力，即存在垂直方向上线性压力导致纵向变形（buckling）的问题。在施加最大的压力，或在测量应变时，材料破裂的方向会变得难以预测，这主要取决于材料的同质性（homogeneity）程度。为避免出现纵向变形甚至破裂，最有效的办法是在不破裂的前提下预先弯曲梁柱，这样就可以预测将来其变形的方向，然后再使用正确设置的牵拉装置（shrouds）来加固之。脊柱就是采用这种方式，它由一连串反向弯曲构成，起斜撑（bracing）作用的肌肉分布于各弯曲的凹面，只有胸椎没有这种斜撑结构，因为胸椎胸廓提供了横向支撑。新生儿出生时由于尚未开始行走（除了在子宫内的一些胎动踢腿动作以使母亲安心），所以还没有形成脊柱的各反向弯曲。黑猩猩没有采用永久性双足直立行走的姿势，其脊柱也仅有一个弯曲。

2.2 脊柱稳定性[1-5]

脊柱稳定性是指在下列三种位置情况下维持脊柱姿态的功能，包括屈曲、伸展以及向左右侧偏。它依赖于节段性脊椎三角支撑（vertebral triangle segmental support）的形态以及肌肉的组织结构，尤其是后者。这个因素在所有脊柱疾病中起主导作用，尽管现代影像学新技术［计算机化断层显像（CT）和磁共振成像（MRI）］可以使我们获得非常精确的解剖图像，比传统的矢量模型更接近现实，但这种主导作用并没有被充分认识。脊柱稳定的功能整合于所谓的脊柱伺服系统，其功能高度自动化，同样不需要作为身体操控者的我们有意识地进行维持。与其他任何伺服系统类似，脊柱伺服系统接受传递脊柱不稳定信息（imbalance information）的输入信号，据此发出冲动维持脊柱稳定性。

2.2.1 脊柱伺服系统的输入信号

输入信号包括三种，分别是：负责脊柱平衡的肌肉本体感觉，颈胸腹部皮肤感觉和前庭椭圆囊斑重力觉。

2.2.1.1 脊柱平衡

脊柱像一个能够向左右两个方向主动运动的钟摆系统，直接附着于脊柱的肌肉像绳索一样从两侧对脊柱轴施加拉力。前述由肌梭拉伸介导的肌肉牵张反射是维持脊柱平衡的关键。显然，牵张反射起反向作用，Isch在很久以前就利用肌电图发现了这一点。脊柱向右侧弯曲时产生一个向右的凹面，此时位于左侧凸面的肌肉会因肌梭被拉伸而收缩。当我们将拇指放在腰椎两侧并适当行走时就可观察到这一现象。这是因为一侧下肢抬高可使对侧脊柱肌肉肌梭拉伸，进而导致其自主收缩。目前已经很清楚，脊柱肌肉的整体收缩不仅受脊髓控制，还有脊髓水平以上，包括小脑的参与。

2.2.1.2 皮肤的量角参考轴线

如上所述，皮肤如同量角器（goniometer），提供身体各节段的角度信息，而附着于脊柱棘突的轴线上的皮肤是角度测量的参考基线。皮肤感知脊柱运动主要依靠这条参考轴线，而术后瘢痕可导致此轴线的破坏。“棘上纤维复合体（supraspinal fibrous complex）”（图2.1）将皮肤与棘突连接在一起，它由五层解剖结构构成：皮肤（表皮和真皮）、背阔肌的扁平肌腱、包裹脊柱肌肉的胸腰骶腱膜、腰骶韧带和棘上韧带，而棘上韧带并不是其中最强韧的结构。

2.2.1.3 椭圆囊斑重力感受器

头部由脊柱支撑，可视为一个倒立摆（inverted pendulum），在脊椎稳定中起重要作用。要想获得良好的脊柱平衡，头部需置于水平位置。靠视觉系统做不到这一点，因为虽有我们两只眼，但只能看到一个图像，如果要维持头部处于良好水平稳定性，需要左右两眼分别产生图像。对垂直方向的外力敏感的是位于内耳前庭的重力觉感受器，即椭圆囊斑（图2.2）。它由

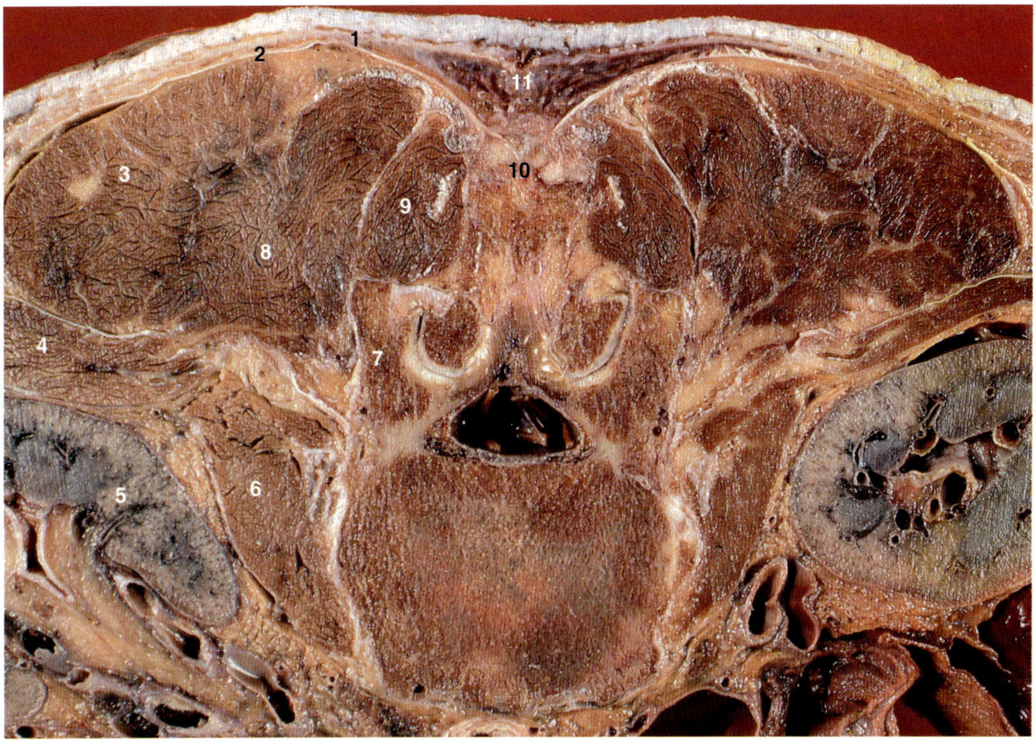

图 2.1　L3 轴位切面。1. 背阔肌肌腱；2. 胸、腰、骶腱膜；3. 髂肋肌；4. 腰方肌；5. 肾；6. 腰肌；7. 椎间关节；8. 最长肌；9. 脊横肌群（多裂肌）；10. 棘突；11. 棘上纤维复合物

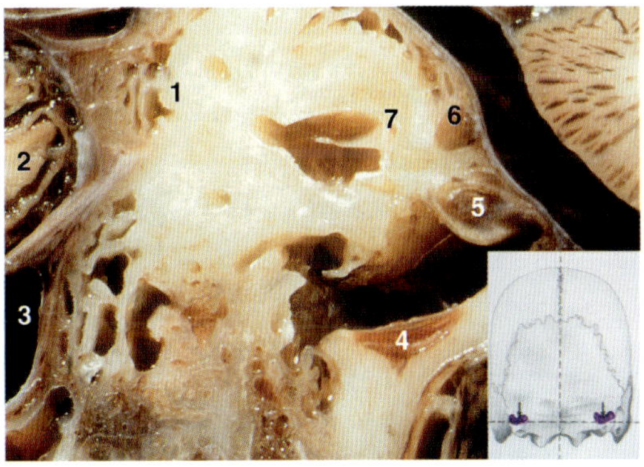

图 2.2　颞骨矢状切面上的椭圆囊斑。1. 后半规管；2. 小脑；3. 侧窦；4. 鼓膜；5. 骨管里的鼓膜张肌；6. 膝状神经节（Ⅶ）；7. 椭圆囊斑

处于水平位的薄层骨板和被覆上皮构成，上皮表面有耳石结晶覆盖。耳石可改变囊斑上皮系统的惯性，能够产生力学上所谓的“飞锤（flyweight）”效应。这种重力感受器与鱼类或贝类的不完全相同，这些动物也具有一种由钙盐结晶形成的耳石（otolith）沉积于感觉细胞而构成的感受器，能够使它们分辨出身体的上下位置关系并进行良好的导航，我们知道如果鱼的腹部朝上就意味着其生命即将终结。在人类的囊斑，覆盖薄层骨板的上皮内有感觉细胞，而耳石膜（otolithic membrane）被覆在上皮表面。头部的水平稳定对脊柱的稳定性有明显影响，这使我们想到一些原因不明的青少年特发性脊柱侧弯病例，也许其病因在于椭圆囊斑的功能缺陷。

2.2.2　肌肉对脊柱稳定性的校正

每个脊椎骨靠内侧都有附着于棘突的肌腱，靠外侧都有附着于椎板和横突的肌腱，在胸椎水平，肋骨后角也有肌腱附着。背部靠在支撑物上可以使脊柱肌肉完全放松，这是一个省力的姿势，但不利之处是使后方小关节（关节突关节）的关节囊受到牵张，可能导致疼痛。直立姿势时，脊柱不完全伸直，肌肉收缩降至最低。但是前倾姿势需要显著的肌肉收缩，如果未经练习，会迅速导致肌肉疼痛。

作用于脊柱骨盆轴的肌肉[6-8]包括两组。

2.2.2.1 第一组：脊柱-四肢肌群

第一组肌肉附着于棘突，参与上肢运动，包括斜方肌、菱形肌、前锯肌和背阔肌，或参与下肢及脊柱运动，即髂腰肌，或仅参与下肢运动：包括臀大肌、臀中肌、臀小肌、阔筋膜张肌、股直肌、内收肌、闭孔内肌和闭孔外肌（图 2.3）。

2.2.2.2 第二组：脊柱肌群

第二组肌肉，即脊柱肌群，对于脊柱有着特殊作用。Bonneau[9]在他的论文中对此进行了全面介绍。我们必须记住以下几点（图 2.4）：

- 背部皮下有纤维肌腱层，由浅至深分为三层：第一层是从胸 6 开始的背阔肌扁平肌腱；第二层是包裹脊柱肌肉的胸腰骶腱膜，其深层包绕上后锯肌和下后锯肌两种张力肌；第三层是非常强韧的腰骶肌腱，构成背部真正的纤维性后壁，靠外侧为髂肋肌肌腱，靠内侧为最长肌肌腱，它们形成许多 V 字形结构起于肋角和横突，并被牢牢固定于腰椎棘突、骶髂关节沟两侧，直至尾骨。需要注意的是，腰骶肌腱的深面被非常厚的斜肌纤维固定，它们提供脊柱直立所需的大部分力量[10]；
- 在上述纤维肌腱层以下，脊柱肌肉[11-12]排成三列：
  - 外侧为最长肌，分为腰部、胸部、颈部（颈最长肌从 C3-C6 横突至 T1-T5 横突）和头部（头最长肌从乳突至 C3-T3 横突）；
  - 中间为髂肋肌，分为腰部、胸部和颈部（颈髂肋肌从 C4-C7 横突至 T4-T8 肋骨后方之肋角）；
  - 内侧是被称为多裂肌的脊横肌群（transverso-spinal muscles），由 23 条肌束在头尾方向上呈叠瓦状排列，每条肌束都有四个不同部分：短腱（跨越 1 个脊椎节段），长腱（跨越 2 个节段），短棘（跨越 3 个节段）和长棘（跨越 4～6 个节段）。

除了肌肉，黄韧带在脊柱稳定性中也具有特殊作用（图 2.5）。黄韧带在脊柱屈曲运动时提供弹性阻尼（resilient damping）。它含有大量致密的弹性蛋白纤维，使其呈现黄颜色，故而得名。黄韧带是身体中仅有的弹性韧带，附着于椎板的上下缘之间，当脊柱屈曲时，它可以提供黏弹性缓冲回复力（viscoelastic amortising return）。黄韧带存在于脊柱各个节段，它在脊柱影像上的形态与椎间盘的状态明确相关[13-14]。当椎间盘塌陷时，相应的黄韧带也会出现松弛和膨大，称为假性肥大（pseudo-hypertrophy）。甚至其正常生理曲度也会发生反转，突入椎管造成继发性椎管狭窄（软狭窄），进而导致神经功能异常，可能需要通过微侵袭手术入路解除黄韧带的压迫，恢复椎管管腔。在腰椎水平的脊柱横断面上，黄韧带呈现出清晰 V 字形结构，覆盖关节突，并使椎间孔后缘变得光滑。像所有的纤维组织一样，随着年龄的增长，黄韧带逐渐发生退行性变，弹性纤维和成纤维细胞增生减少，表现为真性肥大（图 2.6）。

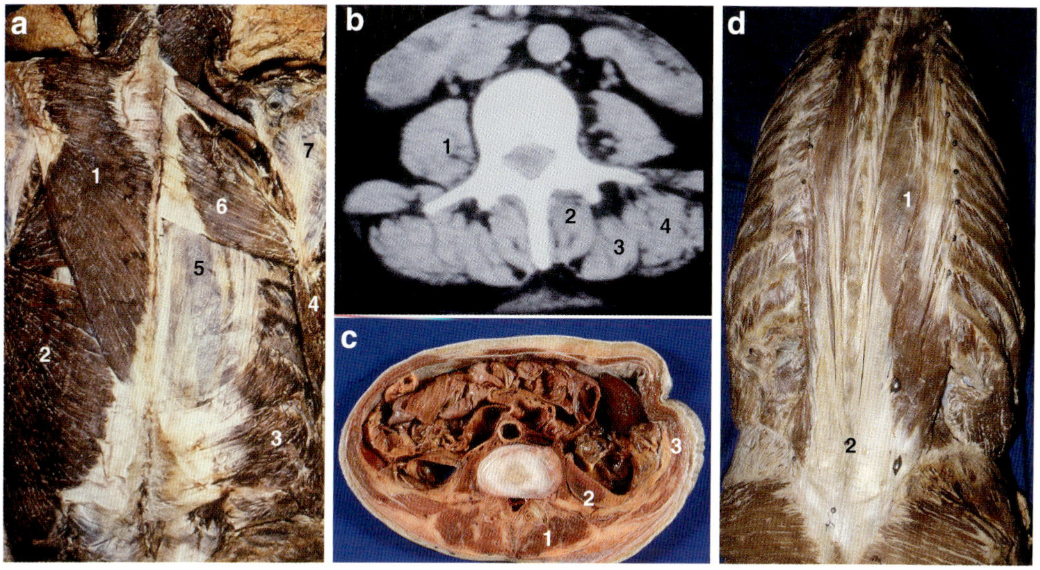

图 2.3　脊柱肌肉。(a) 躯干的后面观：1. 斜方肌；2. 背阔肌；3. 下后锯肌；4. 前锯肌；5. 胸腰骶腱膜；6. 菱形肌；7. 外移的肩胛骨。(b) 腰椎 CT 轴位片：1. 腰大肌；2. 多裂肌；3. 最长肌；4. 髂肋肌。(c) 腹部轴位切面：1. 脊柱肌肉；2. 腰大肌；3. 腹壁肌肉。(d) 脊柱肌肉：1. 最长肌；2. 腰骶肌腱

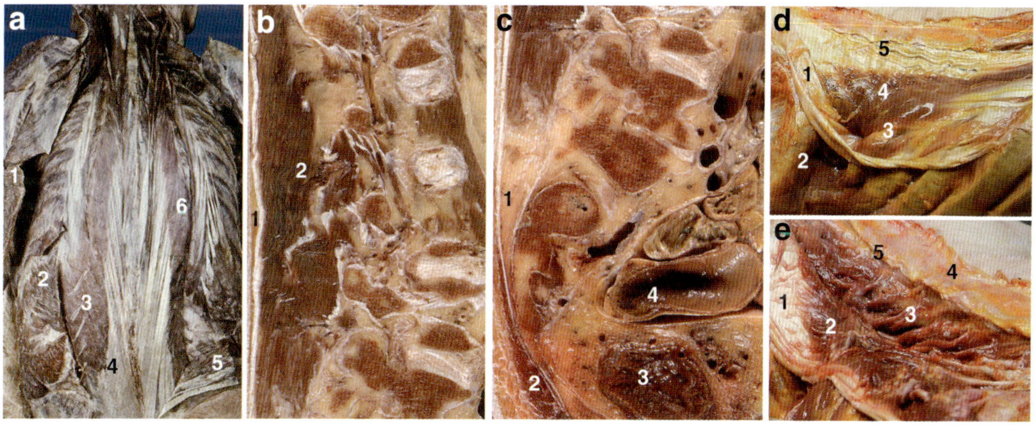

图 2.4　脊柱肌肉解剖。(a) 后面观：1. 背阔肌；2. 下后小锯肌；3. 穿过肌肉的皮肤神经；4. 腰骶肌腱；5. 髂肋肌；6. 最长肌。(b) 腰椎矢状面：1. 皮肤，腱膜及腰骶肌腱；2. 深部斜行肌纤维。(c) 骶椎矢状切面：1. 腰骶肌腱；2. 尾骨；3. 直肠；4. 乙状结肠。(d) 保留腱膜的腰椎侧面观：1. 胸腰骶腱膜；2. 髂嵴；3. 下后小锯肌；4. 髂肋肌；5. 腰骶肌腱。(e) 侧面观：1. 右斜下方走行的腰骶部肌腱；2. 最长肌深部肌纤维；3. 脊横肌群（多裂肌）；4. 皮肤移行层；5. 棘突

形成如此高度复杂的肌肉系统是为了应对多节段脊柱稳定性的难题，并控制脊柱的运动。但除非发生肌肉疼痛，作为人体这台机器的操纵者，我们是感觉不到这种复杂性的，有时肌肉疼痛甚至会使我们不由自主地试图主动减少脊柱活动，这种情况称为腰痛（lumbago）。

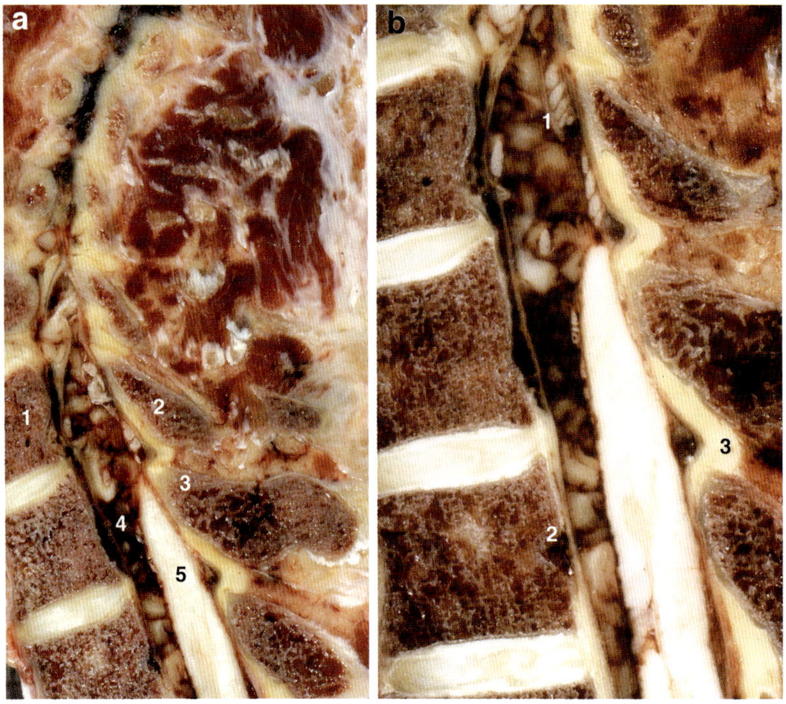

图 2.5 颈椎黄韧带。(**a**) 斜矢状位：1. 椎体；2. 棘突；3. 椎板上缘；4. 硬脑膜；5. 脊髓。(**b**) 矢状面：1. 颈神经根；2. 被后纵韧带覆盖的椎体静脉后开口；3. 黄韧带

最后，作为脊柱稳定性一节的结论，有必要对病理力学（pathomechanics）进行一些评论。用“不稳定（instability）”或者用“微不稳定（microinstability）”这样的术语去描述一个或多个脊柱节段稳定性异常（abnormal stabiliasation）似乎是不恰当的。事实上，在正式的力学术语中，不稳定结构（unstable structure）的定义是指不能使其稳定的结构。在病理状态下，脊柱显然不是不稳定结构，而是稳定性出现了异常，导致其活动度过低（hypomobility）或过高（hypermobility），我们应该直接称之为稳定性异常（distability）。术语的改变肯定需要很长时间，但我希望，至少这本书的读者能够同意采纳这一新的术语，因为它与力学的严谨性更加一致。

2.3 颈椎和眼/头伺服机制

作为头部的支撑，颈椎的活动度与头部的活动度直接相关。通过一个简单的功能分析就能帮助我们理解，头部运动主要依赖视觉在垂直和水平两个方向上对空间的感知。盲人因为失去了这种视觉感知功能，与健全人不同，其头部基本不活动。颈椎活动包括屈曲/伸展和水平旋转[15-18]。

2.3.1 视觉信息的处理

为了理解颈椎和头部运动功能的规律和特点，必须对视觉信息处理进行分析。视觉可以感知物体的形状、颜色及其向各个方向的运动。更确切地说，能够通过立体视觉（3D视觉）收集物体的三维（X，

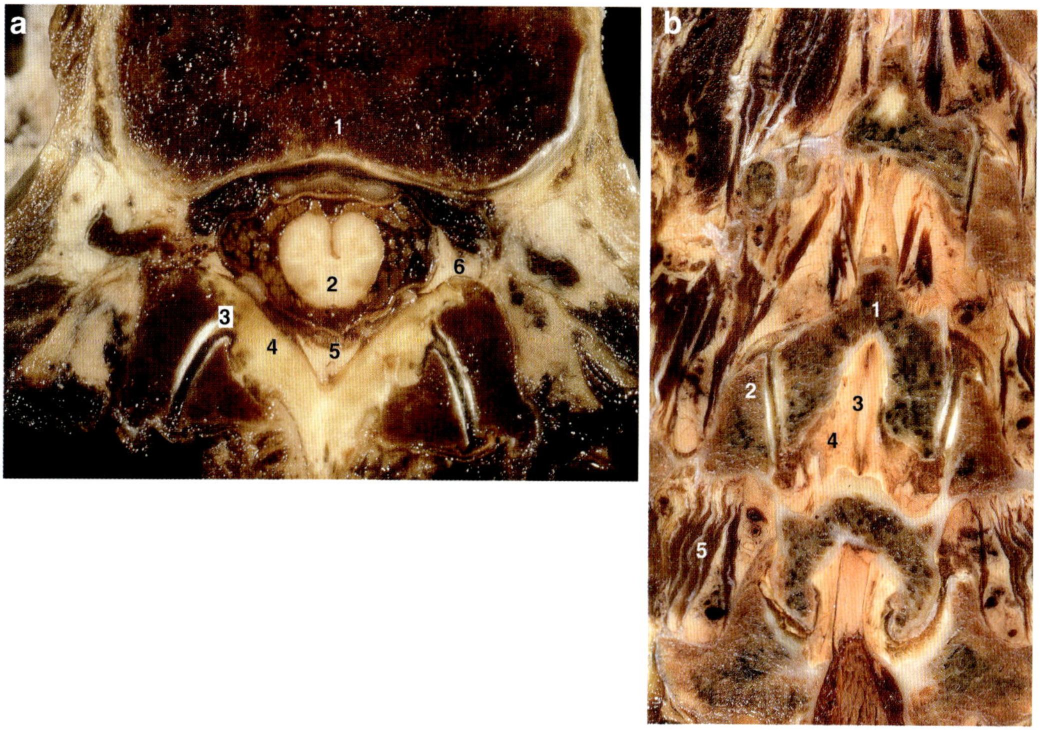

图 2.6　腰椎黄韧带。(**a**) L1 椎轴位切面：1. L1 椎体；2. 脊髓；3. 有假半月板滑膜皱襞的小关节；4. 黄韧带；5. 脂肪垫；6. 椎孔。(**b**) 椎弓后方冠状切面：1 椎板；2. 小关节；3. 脂肪垫；4. 黄韧带；5. 横突间肌肉

Y，Z）信息，从而获得立体感（third dimension）。人类能够获得立体视觉，得益于额部双眼之间存在一定距离。其主要的技术问题是如何将两眼的图像进行逐个像素的匹配融合。解决这个问题的是视交叉，来自视网膜的视觉纤维有 50％在此交叉到对侧，使一只眼睛感知的图像分成左、右两个部分，分别发送至两侧枕叶第一视觉皮质区。但是，只有视轴（optical axis）对应的视网膜区感知的图像具有足够高的分辨率，能够用来进行完美的图像融合。所以黄斑区视锥细胞密度极高（135 000/mm^2），能够提供 80％的视觉信息，而黄斑外周则视觉精度较差。

在出生时，可能发生两个眼球不完全居中的情况，这可导致两个视网膜的图像不能融合，从而不能产生立体视觉。患儿会因此发生弱视，此时尽管眼睛外观正常，但一侧视敏度会下降。Mawas 认为这是由于皮质-视网膜神经纤维抑制了这一侧眼睛的黄斑视觉冲动。也就是说，如果人体是一台机器，其制造者（constructor）不仅组织设计了复杂的视觉成像系统，同时还为系统出现故障设计了解决预案。治疗斜视时为了解除患侧眼受到的抑制，需要阻断健侧眼的视觉传入，然后再通过斜视矫正或手术重新调整双眼视轴的角度，但不同患者治疗效果差别很大。

在比较解剖学中，点状黄斑只存在于具有立体视觉的动物，如猫头鹰、猛禽、猫等。其他采用全景视觉（panoramic vision）的动物，如反刍动物，它们的黄斑呈带状，双眼视野的重合率低，会产生两个不同的视网膜图像，不能融合以产生立

图 2.7 变色龙。(**a**) 独立可动的眼睛(全景视觉)。(**b**) 吐舌捕猎时两只眼睛汇聚(立体视觉)

体视觉。自然界中，只有变色龙同时拥有这两种类型的视觉模式：观察猎物时使用全景视觉，双眼视觉图像完全分开，同时采用小瞳孔，进行精确感知；捕猎时使用立体视觉，通过眼球汇聚融合双侧图像，获得立体信息，以保证舌头能够快速而准确地舔卷猎物。变色龙拥有很好的点状黄斑（图 2.7）。

人类的双眼沿竖直和水平两个轴向运动，但当水平旋转超过 30°时，由于鼻的遮挡及光学视差（optical parallax）的影响，不能建立立体视觉。此时，我们通过同时转动头部和双眼来解决这个问题，这就是眼/头伺服机制。显然，协调与调整头和眼的运动是非常必要的，这意味着大脑需要准确知道头部运动的速度和方向。前庭也可以位于躯干，因为它同时可以测量整个身体在三维空间中的运动，例如在没有视觉引导的夜间，人们依然可以行走。

此外，虽然前庭和耳蜗具有两种不同的功能（分别是头部的静态-动态平衡觉及听觉），但它们互相间接，都位于内耳这同一个器官。其原因可能在于它们需要解决相同的技术问题，即它们都需要精确调节外淋巴液和内淋巴液的渗透压。因此，将它们置于同一结构似乎是一种更明智且经济的选择。在病理情况下，如梅尼埃病导致的眩晕也可证明二者的密切联系。

因为前庭在确立三维空间参考系中具有重要作用，所以在非常早的发育阶段它就出现在致密的颅底骨质中，而到出生时，半规管及与之相连的耳蜗已是第一个发育完全的器官（图 2.8e）。成人会有半规管左右对称性的问题。来自法国 Limoges 的 Caix 发现有一小部分人具有对称的半规管，而这可能是一个影响眩晕敏感性的因素。

最后，因为眼/头伺服机制必须要协调这两个不同解剖系统的运动，所以它需要一种共同的指导信息，这就是从视觉通路获取的图像信息。有趣的是，在机器人的人工视觉系统中，所面临的问题和解决方案也是一样的，那就是把图像作为引导伺服系统的主要方式。

这就需要重视视觉与前庭觉的关系，它们之间有非常广泛的相互作用，已经发现许多反射可以用来说明这种关系。前庭和半规管是液体型感受器，运动停止以后神经冲动还会持续，称为剩余冲动（remanence），眼睛则可以帮助其重新矫正，这一过程称为重置（reset）。跳古典舞的舞蹈家，尽管他们不是生理学家，但是他们也知道，要想完美演绎沿身体垂直轴的“足尖旋转”动作，每次旋转时必须在环境中寻找一个视觉固定点，它可以是包厢上的一束光，或者是乐队指挥闪亮的光头，这种现象充分说明头和身体的旋转运动是分离。

华尔兹舞是一种与展现动物性的现代舞格格不入的优雅舞蹈，在跳华尔兹时，理论上也需要同样的系统控制旋转运动。在不停的旋转中，舞者不能说话，要互相注视对方的眼睛，否则舞蹈结束时可能会出现令人尴尬的典型的前庭性眩晕，并伴有前庭刺激导致的眼球跳动，即眼球震颤（nystagmus）。在火车旅行中，如果坐在你

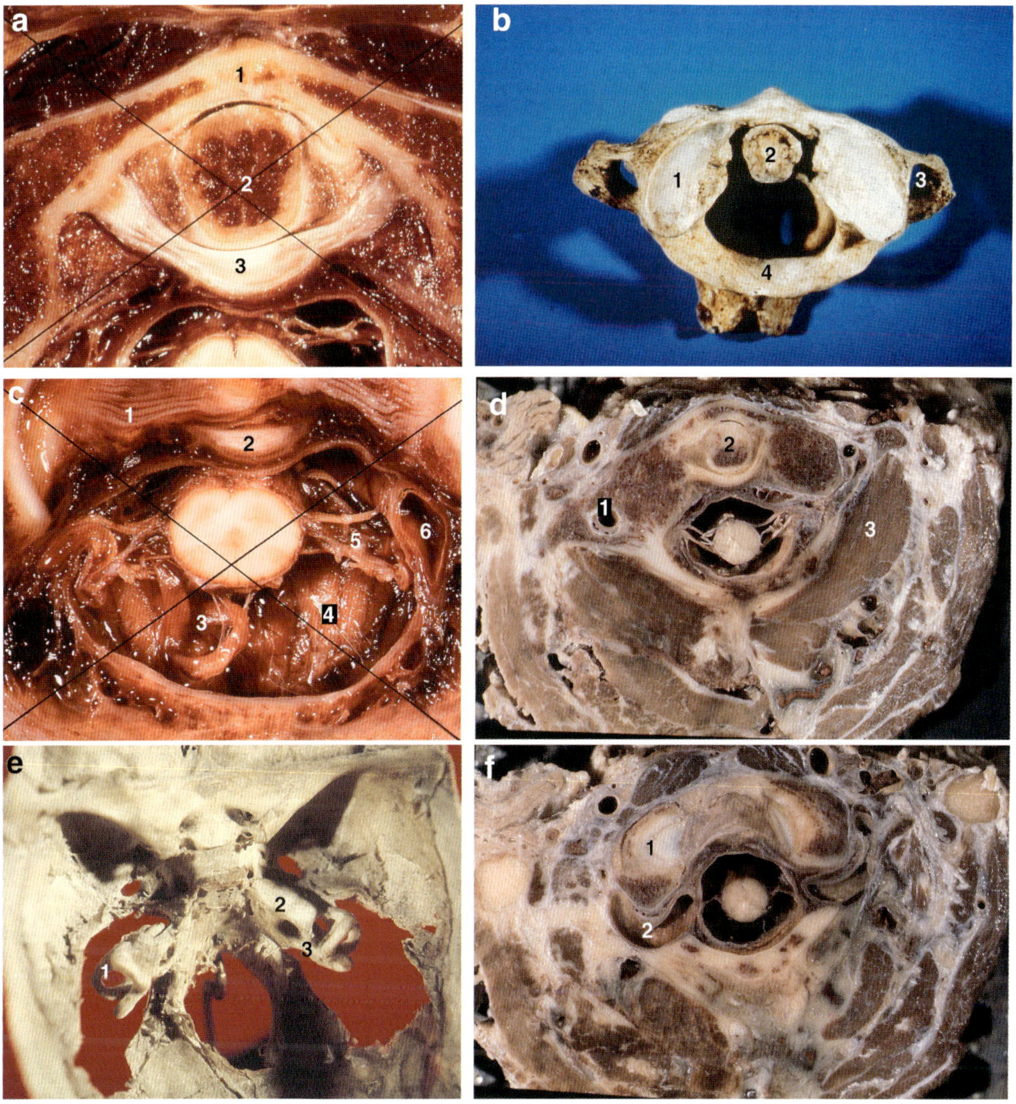

图 2.8　枕颈关节轴位切面。(**a**) 寰枢关节切面：1. 寰椎前弓；2. C2 齿状突；3. C1 横韧带（十字韧带的横向部分）。(**b**) 寰/枢椎上面观：1. 寰椎的上关节面；2. C2 齿状突；3. C1 横突孔；4. C1 后弓。(**c**) 枕骨大孔轴位切面：1. 翼状韧带；2. 十字韧带的纵向部分；3. 小脑后下动脉（PICA）；4. 小脑扁桃体；5. C1 神经根；6. 椎动脉。(**d**) C1/ C2 连接处轴位切面：1. 椎动脉；2. C2 齿状突；3. 下斜肌。(**e**) 新生儿颅底解剖图：1. 外半规管；2. 耳蜗；3. 三个半规管（大小达成人水平）。(**f**) 枕颈关节下部轴位切片：1. 寰枢关节；2. 椎动脉水平部，位于 C1 侧部后方

对面的旅客正在欣赏窗外飞驰而过的风景，你可以观察到一种生理性的快速往复的眼球震颤，而他本人觉察不到。这是因为，在欣赏窗外不断滚动出现的景象时，眼睛不可能脱离眼眶追踪物体，它们必须不断往复跳转。飞行员在做特技飞行时也知道，始终保持头部与飞行速度的矢量方向相同是很重要的，这样才能避免因眩晕导致的灾难性后果。眼球震颤描记和前庭功能检测技术已经取得重大进步，可为临床医生提供非常有价值的数据，同时可用于姿势学研究，我们会在后面介绍。

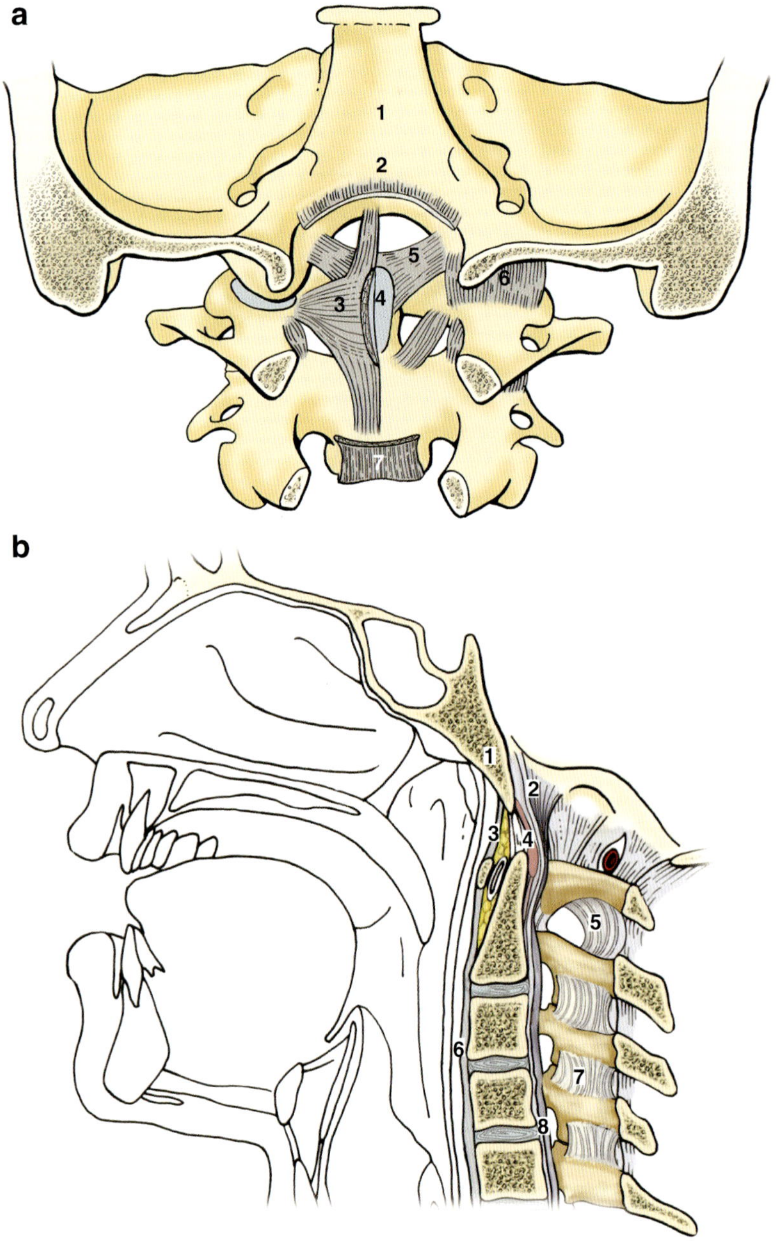

图 2.9 枕颈交界示意图。（**a**）冠状切面后面观：1. 斜坡；2. 覆膜横切面；3. 十字韧带，其中上纵带和下纵带分别将横带固定到枕骨和 C2；4. C2 齿状突关节面和 C1 十字韧带横带；5. 翼状韧带；6. 寰枕关节关节囊；7. 覆膜。（**b**）矢状切面：1. 斜坡；2. 后覆膜，与后纵韧带相连；3. 寰枕覆膜，与前纵韧带相连；4. 十字韧带；5. 后寰枢膜；6. 前纵韧带；7. 黄韧带；8. 后纵韧带

2.3.2 颅颈交界区

眼球运动与颈椎运动的功能联系十分紧密，眼球需要在垂直与水平两个轴向上运动以追踪目标，与之相应，颅颈交界区关节系统也需要具备在这两个方向上的运动自由度（degree of freedom）[16-18]。头部与颈椎的连接犹如一个万向关节（cardan joint），这个术语取自意大利哲学家兼科学家吉罗拉莫·卡尔达诺（Gerolamo Cardano）的名字，是他为将罗盘装在船上而发明了万向关节这种装置。罗盘有一个垂直轴，指北针放置在其顶端。不管船只如何随波浪起伏，罗盘必须总是处于水平位。因此需要用罗盘油来增加其惯性，

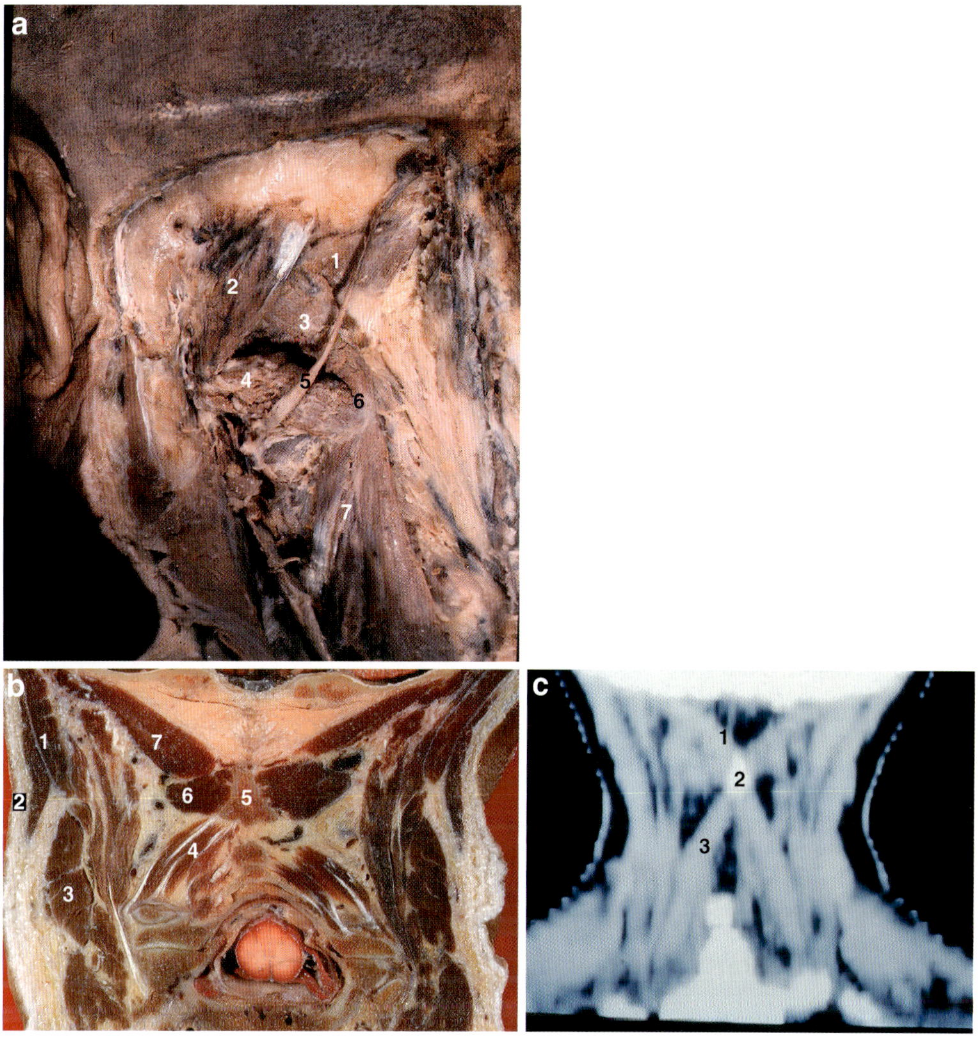

图 2.10　头颈交界区的肌肉。(**a**) 左侧后面观：1. 小后直肌；2. 上斜肌；3. 大后直肌；4. 下斜肌；5. 枕大神经；6. C2 棘突；7. 颈半棘肌。(**b**) 冠状切面：1. 头夹肌；2. 胸锁乳突肌（SCM）；3. 肩胛提肌；4. 颈半棘肌；5. C2 棘突；6. 下斜肌；7. 大后直肌。(**c**) 冠状面扫描图（“蝴蝶的颈部”）：1. 大后直肌；2. C2 棘突；3. 颈半棘肌

并通过一种万向关节系统将其固定在船上。该系统具有两个互相垂直的旋转轴，这两个轴向运动的叠加可产生第三个具有瞬时转动轴的自由度。这也正是我们在颅颈交界万向关节中看到的情况。以前常用铰链（hinge）来比喻颅颈交界的关节结构，将来需要取消这种说法，因为那样意味着它只有一个自由度（图 2.8，2.9 和 2.10）。

2.3.2.1　第一，横轴

横轴位于两侧枕髁和寰椎侧块上关节凹之间，允许头部进行约 40°的屈曲/伸展运动，参与垂直方向的视觉搜索。

2.3.2.2　第二，垂直轴

垂直轴位于寰椎前弓后部与枢椎齿状突之间，允许头部进行约 30°的水平旋转，

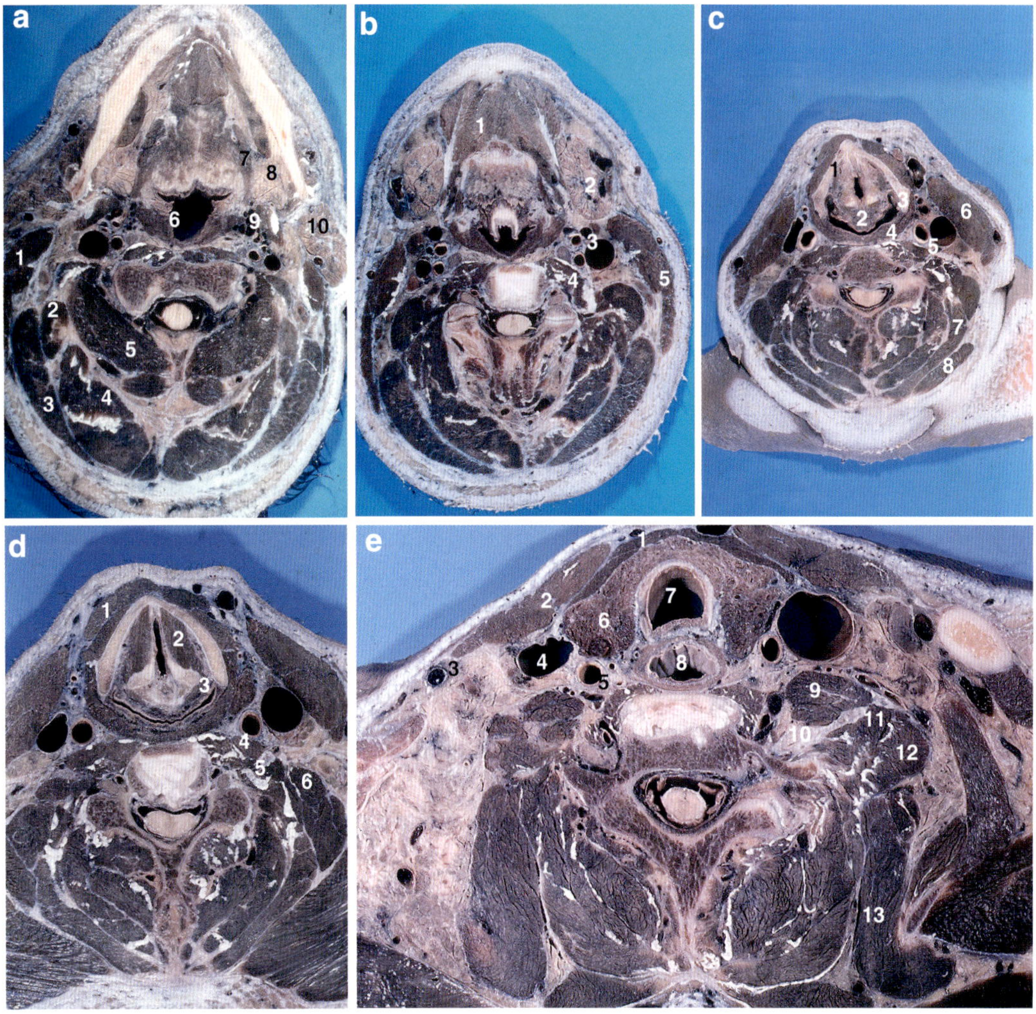

图 2.11 颈椎轴位切面。(**a**) C2 轴位切面：1. 胸锁乳突肌（SCM）；2. 颈夹肌；3. 头夹肌；4. 半棘肌；5. 下斜肌；6. 鼻咽；7. 舌骨舌肌；8. 下颌下腺；9. 二腹肌；10. 腮腺。(**b**) C3 轴位切面：1. 二腹肌前腹；2. 下颌下腺；3. 颈总动脉和颈内静脉；4. 头长肌；5. SCM。(**c**) C4 轴位切面：1. 甲状软骨；2. 勺状软骨间垫片；3. 梨状隐窝；4. 咽缩肌；5. 颈总动脉和颈内静脉；6. SCM；7. 头夹肌；8. 斜方肌。(**d**) C4/C5 轴位切面：1. 甲状舌骨肌和胸骨舌骨肌；2. 声带及其韧带；3. 勺状软骨的肌突；4. 前斜角肌；5. 中、后斜角肌；6. 肩胛提肌。(**e**) C7 轴位切面：1. 舌骨下肌；2. SCM；3. 颈外静脉；4. 颈内静脉；5. 左颈总动脉；6. 甲状腺；7. 气管；8. 食管；9. 前斜角肌；10. 臂丛；11. 中斜角肌；12. 后斜角肌；13. 肩胛提肌

参与水平方向的视觉搜索。其运动由枕后短肌精确控制，包括头后大直肌、头后小直肌、上斜肌和下斜肌。

头部要完成比较大幅度的水平旋转，需要一侧胸锁乳突肌和对侧头夹肌这一对肌肉同时收缩，这是典型的异侧协同（heterolateral synergy）（图 2.11）。尽管能获得更高的旋转效率，但是显然这两块强有力的肌肉不能呈水平位附着在头部的前方。它们实际呈斜向，其上端尽

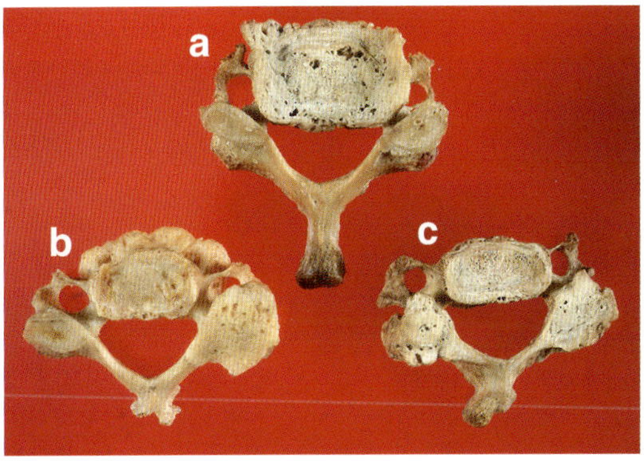

图 2.12　不同类型的颈椎间关节。(a) 椎体的关节面。(b) 椎体关节面和右后关节突的关节面。(c) 两个后关节突的关节面

可能附着于颅底的外侧，下端则尽可能靠内侧，其中胸锁乳突肌下端附着于胸廓入口处的胸骨和锁骨，头夹肌下端附着于棘突。这样可使它们获得最大的旋转扭矩(torque)，但转头的同时也对脊柱产生纵向压迫，这可以解释为什么即使头部较小的人也有较高的颈椎关节病发病率(图 2.12)。

我们可以观察到一个非常有趣的技术细节：当头向一侧转动时，除了胸锁乳突肌和头夹肌收缩外，附着于 C1 和 C2 横突的同侧颈夹肌也会同时收缩，以弥补同侧下斜肌水平旋转寰椎力量的不足，从而显著减小头部转动与寰椎转动的扭力 (torque forces) 差。在头部突然运动时，这可对颅颈交界万向关节起到保护作用。

除了上述肌肉，还有必要提及头半棘肌，其功能是维持头部处于后伸位。因为头部的重心位于斜坡水平，当完全放松时，头会屈曲并倒向前方，当一个人坐着睡着时就会发生这种现象。头半棘肌位于头后，是一对垂直的柱状肌，非常容易看到，尤其在儿童和老年人。颈半棘肌向内侧附着于颈椎棘突，向外侧附着于 C2 以下的横突。长时间坐在电脑前工作的人经常发生颈部疼痛，这是由于头半棘肌和颈半棘肌需要持续收缩，以维持眼睛与显示器之间的距离，使视物清晰。此外，长时间使用键盘需要肩胛提肌和斜方肌持续收缩以固定肩胛骨，也可导致典型的侧颈部和上胸部疼痛。基于同样的原因，司机，特别是开夜车的司机，会出现后颈部和上胸背部疼痛。眼屈光异常如未得到正确纠正，会使上述症状加重，因此需要引起重视。

2.3.3　椎动脉

在颈椎构建中，一个重要的问题是如何安置椎动脉。椎动脉的功能极为重要，因为它直接给脑干，尤其是呼吸中枢供血。它们 24h 不间断地工作，一旦功能停止就意味着死亡。因此，必须在椎动脉上行途中进行保护，防止椎动脉受压和血流减少。

2.3.3.1　椎动脉颈段

椎动脉从 C6 开始进入颈椎横突孔（可能有变异）。由于巨大的颈椎活动度，在至枕骨大孔的走行过程中，椎动脉会受到机械压迫，但椎动脉周围丰富的静脉丛具有液压减震 (hydraulic damper) 的功能，可将机械压迫造成的影响降到最小。椎动脉周围静脉丛与硬膜外和椎管外静脉丛相互交通。

颈椎椎间孔内有两个通道：一个是神经通道，内有脊神经和神经根走行，另一个是静脉通道，内有粗大的椎间孔静脉，与硬膜外静脉丛交通（图 2.13）。这个特殊静脉结构可解释为什么在颈臂部疼痛中总有静脉因素参与，这是因为在夜间躺下时，静脉血流淤滞压迫椎间孔神经从而使疼痛加重。因此，颈椎之所以存在特别丰富的静脉丛，可能与椎动脉的存在直接相关（图 2.14）。

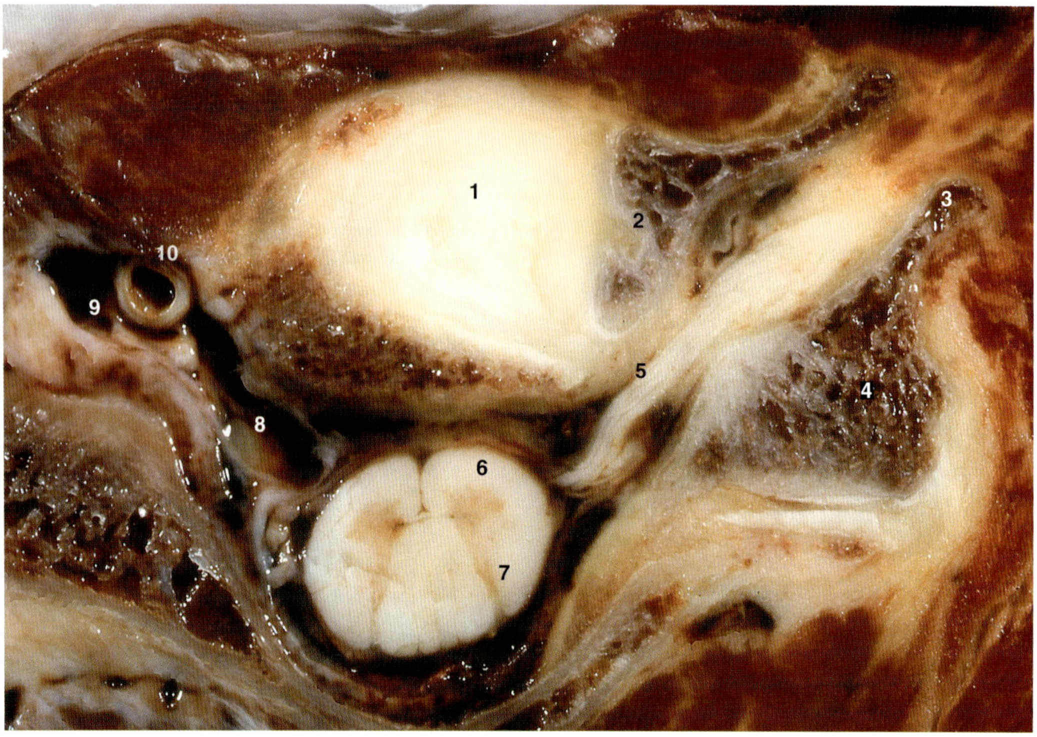

图 2.13 颈椎非对称轴位切面。1. 椎体和椎间盘；2. 钩突；3. 横突后结节；4. 上关节突；5. 椎间孔的神经部（神经根和神经节）；6. 脊髓运动前角；7. 感觉后角；8. 椎间孔的静脉部；9. 椎动脉的静脉丛；10. 横突孔里的椎动脉

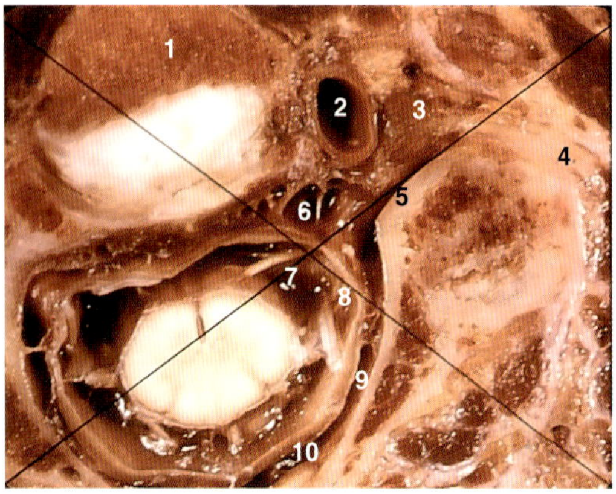

图 2.14 颈椎轴位切面。1. 椎体；2. 椎动脉；3. 脊神经节；4. 脊神经；5. 椎间孔的神经部（神经根和神经节）；6. 硬膜外间隙；7. 运动前根；8. 感觉后根；9. 齿状韧带；10. 硬膜

如前所述，钩突是颈椎椎体上外侧缘的扩大骨质，应被视为椎动脉的保护屏障，在颈椎骨关节病时可减少椎间盘膨出及其对椎动脉的压迫。因此椎间盘在机械压力作用下导致的裂隙恰恰经常最早在颈椎发生。

2.3.3.2 椎动脉通过枕颈交界区时的技术问题

对于椎动脉而言，最关键的问题是如何穿过枕颈交界区（图 2.15）。当头部旋转并后仰时，如在西斯廷礼拜堂欣赏壁画时，一侧椎动脉会由于牵拉和压迫导致血流量大幅减少[19]。这与椎动脉的行程有关，椎动脉在穿过枢椎横突孔时会形成第一个弯曲，然后在进入枕骨大孔前水平走行于寰椎侧块后方时会形成第二个弯曲（图 2.16）。

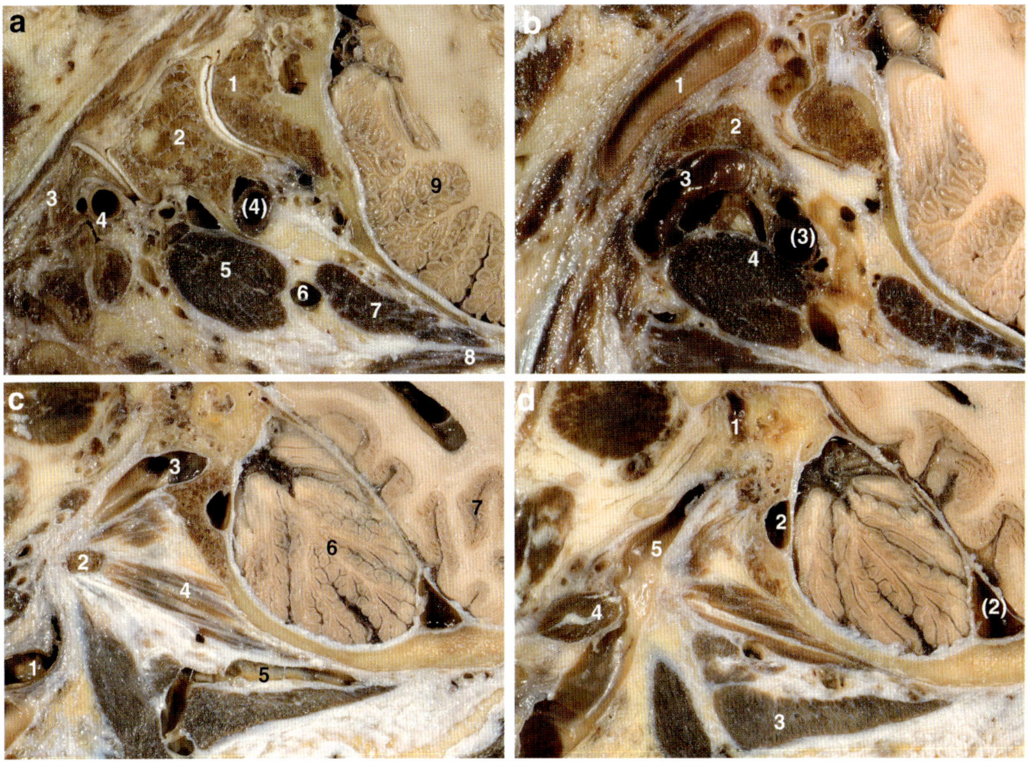

图 2.15　头颈交界的旁矢状切面。(**a**) 1. 枕髁 (C0)；2. 寰椎；3. 枢椎；4. 椎动脉；5. 上斜肌；6. 枕静脉；7. 头夹肌；8. 斜方肌；9. 小脑。(**b**) 1. 颈内动脉；2. 寰椎；3. 椎动脉及其静脉丛；4. 下斜肌。(**c**) 1. 椎动脉；2. C1 侧突；3. 颈内静脉；4. 上斜肌；5. 枕静脉；6. 小脑幕及之下的小脑；7. 枕叶。(**d**) 1. 中耳内的鼓岬；2. 侧窦；3. 斜方肌；4. 二腹肌；5. 颈内静脉

仰头并旋转的动作可导致供应前庭的、细小的内听动脉血流减少，进而导致眩晕(Kleyn 征)，尤其在动脉硬化的老年人更易发生（图 2.17）。面对这一技术问题，巧妙的解决办法是使进入枕骨大孔的双侧椎动脉汇合成一个基底动脉干，从而确保脑干血供的连续性（图 2.18）。在整个动脉系统中，这种两根动脉汇合到一起的现象是十分特殊的。人体中可看到另一个相似的例子，那就是脊髓前动脉，基于同样的原因，它由双侧椎动脉发出的分支汇合形成。双侧椎动脉不对称的情况很常见，这可以用来解释某些临床现象。对于处理颈部疾病的医生来说，最重要的是要认识到椎动脉功能的重要性并进行仔细检查，这一点必须重视。

2.4　胸椎与呼吸动力学

胸椎构成胸廓后部，向前由肋骨固定于胸骨，封闭而成胸廓。胸廓形状为类圆锥形，其尖端朝上，下部向前开放，呈宽阔的三角形。这种力学结构限制了脊柱的运动范围。胸廓中部容纳心脏和大血管，肺则位于其两侧（图 2.19）。除了保护这些重要器官，胸廓还可以通过改变胸腔容量以确保维系生命的呼吸功能。

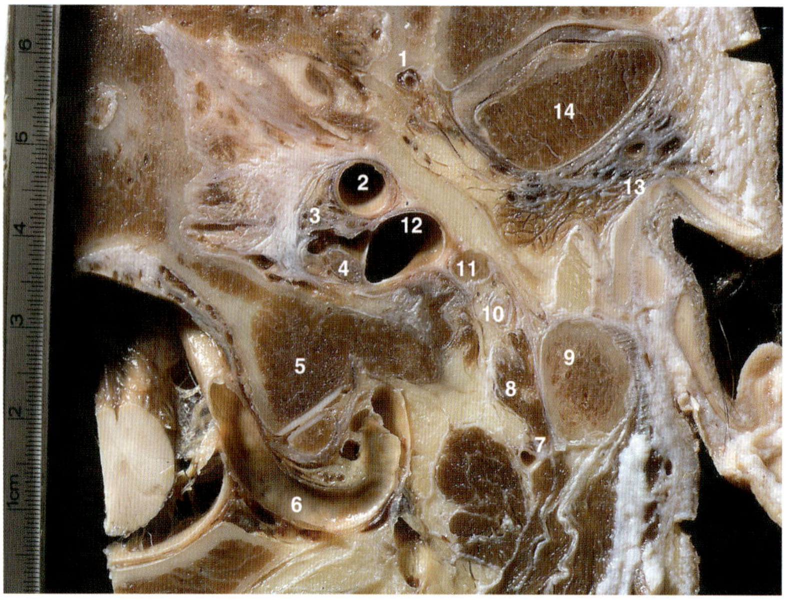

图 2.16 经枕骨大孔轴位切面的左半部。1. 脑膜中动脉；2. 颈内动脉；3. 舌咽神经（Ⅸ）；4. 迷走神经（Ⅹ）；5. 枕骨外侧部；6. C1 后方椎动脉的水平袢；7. 枕动脉；8. 二腹肌后腹；9. 乳突；10. 面神经（Ⅶ）；11. 茎突；12. 颈内静脉；13. 髁后纤维静脉垫片；14. 下颌骨髁

肋骨通常有三个弯曲和一个平面关节，即肋椎关节，肋椎关节通过两点与椎体连接，分别是肋头和肋结节。任何肌肉收缩上提肋骨都会使胸廓腔增大，反之会使胸廓腔减小，这些肌肉称为呼吸肌，它们是呼吸生物力学（吸气或呼气）的基础。

2.4.1 膈

膈位于胸腔的中心，它有双重作用：

- 首先，膈起到胸廓运动发动机的作用，其收缩使空气进入肺（吸气），舒张则使空气从肺排出（呼气）。
- 其次，膈是人体两个腔隙的分界：胸腔在其上方，容纳复杂的心脏和肺，腹腔在其下方，容纳消化道及其附属器官，向下与骨盆延续。膈上的孔道允许血管和神经从一个体腔穿行至另一个体腔。膈总体呈穹窿状，其右侧因肝的存在使其下表面浑圆凹陷（图 2.20）。

膈运动可改变腹腔容积，这一点与腹壁的功能密切相关，需牢记二者之间的相互作用。

膈需要持续工作，其收缩和放松时相交替，这样可避免膈疲劳。在脑干呼吸中枢的控制下，膈有两种运动模式，一种是全自动模式，从分娩后第一次呼吸就开始了，另一种是主动模式，使我们能自主控制呼吸的频率和力量，这是呼吸训练（breathing exercises）的基础。

在解剖学上，膈可以分为两部分：外周的肌肉部和中心的肌腱部（中心腱）。

2.4.1.1 膈的肌肉部

膈附着于胸腹腔体壁的周缘，分成几个不同部分。

腰椎部

膈的腰椎部由膈脚组成。膈脚固定于腰椎椎体和椎间盘的前方，右膈脚较长，固定于 L2 和 L3，左膈脚仅固定于 L2。膈脚的肌腱纤维相互交叉，在 T12 前方形成不会被压缩变形的主动脉裂孔。膈脚的肌纤维向前延伸并呈“8”字形相互交

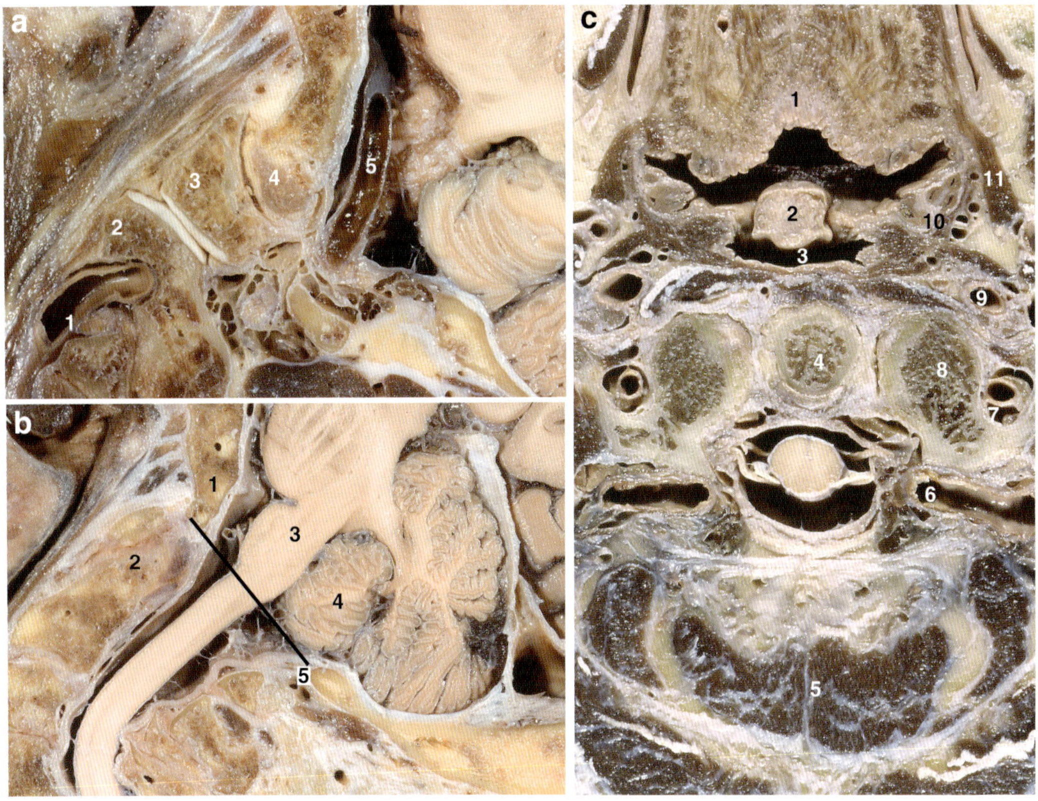

图 2.17　头颈交界的矢状切面和轴位切面。(**a**) 左旁矢状切面：1. 椎动脉的轴位袢；2. C2；3. C1；4. 枕髁 (CO)；5. 椎动脉进入颅底。(**b**) 矢状切面：1. 斜坡；2. 寰齿关节；3. 脑干；4. 小脑扁桃体；5. 枕骨大孔。(**c**) 头颈交界的轴位切面 (上面观)：1. 舌；2. 悬雍垂；3. 鼻咽；4. C2；5. 颈部肌肉；6. 椎动脉横部；7. C1 横突孔内的椎动脉；8. 寰椎外侧部；9. 颈内动脉；10. 咽扁桃体；11. 茎突舌骨肌

叉，在 T10 前方形成食管裂孔，有食管和迷走神经穿行 (图 2.21，2.22)。副膈脚位于膈脚外侧，内脏大神经和奇静脉穿过右侧副膈脚，半奇静脉穿过左侧副膈脚。副膈脚形成两个弓状韧带：内侧弓状韧带跨过腰大肌，外侧弓状韧带位于 L1 肋突和第 12 肋上缘之间。此处可形成大小不一的间隙：肋膈裂孔。

肋骨部

膈的肋骨部附着于第 7～12 肋的内侧面，其肌纤维与腹横肌呈齿状交错，并形成一系列弓状纤维束。

胸骨部

膈的胸骨部由两股小肌肉束组成，它们之间是一个无血管区，肌束与膈中心腱前叶在剑突后方汇合。Larrey 描述在胸骨部外侧存在一个大小不定的裂隙，当胃扩张时可疝入此裂隙而产生特殊的疼痛，最终往往需要在内镜下将其封闭。

2.4.1.2　膈中心腱

膈中心腱形似三叶草，下腔静脉穿过其中部不能变形的纤维孔道。

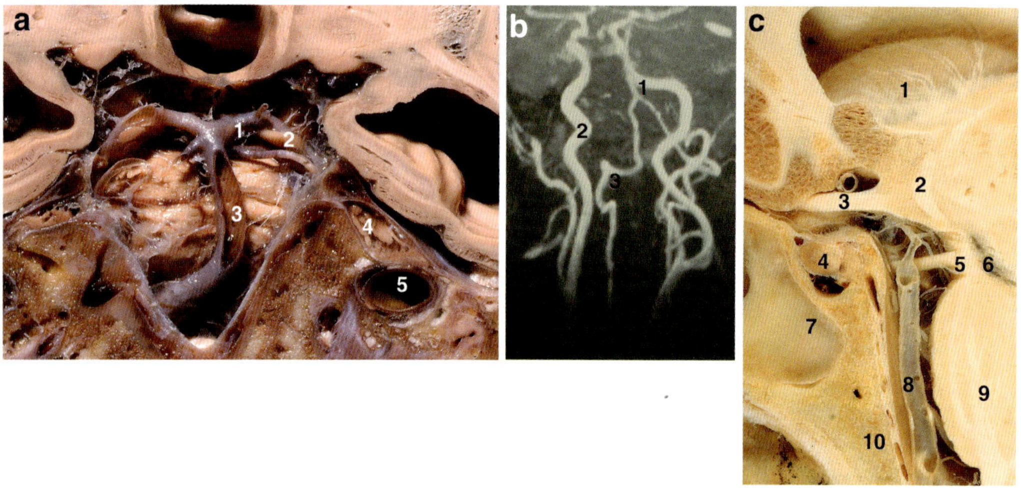

图 2.18 两侧椎动脉的汇合。(**a**) 冠状切面前面观：1. 钳状的血管：上方为大脑后动脉，下方为小脑上动脉；2. 动眼神经（Ⅲ）；3. 基底干；4. 三角形的血管丛及在其中的三叉神经节；5. 颈内动脉。(b) 颈内动脉和椎动脉血管造影：1. 基底干和汇合处；2. 颈内动脉；3. 椎动脉的三个袢。(**c**) 矢状切面：1. 尾状核；2. 穹窿前肢；3. 视交叉；4. 蝶鞍内的垂体；5. 动眼神经（Ⅲ）；6. 黑质；7. 蝶窦；8. 基底干；9. 脑桥；10. 斜坡

2.4.1.3 膈的神经支配

膈由膈神经支配，膈神经大部分由 α 和 γ 运动神经纤维组成，约占五分之四，也包含一些分布到浆膜，如心包、腹膜和胸膜等的感觉神经纤维。膈神经恒定地由 C4 神经根发出，有时 C5 或 C3 也发出辅助神经纤维参与其构成。在通过颈部时，它走行于前斜角肌腱膜深面，用手可在此处压迫膈神经。两侧膈神经在纵隔内走行不同，左侧膈神经行程较短。膈神经容易分离以放置膈起搏器（diaphragmatic pacemaker）的刺激电极。

膈的肌纤维主要由耐疲劳但收缩慢的Ⅰ型肌纤维构成，约占 55%，其他为易疲劳但收缩快的ⅡA 和ⅡB 型肌纤维，因此膈适合于长时间工作。在呼吸过程中，肋间肌，尤其是胸廓上部的肋间肌会节律性收缩以配合膈运动。

需要注意的是，胸壁对体温调节起着不可忽视的作用。位于肋骨下的肋间动脉携带动脉血液为胸廓提供热量，可减小外界温度变化的影响。

2.4.1.4 呼吸控制

膈必须确保节律性的、自动的呼吸运动，这样才能使各器官得以存活。呼吸节律发生中枢含有能够自动去极化的起搏神经元，它们受延髓前鲍钦格复合体（Pre-Bötzinger complex）神经网络的调控。这些结构位于两组呼吸中枢内：

- 延髓背侧组，控制吸气运动，包括孤束核、迷走神经（Ⅹ）背侧运动核和第四脑室下部最后区；
- 延髓腹侧组，控制呼吸运动，包括疑核和疑周核；

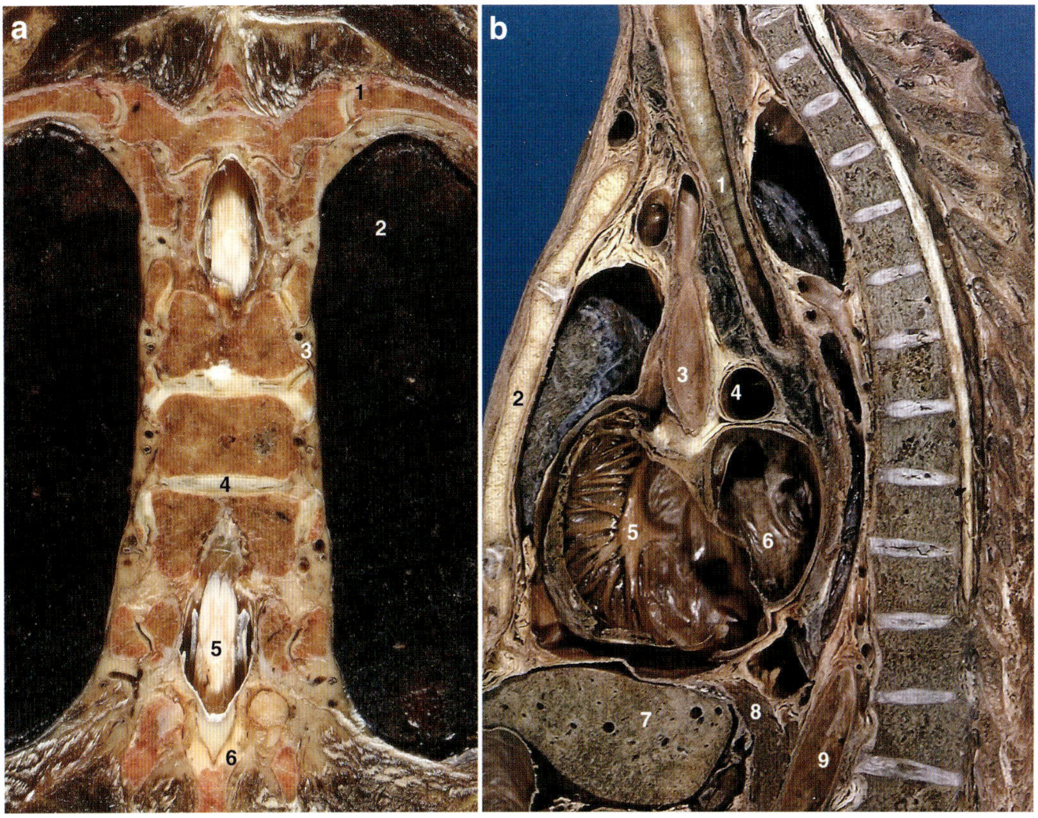

图 2.19　胸椎。(**a**) 冠状切面前面观：1. 肋-椎关节；2. 左肺；3. 肋间动脉；4. 有裂伤的椎间盘；5. 脊髓；6. 黄韧带。(**b**) 矢状切面：1. 气管；2. 胸骨；3. 升主动脉；4. 右肺动脉；5. 右心房；6. 左心房；7. 肝；8. 膈；9. 降主动脉

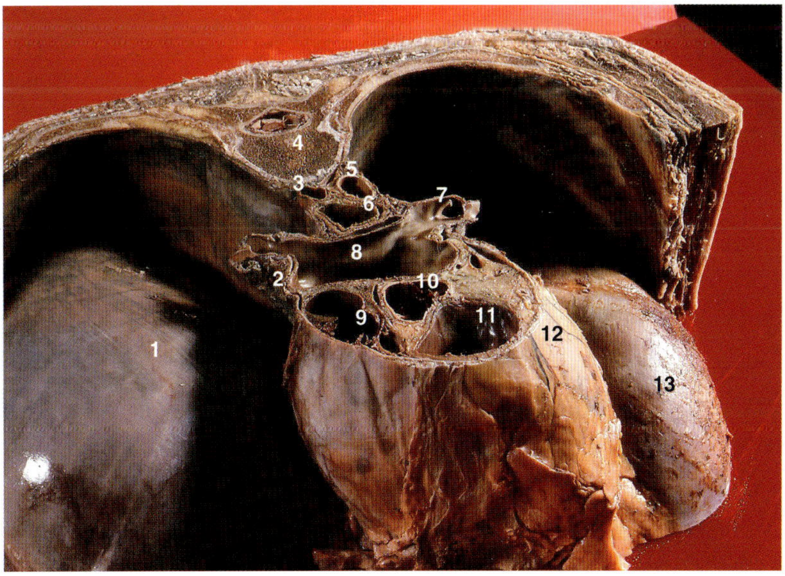

图 2.20　心脏和膈的三象限观。1. 右膈穹窿；2. 右肺静脉；3. 奇静脉；4. 胸椎；5. 降主动脉；6. 食管；7. 左肺静脉；8. 左心房；9. 上腔静脉；10. 肺动脉；11. 右心室；12. 心包；13. 左膈穹窿

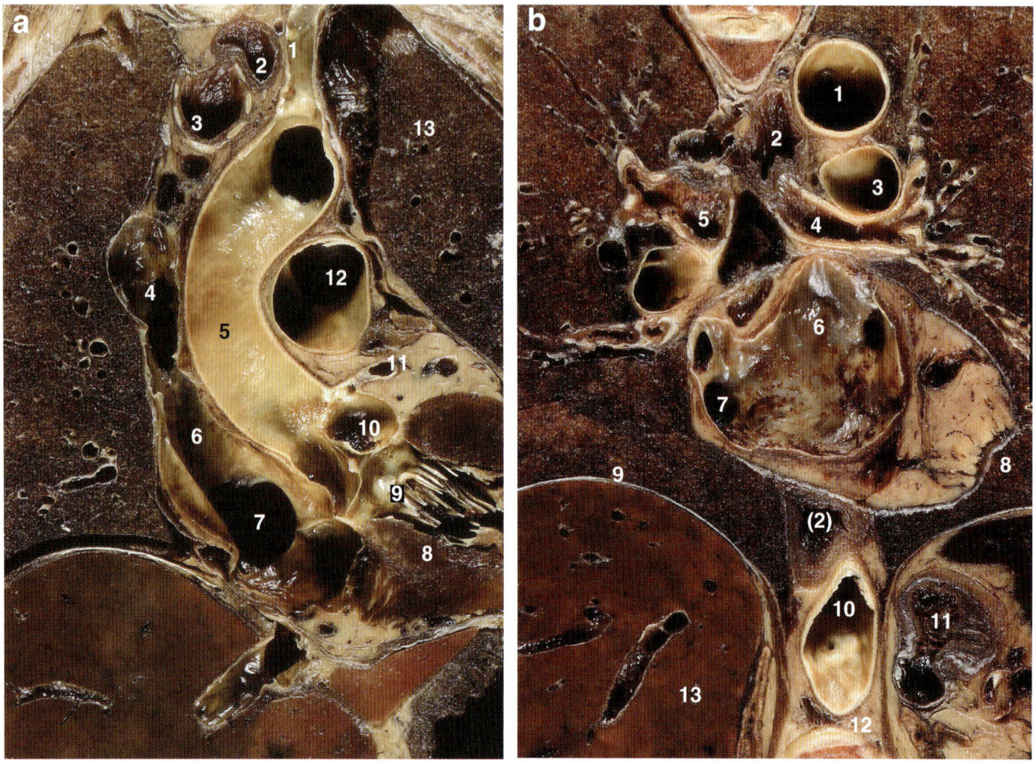

图 2.21 心脏冠状切面。(**a**)前部冠状切面：1. 颈总动脉；2. 食管；3. 气管；4. 上腔静脉；5. 主动脉弓；6. 右心房；7. 下腔静脉；8. 左心室；9. 二尖瓣；10. 主动脉半月瓣和隐窝；11. 左冠状动脉；12. 左肺动脉；13. 左肺上叶。(**b**)后部矢状切面：1. 主动脉；2. 食管；3. 左肺动脉；4. 左主支气管；5. 右主支气管；6. 左心房；7. 右肺静脉；8. 心包；9. 膈中心腱；10. 腹主动脉；11. 胃；12. 膈脚；13. 肝

- 呼吸协调中枢（pneumotaxic centre），起到类似“乐队指挥”的角色，由下丘脑（控制情绪和发热）和皮质（控制咳嗽和主动闭气）通过一系列反射活动进行控制，这些反射的传入冲动发生于鼻黏膜、喉和气管以及皮肤，它们分别引起喷嚏反射、咳嗽反射和皮肤因寒冷而发生的防止体温散失的反射。

呼吸调节与两个关键参数直接相关，即二氧化碳分压（$PpCO_2$）和氧分压（PpO_2）。血液氧合需要气体在肺泡-毛细血管构成的呼吸膜（其面积约 170m^2）进行弥散交换，氧合后动脉血中氧气的分压为 100 mmHg，二氧化碳为 40 mmHg。氧气在血液中的运输 97%通过与血红蛋白结合（氧合血红蛋白）完成，而二氧化碳则最多只有 25%与血红蛋白结合（碳酸血红蛋白）运输，其余部分与钠和钾离子结合成碳酸氢盐的方式进行运输。

呼吸主要由两种机制调节：第一种是快速的体液调节，由脑脊液中的 $PpCO_2$ 直接作用于脑干，尤其是最后区中枢化学感受器介导；第二种是慢速的神经调节，由 PpO_2 作用于主动脉弓外周化学感受器和颈动脉窦压力感受器介导。

如上所述，呼吸控制系统非常复杂，精巧而高效，为保证其安全运行，在呼吸

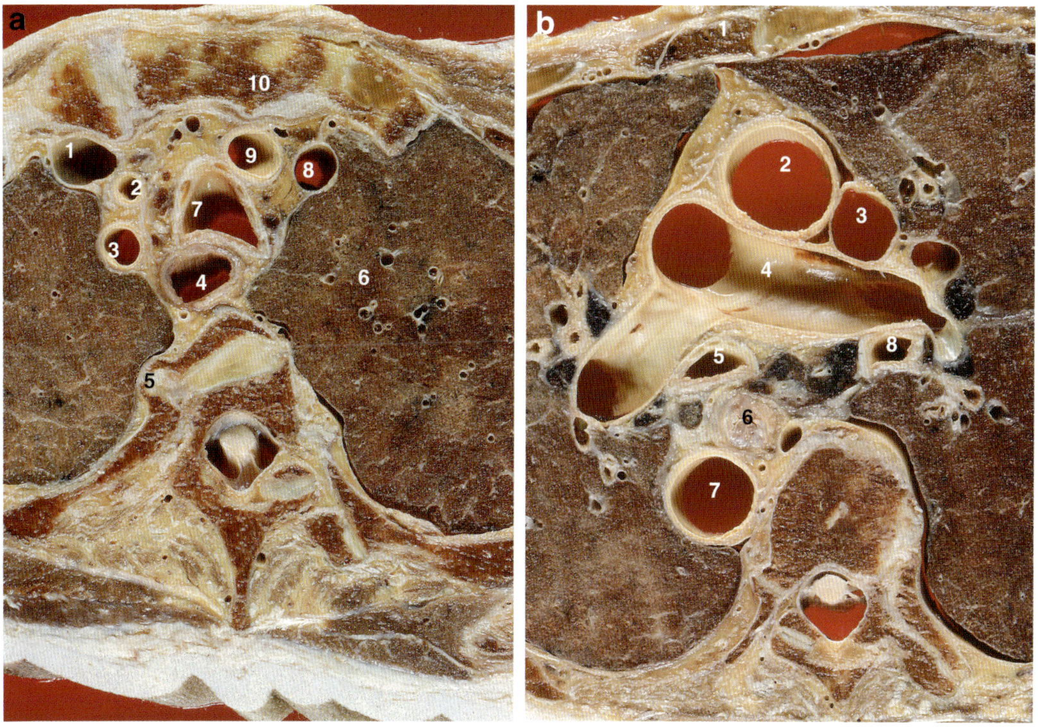

图 2.22　胸部轴位切面上面观。(**a**) 上胸部：1. 左头臂静脉；2. 左颈总动脉；3. 左锁骨下动脉；4. 食管；5. 肋-椎关节；6. 右肺上叶；7. 气管；8. 右头臂静脉；9. 头臂干；10. 胸骨。(**b**) 中胸部：1. 胸骨；2. 升主动脉；3. 上腔静脉；4. 肺动脉分叉；5. 左支气管；6. 食管；7. 降主动脉；8. 右支气管

控制过程中还包含特殊的防御机制，这实际上是一种维系生命所必需的伺服机制，在整个神经系统中这是仅有的必不可少的警报系统。通过下面的例子可理解这一警报系统如何发挥作用。潜水者在水下时会主动憋住呼吸，睡眠呼吸暂停患者会出现无意识的呼吸停止，呼吸停止会导致血 PpO_2 降低和 $PpCO_2$ 升高，血 pH 值也会随之变化。这些会对中枢和外周的化学感受器产生特殊作用，进而触发呼吸中枢的“红色”报警，呼吸中枢会直接发出指令使膈收缩，强行恢复呼吸。

睡眠呼吸暂停主要发生于肥胖的打鼾的人。睡眠时，支撑咽部气道和控制舌运动的肌肉发生松弛，产生阀门效应，导致呼吸气流减缓甚至停止。随后警报拉响，呼吸恢复，此时患者经常发出噪声，但不幸的是，在再次入睡之前强直性动作会持续一段时间。一些患者一夜可发生上百次呼吸停止，可导致各种缺氧性疾病，尤其是海马受累可引起记忆减退、心肌缺氧导致心跳异常，以及白天的困倦嗜睡等，而后者是许多交通事故的原因。法国每年因睡眠呼吸暂停导致大约 5000 人死亡。一般情况下，总是患者的配偶首先发现患者有睡眠呼吸暂停的表现，此时需要明确诊断并接受治疗，治疗方法包括面罩通气，甚至可能需要手术治疗。

潜水者的情况有所不同，因为这是主动的呼吸暂停，甚至可以成为一项运动表演。但上述警报机制仍然起作用，只不过通过训练可使其逐渐发生改变。2003 年静息状态下闭气的记录是 8 分 24 秒，而一般人平均大约是 5 分钟。闭气潜水并非没有

风险，因为除了呼吸暂停，还有因为水压而导致的气体压缩作用。下面的数据可以给读者一个概念，水面 1000L 空气，在水深 10m 处可被压缩成 500 L，20m 深处为 333L，50m 深处为 250L，100m 深处仅为 100L。幸运的是只有专业人士才能潜到这样的深度，但仍有许多业余爱好者在闭气潜水时发生事故，原因是缺乏训练或疏忽大意，为救助这些伤者常需要调动当地所有的高压氧舱进行治疗。

最后，我们应提一下呼吸训练对艺术家的重要性，尤其是对不使用麦克风的抒情歌手和吹奏乐器演奏者，后者包括使用簧片或吹嘴的乐器，如喇叭、单簧管、双簧管、大号、法国号等。教学过程中，老师通常要传授其个人实证经验，即通过训练来精确控制膈和腹壁的收缩，达到增加呼吸力量、正确控制呼气压力和气流大小的目的。还有另一种呼吸训练，即吸气后使膈维持不动，然后收缩腹肌，增加盆腔压力，将盆腔内容物排出体外。也可以换一种优雅体贴的方式来表达，这一过程就像孕妇分娩，使新生儿得以享受第一次呼吸的愉悦。

2.5 腰椎和骨盆环

腰椎是承重最大的脊柱节段，因此其外形和结构最具重要性。L3 通常位于向前突出的腰曲的弧顶，其椎体终板相互平行。L3 以上或以下的椎体终板向相反方向倾斜，其中 L5 因在力学上处于关键位置，其椎体呈楔形。

为理解腰椎的常见疾病，精确地掌握其组织结构是非常重要的。

2.5.1 过渡型脊椎 T12

腰椎上端的 T12 位于胸腰椎的连接处，但它不是一个简单连接结构。T12 的上关节面为胸椎型，下关节面为腰椎型，Vallois 根据这种关节面形态特征称其为“过渡型”脊椎或“横膈”脊椎。T12 也是脊柱棘突方向发生改变的节段。在四足动物中，过渡型脊椎也位于 T12，其颈胸段棘突斜向后方，而腰段棘突斜向前方；四足动物的 T12 位于脊上肌（epispinatus muscle）的中部，脊上肌高度发达，附着于棘突和横突，其作用是通过侧弯脊柱在行走过程中改变行进方向，还使其能够嗅到自身的会阴部，这是人类在一般情况下办不到的。而人类具有直立姿势，并且行进方向的改变通过髋关节旋转实现，这可以解释为什么人类脊上肌以 T10 为中心、明显退化且没有附着于横突。

2.5.2 四条肌肉柱

腰椎通过四条肌肉柱来维持其姿势和位置，这是其另一个重要的特征，根据复合梁柱系统的原理，由骨骼和肌肉共同构成的脊柱系统具有很大的机械强度[10]。

2.5.2.1 前方

腰椎前方的两侧腰大肌为多关节肌，它上起 T12，向下与髂肌（单关节肌）合成髂腰肌，共同止于股骨小转子。髂腰肌与股四头肌中的股直肌（多关节肌）协同运动，可弯曲大腿并启动行走。若双足不离地面，髂腰肌主要作用于腰椎。

2.5.2.2 后方

腰椎后方为脊柱固有肌群的腰骶部，与古代解剖学家描述的不同，这不是一块肌肉。而是如 Winckler 所述，它由三束肌肉构成，包括内侧的多裂肌，它是棘突-横突肌，中间的最长肌和外侧的髂肋肌。不了解腰椎肌肉就不可能正确治疗腰椎疾病，但解剖知识不能从示意图或素描图上获得，因为它们过于艺术化，而是只能从解剖操作中得到。

只有通过解剖我们才能更好地理解 T12 的关键作用，为什么它位于胸椎和腰椎的结合部，由强大的腹壁肌拉动，以及为什么腰椎两侧有四条肌肉柱。Maigne 曾对腰椎的特殊病变进行了精确而适当的分析[20-22]。

2.5.3　间断的骨盆环

腰椎位于由骶髂骨构成的骨盆环之上，二者形成一个相互作用的力学复合体。应当透彻理解这里提到的骨盆环的概念，这是对一个特殊力学问题的巧妙解决方案。我们知道，一般来说，一个刚性机械结构在应力作用下会变形，进而发生破裂，无论它是具有延展性的材料还是脆性高的材料，前者如拉伸的橡胶那样在很大的变形以后破裂，后者如玻璃，具体变形和破裂的情况取决于材料的特性。

有一种方法能够降低破裂风险，提高机械强度，就是使一个环状结构具有不连续性，不连续的部位能够发生轻微活动，从而使刚性部分能够吸收分散的能量。踝关节就是一个类似的很好的例子，它是由下胫腓关节和距骨组合构成的具有 1 个自由度的屈戌关节，由于跟骨位于下方并支撑地面，踝关节必须承受明显的侧向应力。此时踝关节周围强大的韧带和肌腱能够吸收这些能量，使踝关节的变形得到有效控制，同时也显著增加了关节的机械强度。而对处于腰椎和下肢之间的骨盆来说，因其具有骨性环状结构，通过制造骨盆环解剖上的不连续性，就能够显著提高其抗压性。

2.5.3.1　骨盆

骨盆环有三处不连续：一处是位于前方的耻骨联合，另两处为双侧骶髂关节。最终，骨盆形成两个三角形结构：一个用于分散应力，由耻骨联合和两侧骶髂关节构成，一个用于承重，由 L5/S1 连接部和两侧髋臼构成。这的确是一个巧妙的结构，但为了避免理解错误，非常重要的一点是，我们必须记住骨盆环的三个关节并不是为了活动，而主要是为了吸收应力。耻骨联合是一个微动关节（amphiarthrosis），其纤维结构嵌入两侧软骨板，关节两侧有强健的短韧带。

2.5.3.2　骶髂关节

骶髂关节是一个运动关节（diarthrosis），其关节软骨面外形类似耳郭[23-24]，由此形成的断续的关节连接线极大地限制了髋关节滑动（图 2.23）。在机械应力的作用下，关节连接线顶端的关节软骨经常发生改变。骶髂关节被短而坚韧的韧带所固定，包括前韧带、骶髂骨间韧带、骶髂后韧带、骶棘韧带和骶结节韧带等。这些强大的韧带牢固组合在一起，使骶髂关节任何明显的运动都是不可能的，比如滑动或旋转运动等，但还是有人不这么看，认为骶髂关节可以存在扭动（nutation）或反向扭动（counternutation）。需要说明的是，在妊娠末期，由于怀孕期间激素水平变化，这些韧带在内分泌因素的作用下会变得稍微松弛，可使胎儿易于娩出。

2.5.3.3　腰椎病变

解剖结构会随时间发生退行性变（anatochronesis）。研究骨盆环的退行性变必须考虑到其所处的特殊位置。它位于由 L5、S1 支撑的躯干与双下肢之间，而下肢在行走、跑步和攀登时一定是不对称运动，在一些体育运动中也一样，比如在踢足球时，需要一只脚用很大的力量去击球。对于所有微动关节，机械压力和剪切力的作用可导致关节中嵌入的纤维结构发生断裂（图 2.24），这种情况不仅在椎间盘十分明确[14-25]，也会发生于耻骨联合，可能导致一种特殊的耻骨痛（pubalgia）。

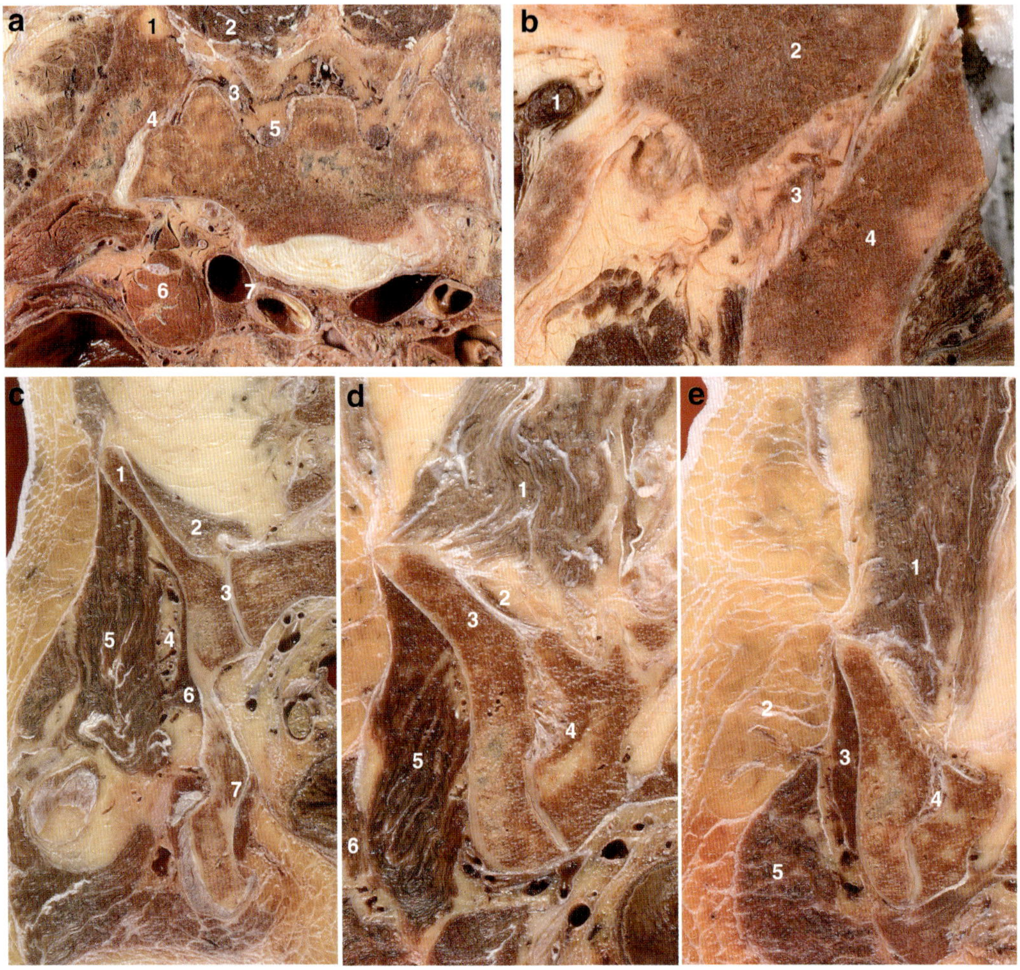

图 2.23 骶髂关节。(**a**) 轴位切面 (S2): 1. 髂嵴后部; 2. 骶沟内被腰骶肌腱覆盖的脊肌; 3. 骶孔; 4. 骶髂关节; 5. 骶神经; 6. 腰大肌和股神经; 7. 髂骨的血管蒂。(**b**) 轴位切面 (右半部, 上面观): 1. 骶神经根; 2. 骶骨; 3. 后韧带; 4. 髂骨。(**c**) 冠状切面: 1. 髂骨; 2. 髂肌; 3. 骶髂关节; 4. 臀部动脉分支; 5. 臀中肌; 6. 臀小肌; 7. 坐骨神经分支。(**d**) 冠状切面: 1. 脊肌; 2. 髂结节韧带; 3. 髂骨; 4. 骨间韧带; 5. 臀中肌; 6. 臀大肌。(**e**) 后冠状位部分: 1. 竖脊肌; 2. 皮肤纤维; 3. 臀中肌; 4. 骶髂关节; 5. 臀大肌

腰椎病的发病率很高，这使我们注意到肌肉在其中起到的关键作用。如果没有脊柱肌肉的作用，脊柱会极度松弛，这种情况可见于瘫痪的患者，或一些罹患神经退行性疾病的患者，有时患者会因进展性呼吸功能损害而死亡。有些病例需要骨科治疗，特别是通过手术进行脊柱整复或矫形。

作用于脊柱的肌肉都呈斜行排列，其起点或内或外，但止点都附着于脊椎后弓，包括棘突、椎板、横突和肋角等部位。每个脊椎都可以轻微运动，脊柱肌肉收缩使相邻脊椎运动时可以“张开”椎间隙，就像钳子的运动，这种运动需要支点，而这个支点就位于椎间盘的后部。在脊柱的屈伸运动中，这一部位承受最大的压缩应力，瞬时转动轴也位于此处。这就可以解释为什么这部分纤维环总是最先出现改变并可

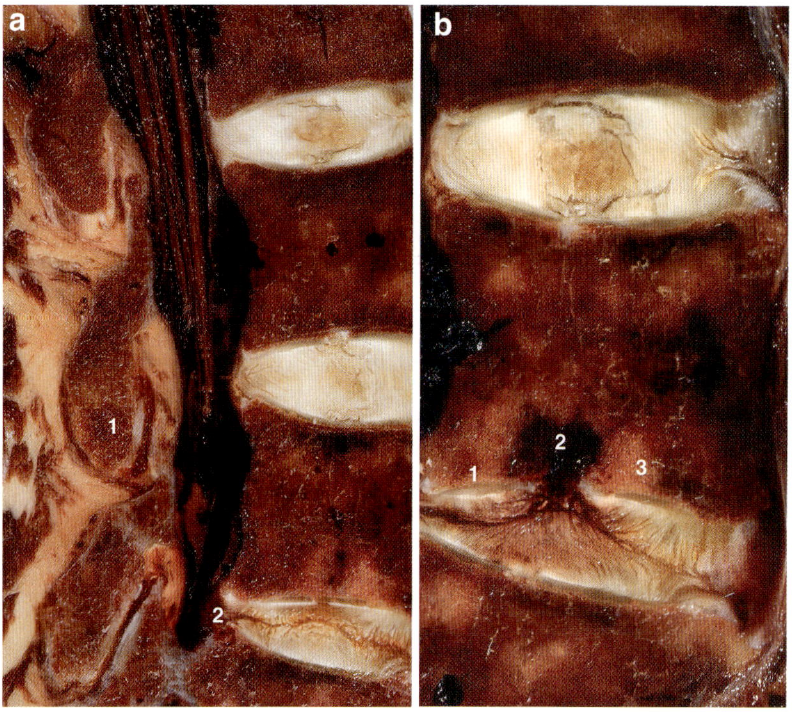

图 2.24　腰椎间盘随时间发生的退行性变：(**a**)：腰椎矢状位：1. 后关节突；2. 椎间盘完全性机械性裂开，不伴椎间盘突出（脱水）。(**b**) 矢状位：1. 软骨退行性变，伴椎间盘完全性机械性裂开；2. Schmorl 疝；3. 骨髓脂肪退变（Modic 征）

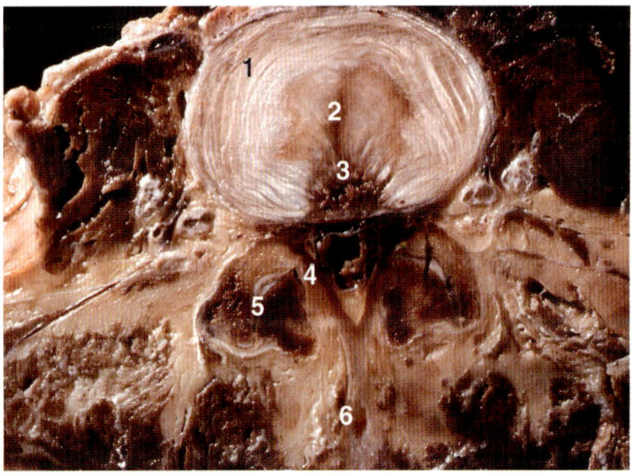

图 2.25　腰椎轴位，腰椎间盘后部（屈曲/伸展时压力最大的部位）完全破裂：1. 椎间盘外周部（纤维环）；2. 椎间盘中部，可见硬膜外静脉丛血液浸入；3. 无突出的完全破裂腰椎间盘（老年人）；4. 黄韧带；5. 小关节；6. 棘突

能破裂，进而导致椎间盘突出，而这种情况主要发生在椎间盘含水量较高的年轻人（图 2.25）。后关节突在这种钳式运动（myopliers）中也起到重要的支撑作用，可以解释为什么它们也经常发生退行性关节炎。

脊柱前部和后部的负荷分布有多种不同算法，但得到的数据未必科学有效。因为除了上述椎间盘和关节突关节的支撑作用，肌肉的作用也很重要。它们是具有黏弹性的组织结构，能够改变自身的硬度和弹性模量，因此其能够承受的负荷或能够输出的力量亦会随之改变[25-27]。而且在活体进行负荷测量非常困难，通常是利用动态模型来完成的，但其真实性并不一致。随着年龄的增长，肌肉会逐渐萎缩，有时在手术过程中脊柱肌肉长时间受压缺氧也会导致术后肌肉萎缩，这种改变现在可以在核磁片上清晰地显示。因此无论如何，我们要重视脊柱肌肉，这是绝对必要的，同时还应该在不受伤的情况下通过适当的锻炼去维持其形态与功能。

2.5.4　腹壁肌肉功能的重要性

腹壁肌肉不仅参与脊柱运动，还和膈一起参与呼吸运动和盆腔内容物排空。腹肌包括侧面的三块扁平阔肌，包括腹外斜肌、腹内斜肌和腹横机，还包括中线两侧垂直方向的腹直肌。接下来需要围绕以下三个主要方面来充分理解它们的组织功能。

2.5.4.1 保护腹腔脏器的作用

- 三块扁平阔肌的肌肉部分固定于第5到第12肋的外侧面，其中腹横肌还附着于腰椎肋突，它们扁平的肌腱部分从两侧汇合于腹壁前正中间，在此形成中缝，即白线。左右两侧的肌腱纤维相互交叉，使其机械强度得到增强。
- 腹直肌向上附着于第5到第12肋软骨和剑突，向下附着于耻骨，它由多个肌腹构成，由三到四条肌腱间隔，在强壮的运动员的腹部皮下清晰可见。腹直肌由腹直肌鞘包裹，腹直肌鞘由三块阔肌的扁平腱膜形成。在Douglas弓状线水平以上，三层腱膜在腹直肌鞘外缘分为前后两层向内包裹腹直肌。但在下腹部弓状线水平以下，三层腱膜都位于腹直肌前方，只有腹横筋膜（fascia transversalis）位于腹直肌后方，这样可使下腹部前壁得到加强，因为此处腹壁承受更大的重力。从腹直肌的后方观察可以清晰看到弓状线及这种筋膜结构的过渡。另外，在腹直肌下部前方有一小块锥形肌肉，它是腹直肌鞘的张肌。

2.5.4.2 躯干旋转和屈曲时肌肉的协同运动

- 由于腹外斜肌和腹内斜肌的肌纤维倾斜方向相反，在躯干和腰椎旋转时，左右两侧肌肉的运动相互协同。在脊柱康复治疗过程中，建议大家重视T12的关键作用，因为它位于胸廓和腰椎的过渡部位，而上述肌肉恰恰固定于胸廓。两侧内外斜肌的肌腱纤维在白线相互接续，可使这种协同运动得到加强，同时，因白线这种纤维结缔组织位于两侧肌肉之间，又使肌肉各自的独立运动不会受到影响。
- 躯干克服阻力屈曲，如仰卧起坐时，会调动所有的腹部肌肉，这是健美的基本原理。实际上此时不仅腹直肌，从头部的胸锁乳突肌和下颌的舌骨上下肌群，一直到附着于耻骨的腹壁肌肉都会参与运动，共同构成一条浅表肌肉收缩链，与此同时，腰大肌与较短的脊柱肌构成一条深层肌肉收缩链。由此，腹壁和脊柱肌肉的联合行动决定了腰椎前凸的程度。

需要再次强调的是，当控制如此复杂的肌肉群时，我们有意识地发出的指令是进行某个动作（movements），而不是直接指挥肌肉，肌肉的协同运动由神经系统中负责执行的无意识区域完成，这一点十分重要，需要牢记。

2.5.4.3 精索与圆韧带的通道：腹股沟管

许多文献对腹股沟管的描述仍比较模糊，因此这仍然是一个需要仔细澄清的解剖问题，而Winckler的研究使之很容易理解[28]。经典描述是，在髂前上棘与耻骨结节之间存在腹股沟韧带，又称Poupart韧带，腹外斜肌的斜行腱膜纤维围绕该韧带发生卷曲，然后，根据Gimbernat的描述，它们在耻骨嵴返折并形成腔隙韧带。而Winckler证实腹股沟韧带和腔隙韧带都是不存在的。实际上，腹外斜肌腱膜纤维平行于腹股沟，从上向下，首先附着于对侧耻骨嵴形成腹股沟管后脚，然后附着于同

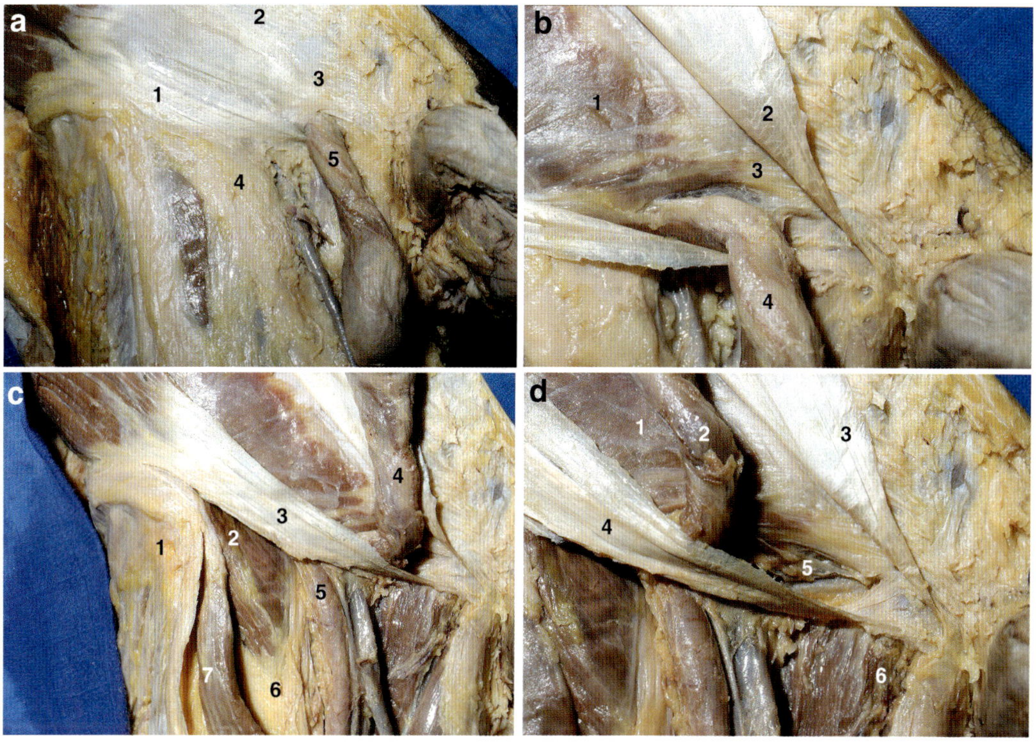

图 2.26　腹股沟管解剖。(**a**) 浅层：1. 侧壁；2. 腹外斜肌腱膜；3. 内侧壁；4. 覆盖髂腰肌的腱膜；5. 精索。(**b**) 内侧壁解剖：1. 腹内斜肌；2. 下弯的内侧壁；3. 腹内斜肌和腹横肌的共同肌腱；4. 精索。(**c**) 切除致密腱膜上部：1. 阔筋膜；2. 髂腰肌；3. 内侧壁；4. 精索；5. 股静脉和股动脉；6. 股神经；7. 缝匠肌。(**d**) 腹股沟管内侧部：1. 腹内斜肌；2. 被往上推的精索；3. 下弯的内侧壁；4. 外侧壁；5. 髂耻的带；6. 耻骨肌

侧耻骨结节形成内侧脚，第三附着于同侧耻骨嵴形成外侧脚，它们共同对腹股沟管内容物起到支撑作用。腹外斜肌腱膜纤维呈弓形，能够维持汇聚的形态，另外它还与大腿的阔筋膜相延续，使腹股沟封闭(图 2.26)。在腹股沟管前壁的后方，腹内斜肌和腹横肌汇合，并以强大的联合腱共同附着于耻骨。在疝气封闭手术中，联合腱是重要的缝合固定部位。

腹股沟管有两个开口：浅环由弓状纤维组成的内侧脚和外侧脚构成，深环在其外侧 3～4cm 处，除非腹腔压力升高，腹股沟管通常能够阻止腹腔内容物通过其开口形成疝气。深环与来自 Douglas 弓状线的纤维索带（Hesselbach 韧带）有关，其外侧为腹壁下动静脉。重要的是，腹股沟管实际上是一个受到肌肉挤压的肌肉间隙。在男性，腹股沟管的起源与睾丸从腹腔内至腹腔外阴囊的迁移过程有关，伴随睾丸迁移的还有其纤维鞘、浆膜鞘（睾丸鞘膜）和肌肉鞘（提睾肌）以及睾丸血管。在女性，腹股沟管的起源与圆韧带走行有关，圆韧带一端固定于子宫外侧角，一端止于大阴唇。隐睾症患者的睾丸未发生迁移，可导致不育，但是如果早期发现可通过手术治愈。

腹股沟管下方有一间隙，其外侧部有髂腰肌和股神经走行，被髂耻弓包绕；其

内侧部有股动脉和股静脉走行；内侧靠近耻骨处是耻骨肌，被来自对侧的腹股沟管后脚覆盖。股疝多发于女性，而腹股沟斜疝多发于男性。疝可以通过手术治疗，现在更多的是应用腹腔镜微创手术入路，使用人工材料进行修补。

2.5.5 脊柱疼痛

脊柱疼痛非常常见，是求诊的主要原因之一，也是职工休病假的主要原因。脊柱疼痛可有多种不同的性质（灼烧痛、放电样疼痛、皮肤感觉过敏、有或无放射痛、局限性或弥散性等）、强度（被患者描述为剧烈或轻微等）、持续时间（急性、慢性、白天、夜晚等）以及不同的起源。尽管对疼痛的描述通常是主观的，但医师必须仔细而精确地分析所有这些参数才能做出正确的诊断。关于疼痛有两个方面需要注意：

- 首先，疼痛是身体的预警系统，是生物体自我保护系统的一部分。疼痛信号在中枢神经系统中被优先传递，它必须以最快的速度到达丘脑和顶叶皮质躯体感觉中枢，为的是尽快识别和定位身体受到伤害的部位。在身体中，没有不被感知的疼痛。同时，一些躲避反射（withdrawal reflexe）和逃跑反应（escape reaction）可以及时终止伤害。这套系统广泛存在于所有动物体内。
- 其次，疼痛可导致痛苦的情感反应，这与特定的神经传导通路有关，其中整合了杏仁核、边缘系统和额前区皮质，具体情况取决于物种的皮质组织结构和脑的体积权重。因个体的心理学特征不同，疼痛导致的情感反应差异很大，有时情感成分甚至起主导作用，对个体的社交活动和个人生活产生很大困扰。

在专门的疼痛治疗中心，疼痛的治疗方式越来越多。因此对于脊柱疼痛来说，为正确选择治疗方式，尤其是确定药物治疗和手术治疗的适应证，必须分析导致疼痛的确切原因，这是非常重要的。

2.5.5.1 神经根痛

椎间盘突出是脊柱疼痛的最常见原因。可分为两种不同的临床类型。

第一种类型，例如一个年轻人，在高强度工作之后，出现急性背部疼痛和脊柱活动困难。临床检查可定位病变节段，通过 CT 或磁共振检查可以确诊。我们现在已经知道脱出的椎间盘成分虽然可以被巨噬细胞逐渐吸收，但痊愈至少需要 6 个月时间。因此，对于这种类型，采用微侵袭手术入路切除脱出的髓核可能是最好的治疗方案，这也是目前最常用的治疗方式。

第二种类型，如一个老年人，背部不适持续了很长时间，疼痛逐渐加重，同时严重影响其社会生活和个人生活。临床检查明确了病变导致的神经功能损害部位，影像学检查发现多处椎间盘突出，包括腰背部和不同的脊柱节段。这是随年龄增长，解剖结构退行性变（anatochronesis）导致椎间盘和关节囊撕裂的典型表现。退行性关节病变不仅引起髋关节和膝关节变形，也会累及脊柱椎间盘后部。长期脱水的椎间盘虽可避免大块髓核脱出，但更易出现椎间盘突出或膨出。

在上述临床情况下，需要着重强调神经根作用。神经根受压可导致神经纤维缺氧或损伤，临床上可表现为疼痛，如果前根运动纤维受累还会出现肌肉无力。但在慢性疼痛中，导致疼痛的原因是脊髓神经节受累而非神经根。脊髓神经节是漫长的感觉传导通路上的第一个中继站，其中含有神经元胞体，尤其是与疼痛有关的 C 型

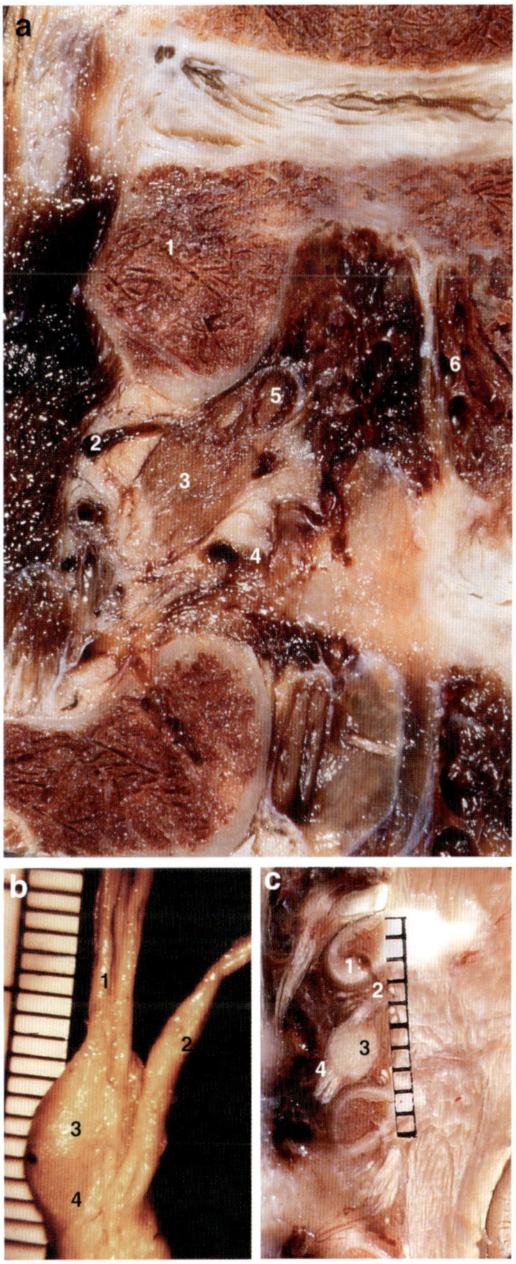

图 2.27　腰部椎弓根下间隙内的脊神经节。(a) 椎管冠状切面：1. 椎弓根；2. 椎间孔静脉；3. 脊神经节；4. 椎间孔脂肪；5. 前运动根；6. 硬膜外静脉。(b) 腰脊神经节解剖：1. 后根；2. 前运动根；3. 脊神经节；4. 脊神经。(c) 胎儿 (J. Lang) 的冠状切面：1. 椎弓根；2. 神经根；3. 脊神经节；4. 脊神经

和 Aδ 型神经纤维的胞体。根据 Melzack 和 Wall 提出的关于疼痛控制的门控理论 (gate control)，疼痛信号传入脊髓后，其向脊髓丘脑束、丘脑和皮质的传输可被抑制。

从胎儿到成人，脊髓神经节的位置不变，都是位于椎弓根下方（图 2.27）。它被周围的脂肪组织保护，类似眼球在眼眶里的情况。直腿抬高（Lasegue）试验时抬起下肢可使神经节受到牵拉，而曲颈试验是使神经根受到牵拉。在做椎间盘手术时，外科医生会试图看到神经根，但事实上，他只能看到并触及一小段包裹神经根、起保护作用的硬膜囊（图 2.28）。

如果椎间盘手术后疼痛复发，尤其是对于椎间盘疝入椎间孔的患者，总应想到是否为神经节的问题，这一点十分重要（图 2.29）。伴有颈臂痛的颈椎间盘脱出也是如此，病变大小可能仅为毫米级。这就是为什么在手术时对脊柱的牵拉应尽量柔和，避免危险的、可能导致神经损伤的脊柱旋转，但是还有一些医师使用这种危险的操作。

2.5.5.2　椎间盘痛

椎间盘仅在其前部的纤维环内有一些神经纤维。但它们不是交感纤维，因为椎间盘的中央部分没有血管。椎间盘炎可导致特殊的疼痛，据最近报道，椎间盘纤维结构的一些变化和伴随的血管侵入可能与此有关。

2.5.5.3　小关节痛

小关节炎是一种常见病，可引起关节囊和相关韧带的膨胀和损伤，进而导致一种特殊类型的下腰痛。为判断疼痛是否由上述原因导致，最好的诊断试验方法是使用麻醉药对关节进行浸润麻醉。

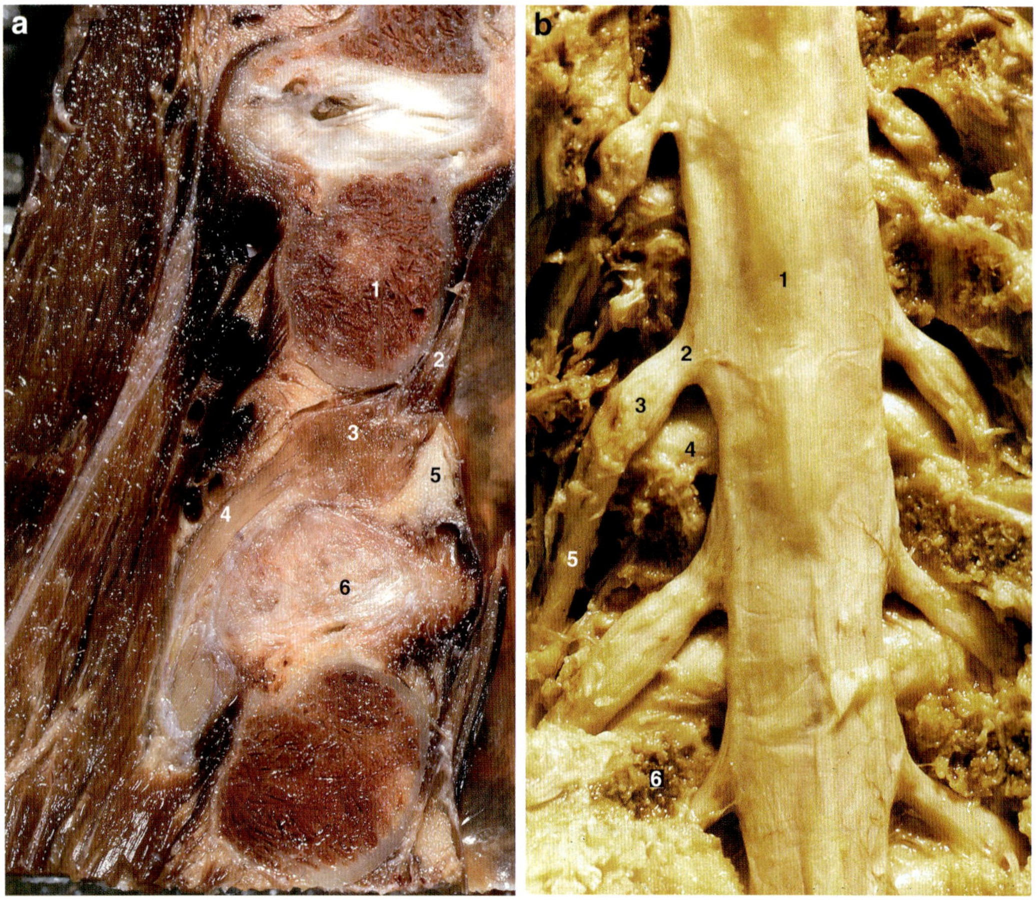

图 2.28 腰椎间孔水平椎弓根下间隙内的脊神经节。(**a**) 椎间孔冠状面解剖：1. 椎弓根；2. 神经根；3. 脊神经节；4. 脊神经；5. 椎间孔脂肪垫；6. 椎间盘。(**b**) 从后面看解剖的脊椎硬脊膜囊：1. 硬膜囊；2. 被硬膜短残端包裹住的神经根（外科医生经手术入路看到）；3. 硬膜囊覆盖的脊神经节；4. 椎间盘；5. 神经外纤维鞘内的脊神经；6. 椎弓根切面

2.5.5.4 肌肉痛

如前所述，我们已经知道脊柱肌肉的复杂性，并且正常情况下它们工作时不会伴有疼痛。但如果肌肉使用不当（abnormal solicitations）或异常收缩，可导致腰痛，这是一种典型的肌痛，与位于肌纤维之间C型神经纤维有关。脊柱活动受限与腰痛伴随，这可理解为身体的一种自动保护机制（automated protective system）。C型神经纤维对一些生化因素敏感，比如肌肉运动过程中乳酸水平的升高，它们可被称为代谢感受器（metaboreceptors）。有趣的是，我们只有在肌肉疼痛时才能感受到它们的存在。

2.5.5.5 皮肤痛

脊柱疾病总伴有皮肤痛，但如Jarricot和Maigne所述，我们必须进行精细的皮肤触诊，包括捏和揉等手法，将其与不同的皮肤肿瘤鉴别[29-30]。我们可以采用不同的技术针对皮肤痛觉过敏区（hyperalgic zone）进行治疗，疗效很好，如果不考虑脊柱的原发病，至少可以在较短的时间内

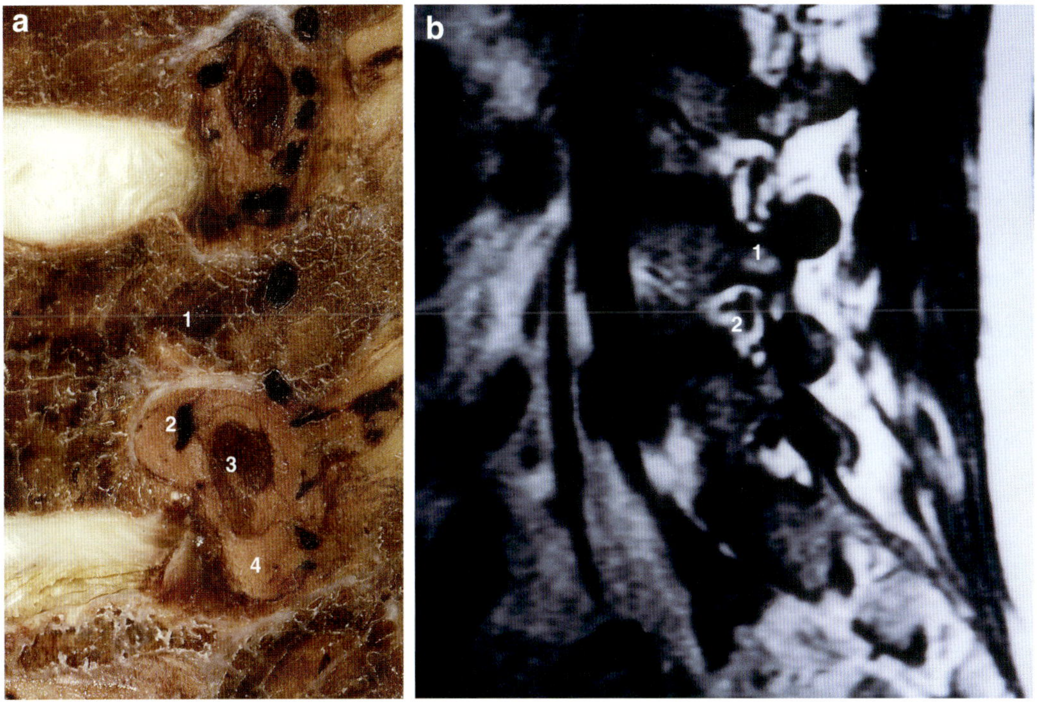

图 2.29　腰椎间孔。（**a**）矢状切面：1. 椎弓根；2. 椎间孔静脉；3. 脊神经节和神经根；4. 椎间孔脂肪。（**b**）MRI 矢状切面：1. 椎弓根；2. 有神经节，脂肪和椎间孔静脉的椎间孔

使患者不再疼痛。临床上有一个重要问题，就是要明确区分脊柱病变导致的皮肤痛和内脏病变导致的皮肤痛。遇到皮肤痛的病例时，一个优秀的医师必须反射式地考虑到疼痛还可能由结肠（左侧痉挛性结肠炎）、盲肠和阑尾（阑尾疼痛）、输尿管（肾性疼痛）、胰腺、胆囊，甚至有时由冠状动脉的病变导致。

脊柱这一章篇幅很长，在本章结尾，有必要说明手法治疗（manual medicine）在脊柱疾病治疗中的重要地位。手法治疗对脊柱疼痛性疾病可以非常有效，但必须由熟练掌握此项技术和具有丰富相关知识的医生进行，以免由于错误操作给患者带来伤害。全世界各医学院均藏有非常丰富的相关文献，在执业之前认识到这一点并仔细阅读这些文献是非常有帮助的[19-22,29-52]。

参考文献

1. Paillard J (1976) Tonus, posture et mouvement. Flammarion Paris, Tome III 6:521–7282
2. Massion J, Viallet F (1990) Posture, coordination, mouvement. Rev Neurol 146(10):536–542
3. Epstein BS (1976) The spine, 4th edn. Lea & Febiger, Philadelphia, PA
4. Karnath HO, Ferber S, Dichgans J (2000) The neural representation of postural control in humans. Proc Natl Acad Sci USA 97:13931–13936
5. Dolan P, Adams MA (1993) The relationship between EMG activity and extensor moment generation in the erector spinae muscles during bending and lifting activities. J Biomech 26:513–522
6. Bogduk N (1997) Clinical anatomy of the lumbar spine. Churchill Livingstone, London
7. Bogduk N, McIntosh JE (1984) The applied anatomy of thoracolumbar fascia. Spine 9:164–170
8. McIntosh JE, Bogduk N (1987) The morphology of the lumbar erector spinae. Spine 12:658–668
9. Bonneau D (2001) Les muscles du rachis : de l'anatomie à la modélisation. Thèse d'Université, Montpellier I

10. Rabischong P, Avril J (1965) Rôle biomécanique des poutres composites os-muscles. Rev Chir Orthop 51:437–458
11. Winckler G (1937) La structure du muscle spinalis dorsi chez l'homme. Arch Anat Histol Embryol 23:206–283
12. Bustami FM (1986) A new description of the lumbar erector spinae muscles in man. J Anat 144:81–91
13. Kricun ME (1988) Imaging modalities in spinal disorders. W.B. Saunders Company, Philadelphia, PA
14. Pritzker KPH (1977) Aging and degeneration in the lumbar intervertebral disc. Orthop Clin North Am 8:65
15. Argenson C, Dosch JC, Lemaire V, et al (2000) Imagerie du rachis cervical. Getroa XXVII Sauramps Médical, Montpellier
16. Bruniquel L, Hérisson C (2002) Pathologie mécanique de la jonction cervico-occipitale. Masson, Paris
17. Hérisson C, Vautravers P (2005) Rachis cervical et thérapies manuelles. Sauramps Médical
18. Rabischong P (2005) Anatomie compréhensive du rachis cervical. In: Hérisson C, Vautravers P (eds) Rachis cervical et thérapies manuelles. Sauramps Médical
19. Lederman E (1997) Fundamentals of manual therapy. Churchill Livingstone, New York
20. Beal MC (1982) Teaching of basic principles of osteopathic manipulative techniques. J Am Osteopath Assoc 81:602–609
21. Maigne R (1972) Orthopedic Medicine. Charles C. Thomas, Springfield
22. Maigne R (1989) Diagnostic et traitement des douleurs communes d'origine rachidienne, une nouvelle approche. Expansion scientifique française, Paris
23. Piedallu P (1952) Problèmes sacro-ilaques. L'Homme Sain 2:75–86
24. Lavignolle B, Vital JM, Senegas J et al (1983) An approach to the functional anatomy of the sacro-iliac joint in vivo. Anat Clin 5:169–176
25. Schultz AB, Anderson G, Ortengren R et al (1982) Loads on the lumbar spine. J Bone Joint Surg Am 64A:713–720
26. Styf J, Isyell E (1987) Chronic compartment syndrome in the erector spinae muscles. Spine 12:680–682
27. Nachemson A (1976) The lumbar spine: an orthopaedic challenge. Spine 1:59–71
28. Winckler G (1964) Manuel d'anatomie topographique et fonctionnelle. Masson, Paris
29. Maigne R (2006) Douleur d'origine vertébrale, Comprendre, diagnostiquer et traiter. Elsevier Masson, Paris
30. Soulier JM (2009) Ostéopathie orthopédique. Les techniques non forcées. Amphothérapie. Tome I Le rachis. Sauramps Médical
31. Berlinson G (1989) Précis de Médecine ostéopathique rachidienne, vol 1, 2, 3. Maloine, Paris
32. Le Corre F, Rageot E (1988) Manipulations vertébrales. Masson, Paris
33. Dvorak J, Dvorak V (1990) Manual medicine, diagnostics. Georg Thieme Verlag, Stuttgart
34. Gracovetsky S, Farfan HF (1986) The optimum spine. Spine 11:543–571
35. Greenman PE (1998) Principes de médecine manuelle. Pradel, Paris
36. Huguenin F (1991) Médecine orthopédique, médecine manuelle, diagnostic. Massson, Paris
37. Kaltenbron FM (1983) Thérapie manuelle pour les articulations des membres. Maloine, Paris
38. Still AT (1910) Osteopathy research and practice. ATT Still, Kirksville, MO
39. Lavezzari R (1954) L'Ostéopathie, 2éme ed. Doin, Paris.
40. Cyriax J, Schiötz EH (1975) Manipulation, past and present. Heinemann, London
41. Toole JF, Tucker SH (1960) Influence of head position upon cerebral circulation. Study on blood flow in cadavers. Arch Neurol 2:616–623
42. Niboyet JEH (1968) La pratique de la médecine manuelle. Maisonneuve, Paris
43. Soulier JM (2013) Ostéopathie orthopédique. Les techniques non forcées. Amphothérapie. Tome II Les articulations périphériques. Sauramps Médical
44. Vautravers P, Hérisson C (1994) Les manipulations vertébrales, collection de pathologie locomotrice. Masson, Paris
45. Bugnazet JM (2012) Ostéopathie ORL. DeBoeck Supérieur, Bruxelles
46. Schmorl G, Junghanns H (1971) The human spine in health and disease, 2nd edn. Grune & Stratton, New York
47. Hinshaw DB (1979) Epidural venography for lumbar disc disease. West J Med 130:444–445
48. Iaccarino V, Spaziante R, de Divitis E (1981) Dorsolumbosacral phlebography. Surg Neurol 15:198–203
49. Macnab I, St Louis EL, Grabias SL et al (1976) Selective ascending lumbosacral venography in the assessment of lumbar disc herniation. J Bone Joint Surg Am 58-A:1093–1098
50. Meijenhorst GCH (1977) Methods of transfemoral lumbar epidural venography in the diagnostic of lumbar disc herniation. Radiol Clin 46:439–457
51. Chazal J, Tanguy A, Bourges M et al (1985) Biomechanical properties of spinal ligaments and an histological study of the supra-spinal ligament in traction. J Biomech 18:167–176
52. Ross EC, Parnianpour M, Martin D (1993) The effects of resistance level on muscles coordination patterns and movement profile during trunk extension. Spine 18:1829–1838

第3章　行　走

（尉辉杰　译，尚峰　陆夏　校）

摘要

人类行走以一套双足系统（bipedal mode）为基础，这个系统需要两个功能：首先，髋关节的剪刀式运动提供推力，同时足部能提供额外的力量；其次，动态稳定通过以下四种输入自动实现：视觉、皮肤、前庭神经和肌肉。步行需要对启动、停止、加速以及轨道进行高水平控制，此外步态序列的管理需要一个振荡器（oscillator）进行低水平控制，四足动物中该振荡器位于脊髓，在灵长类动物和人类中则位于脑干。姿势学和步态分析已取得了长足的进展，目前已成为用来分析正常或病理步态的实用临床工具。

3.1　引言

步行是一项复杂的功能，必须清楚地阐明这一点，才能较好地感受这项功能的相关技术问题。以人类为例，移动意味着使用一个行走的双足系统，但人类并非唯一如此的物种。

家禽站立也用两条腿，虽然它们几乎都有飞行的能力，但当它们站在地板上移动时依靠的是两腿按顺序交替支撑。鸵鸟是一个特殊的例子，它们可以用两只腿步行和奔跑，在这个过程中保持完美的动态平衡，但不能飞。鸟类中的另外一个例子是海雀，它们特殊的挪动行走方式像是得了双侧髋关节脱位，它们不能在空中飞，但是能够很好地在水中活动。这个小节的目的是重申拥有双足并不是人类物种形成的决定性因素，虽然有些人仍这么认为。

3.2　行走的两个方面

第一个方面，人以垂直的姿势准备行走（静止-活动方面）。第二个方面是行走及其变体如跑、跳和攀爬等（动力学和运动学方面）。

3.2.1　站立姿势

直立可以通过两只脚（双足系统）或一只脚（单足系统）完成。两种情况下，它都是高度自动化，原因一样：操纵者不了解站立的具体技术细节。

姿势被定义为稳定后所处的力学状态。人类，不像一个铅制士兵模型一样，放在桌上后就真的静止地站立，人类姿势的特点是力与力矩的平衡。人类的多关节黏弹性结构（polyarticulated viscoelastic structure）使其不能保持真正的垂直位状态，因为重心处于持续振荡状态，人或多或少需要持续地进行重要校正，这些都可以被测量和记录。这些领域就是姿势生理学、姿势描记学（posturography）、稳定性测量，他们遵循严格的力学原理来探索静-动过程[1-5]。

正如我们在学习脊柱稳定时了解到的，这的确是一种以肌肉收缩作为输入和输出、通过预期脉冲操控的姿势伺服系统（servomechanism）。

3.2.1.1 姿势伺服系统的输入

我们能够明确四种输入渠道：视觉，皮肤，肌肉和椭圆囊。脊柱的姿势伺服系统中已经描述了后两个渠道，接下来有必要重点描述确保平衡的另外两个输入渠道：视觉和足底测力板（plantar force plate）的皮肤。

视觉输入

我们之前提到了视神经中心凹固定凝视的强大作用，即可以通过激活许多肌肉，使人在附近运动时（仰头、低头，整个身体的旋转……）能够凝视空间中的固定点。然而，这种功能是利用空间中的参照线（垂直或水平）来维持身体无意识的平衡状态，该过程是自动化的。为了支持这一说法，我们可以提供一些证据：

- 首先，如果我们让足部皮肤感觉减退的患者保持直立，如脊髓痨患者，或者更容易找到的，临床检测到有微血管病变（视网膜或眼底）的糖尿病患者，可以观察到他们睁眼时能够很好地维持平衡，即使转头时也能做得很好；但如果闭上眼睛，受试者身体失去平衡而开始摆动。这种现象早已被Romberg[1]描述，他认为仅仅依靠视觉不能保证平衡。
- 其次，当受试者站在一个占满了视野的建筑物前面（如墨西哥市的瓜达卢佩教堂）会感到些许不适并伴有头晕，而且整个身体会倾斜几度。这是因为视觉输入了一条错误的参考线，与足底皮肤产生的正确参考线不一致。我们重复了这个实验：将一些受试者置于一个没有任何线性几何角或面（linear geometric angles or sides）作为指示的屋子里，还有一些受试者身处完全黑暗的屋子内直到他们感觉头晕才点亮垂直或水平的指示线。这在生理学上是典型的视觉性眩晕。

同样，感官间差异形成的眩晕可以在渔民身上观察到，坐在随水面上下低频率振荡的船上，当他把所有的注意力都集中在把鱼饵放到钩上时，视觉输入和迷路的前庭信号之间的差异在脑干内出现冲突，产生眩晕，同时可能激活呕吐中枢[6]。类似的情况还有一个旅行者躺在他的客舱里读书而船在纵横振荡会导致头晕，接着是恶心和呕吐。解决的办法是找到一个固定的参考线（地平线）重置前庭。

皮肤输入：足底测力板

这个输入也提供了一套完整的对于姿势平衡的控制系统。脚底配备有一个真正的动态测力台（dynamometric platform），它的传感器是分布在足底支撑区的一串串帕西尼小体（Pacinian corpuscles）[7]。这些小体与蚂蚁卵的尺寸相似（4mm × 2mm），可以在显微镜下进行解剖。外形为卵圆形，外部由纤维包膜包裹，内部形成似“洋葱头”的同心叠层状结构。位于中心的神经末梢板是由一根无髓鞘的神经纤维铺散而成的（图 3.1）。

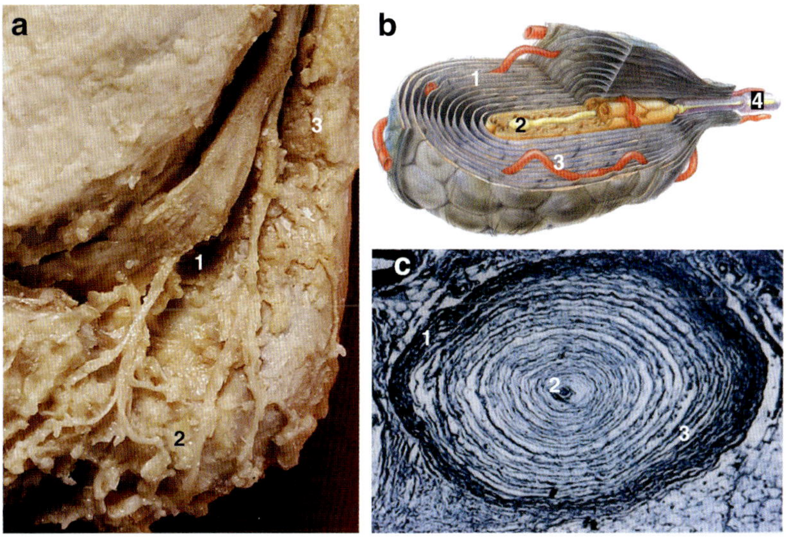

图 3.1 帕西尼机械感受器。(**a**) 帕西尼小体的显微解剖(2～4mm):1. 敏感的足底神经;2. 帕西尼小体;3. 小腿三头肌肌腱。(**b**) 帕西尼小体示意图(来自 Tood 和 Bowman):1. 同心层状结构;2. 神经板;3. 微动脉血管(决定传感器的抗压能力和敏感性);4. 有髓感觉纤维传入帕西尼小体后失去髓鞘。(**c**) 帕西尼小体的组织切片:1. 纤维囊;2. 神经板;3. 似“洋葱头”的同心层状结构

令人吃惊的是帕西尼小体内部存在纤细的毛细血管,渗出的液体填充该感受器,量或多或少,从而产生可变的敏感度。液体量越多,抗压性越强,敏感性越高。因此,在一定程度上它可以解释糖尿病微血管病变患者平衡觉受损的现象:微血管病变影响到这些细毛细血管,从而大大降低了感受器的敏感性[3]。这些小体也存在于手掌,确保握力得到自动控制,本书将在之后的章节对此进行阐述。

显而易见,一项关于姿势学的合格研究必须把这些因素都考虑到。让受试者站在测力板上,时间小于一分钟也没有问题,记录姿势震荡图,收集数据并分析,可能需要进行傅立叶变换(Fourier transformed),但得到的结论经常是推断性的。研究受试者分别在双足与单足站立时睁眼与闭眼非常有必要,更好的办法是对行走过程中压力中心进行完整测量,如果可能的话还有必要利用跑步机(treadmill)来探索自动行走步态[8]。

3.2.1.2 通过肌肉冲动校正平衡

这是在我们 INSERM(法国国家健康与医学研究院)103 室进行的实验,受试者置于装有应变仪(strain gauges)的动态测力台,把肌电图的皮肤电极放在腿前部和后部的肌肉上,从而可以检测到由足底平台引发失衡时激发的肌肉自动平衡反应。肌肉反应的出现似乎需要一定阈值,而且在向前和向后失衡的最大处达到峰值。这种自动平衡反应可调节的倾斜极限可达约 7°。一旦超过这个极限,重力线不再落在足底的支撑范围,从而失去平衡。维持平衡主要依靠腿部肌肉,包括:调节向后失衡的胫骨前肌、趾伸肌和调节向前失衡的胫骨后肌、比目鱼肌和趾长屈肌。

根据上述实验结果,似乎用“强直性姿势系统”(“tonic-postural system”)来描述躯体的自动平衡校正机制并不准确。关于肌张力的定义一直存在争议,肌肉在静息状态下表现出黏弹性状态的特点,由

此能够具有很小的弹性张力，这非常不同于肌肉的主动收缩状态。根据动态测力台记录到的肌肉收缩情况，强直性和相位性肌肉活动之间的差异很不明确，二者都是与肌张力无关的真实收缩。这就是为何我们更愿意称之为姿势的伺服系统。

3.2.2 行走

行走是对持续不平衡态的半自动管理。这个定义特意强调了操作的自动过程，其中每一个阶段都是不稳定的，需要在动态模式下持续进行稳定调节。从某种意义上说这种能力的获得是提前设定好的，因为一个正常儿童到了一定的年龄，即使是弃婴，经过几次失败的尝试后也能学会站立并行走，失败时往往是臀部轻微坐到地上，这是此年龄段孩子的体重分布状况决定的，但是父母们更喜欢相信是他们帮助自己的孩子迈出了第一步。1 年后，孩子行走得更好，很明显他（或她）并没有生理学知识，这也能验证行走的自动化特点。行走功能很早就“写”入了神经系统，这也解释了为何在生命的极端状态下人仍然可以行走，即使运动系统高度退化（肌肉萎缩，各种关节病，拄拐…）。

还有一个有趣现象，找到正确的功能代偿是一种先天存在的能力，如小儿麻痹症的孩子，不同原因所致的跛行者（髋关节、膝关节、踝关节等因素所造成的跛行）或是截肢者都表现出了这种代偿能力。可想而知，运动训练治疗师（医生和物理治疗师）能最充分地挖掘这种自然能力。

行走过程中需要两项功能：推进（将一只脚迈到另一只前边，如是重复）和稳定，所应用的控制环路是个相互协调的复杂系统。

3.2.2.1 行走的多级别调控

多级别控制是一个需要深入理解的技术问题。自动控制领域的专家认为高级别和低级别控制在行走中获得了完美应用。

高级控制

高级控制是“操纵者”（pilot）有意识的控制，这时行走的自动程序被忽略掉，这一过程中包含的大量技术问题会随之出现。

- 启动与停止

  启动与停止的指令必须由运动前区发出，同时驱动储存运动数据库的皮质下结构。因而，帕金森患者的运动指令发出有明显的“犹豫”，他们以一系列短而快的步子启动行走。行走停止也是一个复杂的技术操作，我们先慢下来然后以一个稳定的姿势停止。我们在 INSERM 的实验室研究了这一过程，发现在遇到障碍物紧急停止时需要许多肌肉的参与，绕过障碍物行走体现了视觉引导的重要性。虽然足部活动并不在视野范围之内，但由于视觉能无意识地记录地形参数，受试者可以在距离障碍物（60cm 高的盒子）边缘仅 1cm 处停止行走。走在崎岖的路上时也是如此，脚的位置必须避开障碍物（如突起的石头、坑……），但是得益于视觉引导的预测能力，做到这点并不是很费力。盲人需要用触觉引导来替代视觉引导，比如用盲杖探路，不同人熟练程度不等。就这点而言，如果障碍物是，比如一列台阶，高级自动行走就表现出局限性了。因为我们观察到，台阶高度为 2cm 时（受试者看不出来）会导致受试者踉跄或跌倒。

- 速度控制

  速度是半自动控制，毕竟一个人可以自发地改变自己的行走速度。主要通过改变两个参数实现：一、步频（一定时间内的步数)；二、步长。

要记住“一步”的长度定义为同一支撑脚两次触地支撑点之间的距离（左脚和右脚都是脚踵部位触地)。还有学说指出半步的定义为左右脚支点之间的距离，但在跛足者中这个值是左右不相等的。经过练习之后，受试者在平坦的地面上都会采用一个“舒适”的固定步频，但有趣的是，步频与步长也被自动调节，表现为在斜面行走时，随着坡度增大，两个参数常一起减小，或是其中的一个减小。

军人，通常时刻准备着无条件服从命令，他们知道如何步调一致地行进，无论有无音乐，这种情况下产生的完美节奏证实了听觉所接收到节奏信息的强大作用。各种形式的舞蹈动作也是如此调节，从有着严格传统规则的古典舞到夜店里随无序节奏孤独摆动的现代舞（就像在动物园里)。

- 轨迹控制

  看似简单，其实很复杂。我们已经介绍过四足爬行动物通过侧弯脊柱改变行走方向（体现了竖脊肌的功能)。这也是它们没有肱骨颈和股骨颈的原因。双足行走的人类通过许多旋转肌控制髋部朝向来改变走向，这很好地体现了股骨颈杠杆的作用。事实上，转向并非总是大幅度旋转，看似简单的原地转弯就属于大幅旋转，根据旋转方向不同，需要左/右脚步长不同。经过研究此问题，在雷诺汽车厂自动化部的协助下，我们生产了适用于截瘫患者并利用主从系统（master-slave system）操纵的“步行机”。该机器利用了配备四个液压马达（hydraulic motors）的充气夹板（pneumaticsplint）（活动髋/膝)，由物理治疗师驱动，而物理治疗师也戴上同样的支撑架，并将四个电位器放在髋、膝关节。在该模型中，治疗师通过适当地操控软件让患者行走。这允许我们进行两项有趣的观察：

  -第一：完全截瘫的患者下肢感觉缺失，在训练过程中往往看着自己的脚，以了解下肢发生了什么。这是一种很常见的角度感知缺失的代偿反应。但是这会影响步态序列（gait sequence）的执行。对于我们这个通过植入性电刺激恢复截瘫患者运动功能的研究项目，这是一个宝贵的教训。事实上，患者必须对这项技术有信心，不去看他没有感觉的身体部位正在发生着什么。

  -第二，通过人工设置左/右步长不等来转向的策略过于复杂且不可靠，因此最好解决方案是以一只脚为支撑点旋转躯干。

低级控制

低级控制是无意识水平的调控，主要位于脊髓，下列几个因素的影响使脊髓有复杂的功能结构：

- 第一，在胚胎发育过程中，神经管可以分为一个个体节（metamer，源于希腊语 *meron*)，发出一系列脊神经。在形成过程中，感觉传入神经与运动传出神经分离，其中感觉神经根与脊神经节相连（感觉通路的第一中继站)，而运动神经根的运动纤维由脊髓前角（α 和 γ 运动神经元）而来。
- 第二，连接不同节段需要一个功能性中间连接系统，这就是中间神经元的重要意义。有一个现象可以解释这一点：大部分肌肉是由多根神经支配，需要同时激活几个节段水平神经。脊髓的重要反射活动不仅发生在单节段，还可能是多节段的，例如下肢皮肤受到疼痛刺激会发生下肢屈肌的收缩反射，这在截瘫患者中也能发生，交替屈/伸反射也是如此。

- 第三，这提出一个问题，可能存在决定步态形式的脊髓发生器（gait pattern spinal generator），确保步态程序的执行。这个观点仍存在争议，为了理解这一点，了解动物与人类神经生理的特定差异就显得非常重要。

动物对自身的神经生理毫无了解，维持我们此前所定义的高级别控制对它们也很重要，这样使它们能够主动选择行走速度和轨迹，但仍不能够利用四肢完成有意识的复杂动作。这或许可以解释为什么连接皮质运动键盘（cortical motor keyboard）和脊髓的皮质脊髓束在有蹄动物和食草动物中是在颈椎水平即停止，而在食肉动物和大鼠中则是在脊髓感觉后角的V层（Rexed分层法的术语）停止。

只有在人类和灵长类动物中，皮质脊髓束连接到每个体节的脊髓运动前角。这个不争的生物学事实，解释了动物脊髓自动控制的优势，对于四足动物的行走，脊髓能够产生几套前肢和后肢可能的运动程序，这对于捕捉移动的猎物非常有帮助。但对于用双后肢行走的四足动物，由于这种行走不是一个自然现象，所以它需要接受长期细致的人工训练。

在人类中，各个体节的运动控制中心直接相连，这可以解释为什么大脑皮质的运动代表区相对较小，却有着非常多的上下肢动作。

因此，在人类的中枢神经系统中必然存在着行走振荡器传递有节奏的序列。几个实验结果让我们找到它的位置：

- 第一，住在乡村的人会经常发现，去掉头部的鸭子在完全倒下前还可以走几步。
- 第二，在一个优秀的生理学家的手上，去大脑的猫仍然可以在跑步机上行走。
- 第三，在法国大革命期间，法国医生Guillotin发明了比斧头更清洁、更有效的断头台。在法国人们对断头之人有着丰富经验，却一直未发现被砍头后人还可以站着走几步（除了一些特殊的奇迹）。如今，公开斩首在一些国家仍在实行。刽子手手持大刀站于罪犯身后执行任务，但是没有人报道过被砍头后罪犯行走的事件。
- 第四，让刚刚娩出的新生儿直立就可以观察到安德烈·托马斯（Andre' Thomas）描述的“新生儿自动步态”（newborn automatic gait）。这时候观察到的下肢屈曲交替运动并不是真正的行走，大约2月时即消失，这是脊柱屈肌回缩反射以及神经系统主要通路未完全髓鞘化共同作用而产生的现象。

这使我们能够理解动物脊髓存在着步行自动控制中心，而人类的步行振荡器在高于脊髓水平的脑干。因而试图通过刺激脊髓使截瘫患者恢复运动功能是行不通的。此外，经常出现这样一种观点，认为既然能够让脊髓横断大鼠在跑步机上行走，在人类中也能实现，但这些四足动物的研究者即使能够加上多种神经组件，只要未能在人体实验中得到阳性结果，这种观点仍然不是很有说服力。

3.2.2.2 行走的生物力学

不用深究繁琐的技术细节，重要的是了解行走的不同阶段和每一个运动单位的作用：髋（循环发动机，cyclic motor)，膝（步长控制）和足（稳定器和额外推进器，stabiliser and additional propellant）。

步态的几个阶段

对此所有的步态分析实验室达成共识并定义了步态的各个阶段，具体如下：

- 启动：双足支撑；
- 启动侧（右或左）处于摆动相，对侧处于单足支撑相；
- 双足站立相；
- 对侧摆动相，启动侧单足支撑；
- 双足站立相。

三个运动组件的作用

髋

这个关节有三个自由度（DF），是步行的主要发动机（motor），产生腿的主动轮替交叉运动。髋关节的屈肌（髂腰肌，特殊情况下还有股直肌）和伸肌（股后肌群，在不平坦的地面上还会用到臀大肌）交替作用产生了这一运动（图 3.2 和 3.3）。

双侧大腿截肢患者安装假肢后仍然可以行走，但是由于腿部肌肉质量显著减少而非常费力。

单足站立时，髋关节能够通过股骨颈杠杆（lever of the femoral neck）引导路线。在地面上固定站立时，骨盆起到侧向稳定的作用，避免躯干侧弯，髋关节在这其中发挥重要功能。负责此功能的肌群由臀中肌、臀小肌和阔筋膜张肌构成。这些肌肉发生麻痹时，或应用拐杖代偿，或在摆动相让躯干侧偏，先天性髋关节脱位患者也可以出现此步态。对下肢这三块肌肉分析性测试（离开地面那只脚）显示，单足站立时这些肌肉产生内旋和外展运动，使骨盆向前旋转，称为骨盆步态（图 3.4 和 3.5）。这个动作也可能见于一些女性，但原因与生物力学无关。

前摆动相时下肢应该尽量沿着路线轴摆动。这个问题由髂腰肌（在棒球投手的腿上尤其发达）解决，但具体是依靠其内旋还是外旋动作仍在讨论当中。事实上，它处于双稳定位置，尽管是骨盆步态产生了旋转，但是由于梨状肌和闭孔内肌产生的轻微力量会引导摆动腿在路线轴上内旋或外旋（图 3.6）。足部在内旋状态下接触地面常见于日本人，与一种特殊的股骨颈异常有关。

膝

这是一个可以控制下肢长度的关节[9-11]：

-屈曲产生最大限度的缩短（股后肌群和小腿三头肌主动收缩可产生从 140°到 160°不等的屈曲，与髋伸展有关，被动屈曲可达到 160°）；

-股四头肌收缩使关节伸展。

这样可以产生各种坐姿，有时甚至是一些极端坐姿，比如日本朋友会采用的那种。此外，膝关节决定了步态是否优雅，人偶师（puppeteer）非常了解这一点。

膝关节的解剖组织结构是它对力学需求的适应，必须通过比较肘和膝的异同来理解。它们都是肢体远端（手/足）与近端关节（肩/髋）之间的中间关节。这种情况下它们提供一种特殊的扭矩（mechanical torque），使手在抓持或使用工具时能够固定，使足部固定于地面同时躯干旋转。

分析为应对此常见问题而采用的精巧技术设计是非常有趣的。

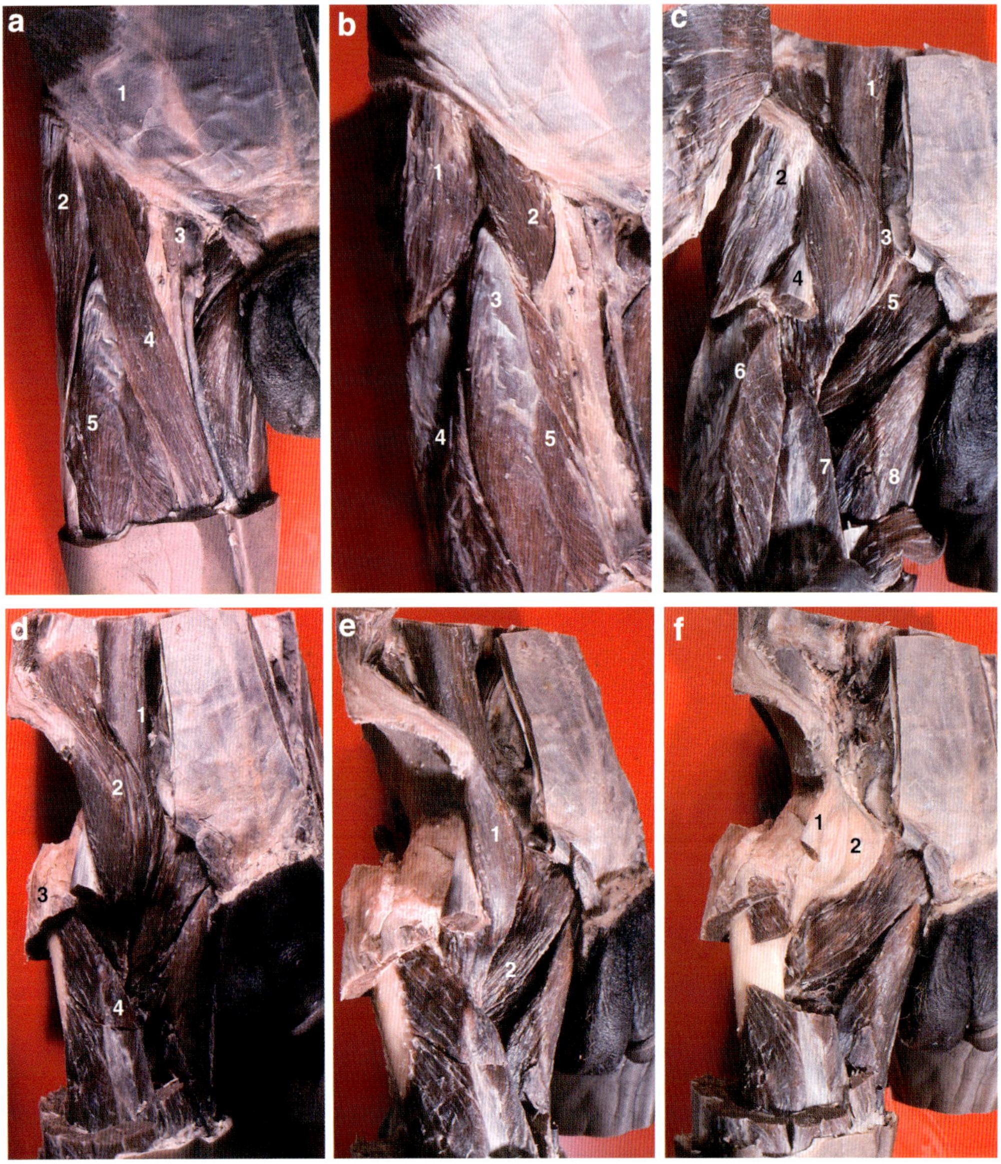

图 3.2 髋关节前方肌肉解剖：(**a**) 浅层：1. 腹部肌肉壁；2. 阔筋膜张肌；3. 血管和神经（股动脉和静脉，股神经，内侧的大隐静脉）4. 缝匠肌；5. 股直肌（股四头肌的多关节部分）。(**b**) 张肌和缝匠肌的解剖：1. 臀中肌；2. 髂肌；3. 股直肌；4. 股外侧肌；5. 股内侧肌。(**c**) 右侧腹壁截面：1. 腰大肌；2. 臀中肌；3. 髂肌（髂腰肌的单关节部分）；4. 股直肌肌腱；5. 耻骨肌；6. 股外侧肌；7. 股内侧肌；8. 长收肌。(**d**) 股内侧肌和股外侧肌的解剖：1. 腰大肌；2. 髂肌；3. 股外侧肌的上部；4. 股内侧肌。(**e**) 髂肌的解剖：1. 腰大肌；2. 耻骨肌。(**f**) 腰大肌的解剖：1. 固定于髂前下棘的股直肌肌腱；2. 加固关节囊的前侧髂股韧带（处于紧张伸展状态）

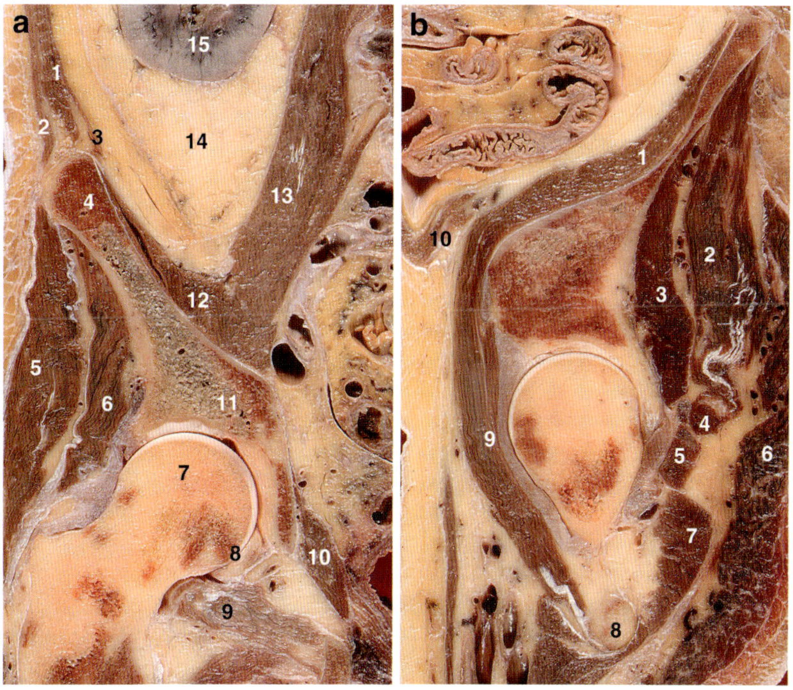

图 3.3　髋关节的解剖切面。(**a**) 冠状面：1. 腹内斜肌；2. 臀中肌；3. 臀小肌；4. 梨状肌；5. Gemelli 肌；6. 臀大肌；7. 股方肌；8. 髋臼横韧带；9. 闭孔外肌；10. 肛提肌；11. 髋臼；12. 髂肌；13. 腰大肌；14. 肾旁脂肪囊；15. 右肾。(**b**) 矢状面：1. 髂肌；2. 臀小肌；3. 臀中肌；4. 臀大肌；5. 梨状肌；6. Gemelli 肌；7. 股方肌；8. 小转子；9. 关节囊被髂-股韧带加固；10. 腹外斜肌

上肢

在这个水平，手的空间移动无疑是主要问题，此前描述过这个两条前臂骨组成的特殊关节系统：一对反向的滑车关节允许手进行绕轴的旋前动作来抓住一个物体，然后通过旋后来支撑它。这一过程中解决了以下问题：吸收扭转应力，并且允许肘部利用一个滑车型关节（只有一个 DF）屈曲/伸展肘部。

下肢

脚丧失了抓握能力并不意味着脚只做一个方向的绕轴旋转就足够，与之相反，通过置于万向节中的 2 个分离的自由度的系统，脚在站立和运动中起到了维持力学稳定的功用。膝关节本身必须能自己找到上述扭转问题的解决方案。这通过几个技术技巧实现：

- 膝关节很大。
- 屈曲/伸展依靠两个髁及与其相关联的“轮胎”实现，这两个轮胎被厚软骨覆盖，形成两个很长的关节胎面。想想汽车和自行车的区别，就知道有两个轮子的原因了。自行车有 2 个 DF，使它能够滚动，但也允许往侧面倾斜，而四轮系统就没有这个问题。这就有效地解决了侧向稳定的问题（图 3.7）。
- 上文提及的扭转需要被约束，膝关节拥有一个独特的抗扭转系统，这个系统由一系列倾角约为 45°的斜韧带构成，45°正是的扭转应力最大的方向。这些斜韧带是：

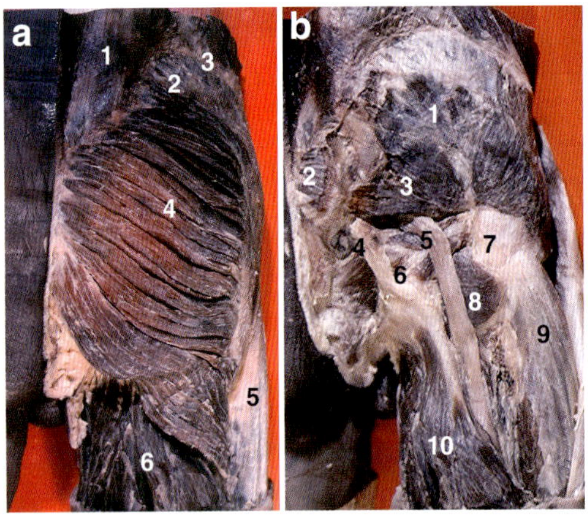

图 3.4 髋部后面观。(**a**)浅层：1. 脊柱肌群；2. 臀中肌腱鞘；3. 髂嵴；4. 臀大肌；5. 阔筋膜；6. 股后肌群。(**b**)切除臀大肌后的后面观：1. 臀中肌；2. 切除的臀大肌；3. 梨状肌；4. 骶结节韧带；5. 坐骨神经；6. 闭孔内肌及上下孖肌；7. 大转子后面观；8. 股方肌；9. 股四头肌的股外侧肌；10. 腿后肌群

-内侧副韧带，抵抗力最强的一条韧带，这是由于有一定弧度股骨的受压时产生弹性形变，使其内侧关节腔有打开的倾向；

-外侧囊外韧带；

-前后交叉韧带，位于滑膜外隔室（extra-synovial compartment），防止向前或向后的移位。

- 保持某个姿势以及步行的站立相时，需要膝关节被绝对地锁于伸直状态，但是当膝关节处于半屈状态时，有可能肌群收缩造成绕轴旋转。为了做到这两点，需要两种力学调节机制：胫骨上关节面的压平作用和凸轮效应（cam effect）。凸轮是一个离心机械系统，有两个曲率半径，这种系统一般用于发动机凸轮轴，可以将旋转运动转换为平移运动。比如膝关节的髁轮：它们的曲面呈螺旋形，曲面直径由后往前逐渐增大，内侧髁由 17mm 变到 40mm，外侧髁由 12mm 变到 60mm。这也解释了为什么膝关节在伸展的末期有一个向外的自动旋转（图 3.8）。
- 伸展时，曲率半径较大的曲面与胫骨相对，从而使韧带处于收紧状态，关节锁定。但是在屈曲时，是直径较小的曲面与胫骨相对，只有这样才使得韧带松弛。一只脚放于椅子上保持屈曲，测量其轴向旋转的幅度，大约是 30°～40°。可见，半屈状态下虽然韧带松弛，但关节仍然是稳定的，这主要依靠肌肉来保持。在某些特殊情况下屈曲的关节会变得危险，尤其是对于正在滑雪的人，由于与足底相连的滑板旋转时产生很高的转矩，可能会导致韧带损伤。这时多由于注意力不够集中或靴子和滑板的固定带调设不当造成。
- 因为存在这种轴向旋转，承重的胫骨关节窝不可能是两侧对等的，外侧关节窝有着轻微的凹陷和凸起。但两侧半月板为形成具有黏弹性的对等面提供了可能：外侧半月板是 C 形，内侧半月板呈 O 形（图 3.9）。半月板的外周与关节囊相连，它们的前角及后角固定到滑膜外间隙的骨刺上。一条正中轭（即横韧带）将它们向前方牵引。这样，两条半月板就能随着股骨髁换位而移动。但是，由于承受着很大的压力及剪切力，锁住股骨髁活动时，半月板就相当于车轮下的楔子，因而经常发生撕裂。幸运的是，膝关节外科专家可以通过关节内窥镜修复大多数损伤[12]。
- 最后，股四头肌有着强大的力量，不管大腿处于何种位置，都需要保证股四头肌的牵引完美地位于轴位上，髌骨的好处因此得到体现（图 3.10）。它滑到股骨滑车的凹槽内，并且外

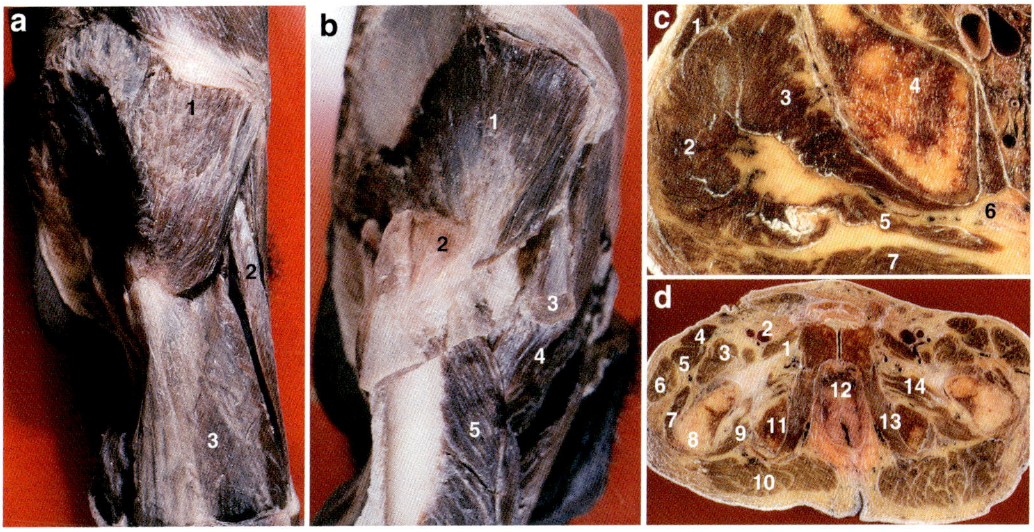

图 3.5 臀中肌和臀小肌。(**a**) 切除臀大肌后的髋关节侧面观：1. 臀中肌矢状位的前部；2. 股直肌；3. 股外侧肌。(**b**) 切除臀中肌后的侧面观：1. 臀小肌及其肌腱；2. 大转子；3. 切除的股直肌；4. 短收肌；5. 股中间肌。(**c**) 左髋关节轴位切面：1. 阔筋膜张肌；2. 臀中肌的前矢状和后横向部；3. 臀小肌；4. 髋臼；5. 梨状肌；6. 坐骨神经；7. 臀大肌。(**d**) 髋关节以下耻骨联合水平轴位切面：1. 耻骨肌；2. 股动脉和静脉；3. 髂腰肌；4. 缝匠肌；5. 股直肌；6. 阔筋膜张肌；7. 臀小肌；8. 大转子；9. 股方肌；10. 臀大肌；11. 髋关节；12. 前列腺；13. 闭孔内肌；14. 闭孔外肌

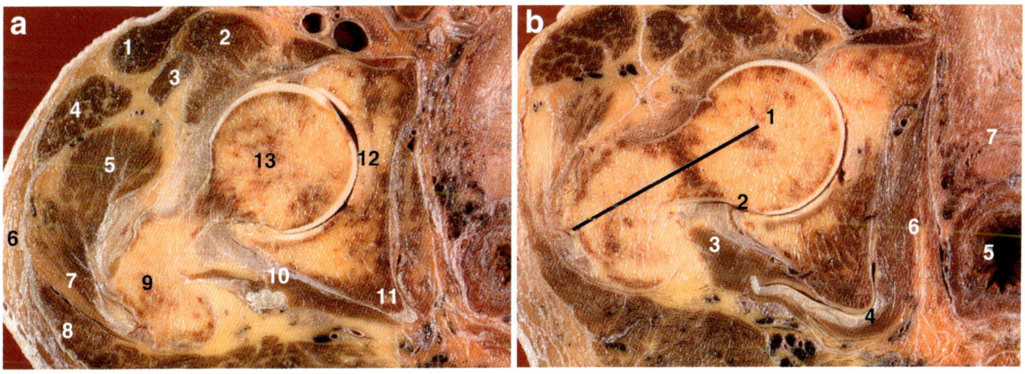

图 3.6 左髋关节轴向切面展示股骨颈成角和裸露的股骨头前部。(**a**) 上切面：1. 缝匠肌；2. 保护股骨头的髂腰肌；3. 股直肌肌腱和肌肉；4. 阔筋膜张肌；5. 臀小肌；6. 阔筋膜；7. 臀中肌；8. 臀大肌；9. 大粗隆；10. 闭孔内肌肌腱和上孖肌；11. 脊柱坐骨神经；12. 髋臼；13. 股骨头。(**b**) 下切面：1. 股骨颈斜轴，可见股骨头的大部分裸露部；2. 髋臼盂；3. 上孖肌；4. 坐骨神经小切迹；5. 直肠下部；6. 闭孔内肌和滑囊；7. 膀胱

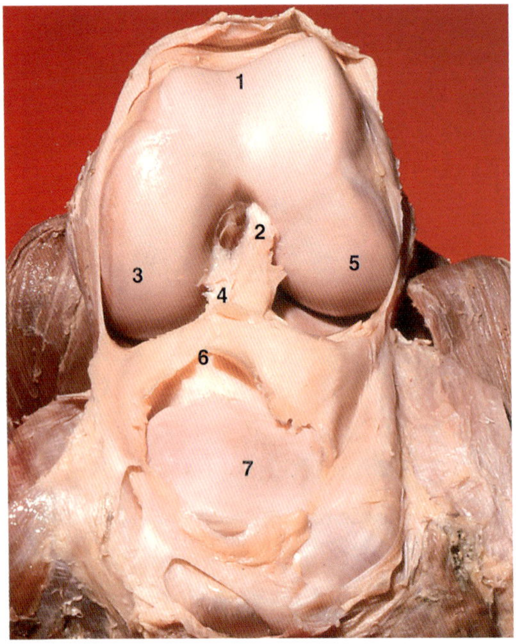

图 3.7 左膝关节屈曲位打开后。1. 滑车和不对称的髌骨表面；2. 前交叉韧带；3. 内侧髁；4. 后交叉韧带；5. 外侧髁；6. 髌下滑膜皱襞；7. 髌骨（股四头肌的籽骨）

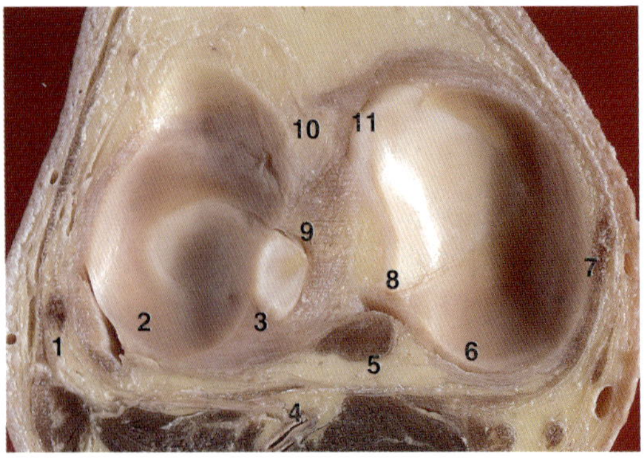

图 3.9 左膝半月板的上面观。1. 腓侧副韧带；2. 外侧半月板；3. 侧髁间结节；4. 关节囊；5. 后交叉韧带；6. 内侧半月板；7. 胫侧副韧带；8. 内侧髁间结节；9. 前交叉韧带；10. 髌下脂肪囊；11. 膝横韧带

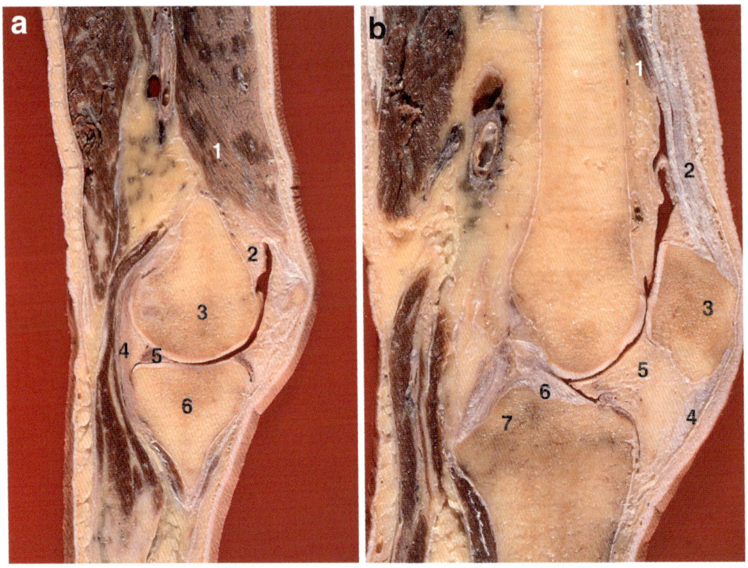

图 3.8 膝关节的矢状切面。(a) 内侧髁水平切面：1. 股四头肌的股内侧肌；2. 关节囊的上隐窝；3. 内侧髁；4. 加固后囊（限制被动伸展），后方为内侧腓肠肌；5. 内侧半月板；6. 胫骨上部。(b) 通过髁间隙的矢状切面：1. 膝关节肌肉（前关节囊张肌）；2. 股四头肌肌腱；3. 髌骨；4. 髌韧带；5. 髌下脂肪囊；6. 前交叉韧带；7. 髁间内侧棘

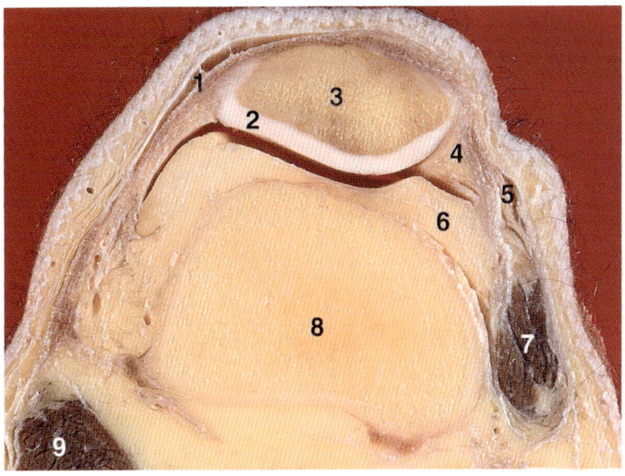

图 3.10　左膝关节髌骨的横切面。1. 髌外侧支持带；2. 髌骨外侧关节面；3. 髌骨；4. 翼状内侧皱襞；5. 髌骨内侧支持带；6. 脂肪囊；7. 股四头肌的股内侧肌；8. 股骨下部；9. 股四头肌的股外侧肌

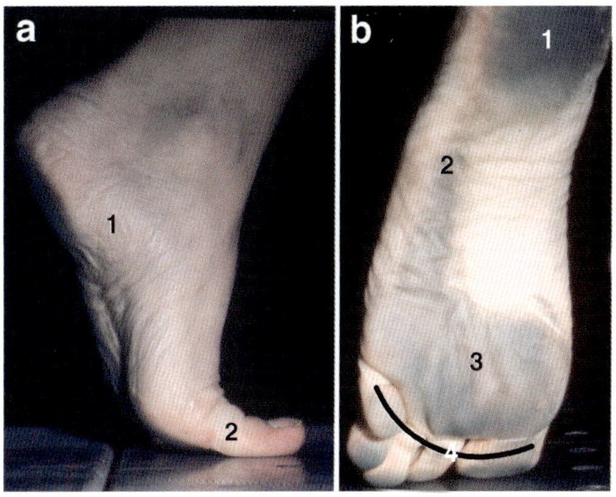

图 3.12　步态的推进相。(**a**) 足部内侧观：1. 内侧被抬高的纵足弓；2. 大脚趾的地面支撑。(**b**) 足底后面观：1. 足跟接触地面区；2. 足底外侧辗区；3. 跖骨前部的地面支撑；4. 跖趾铰链弧

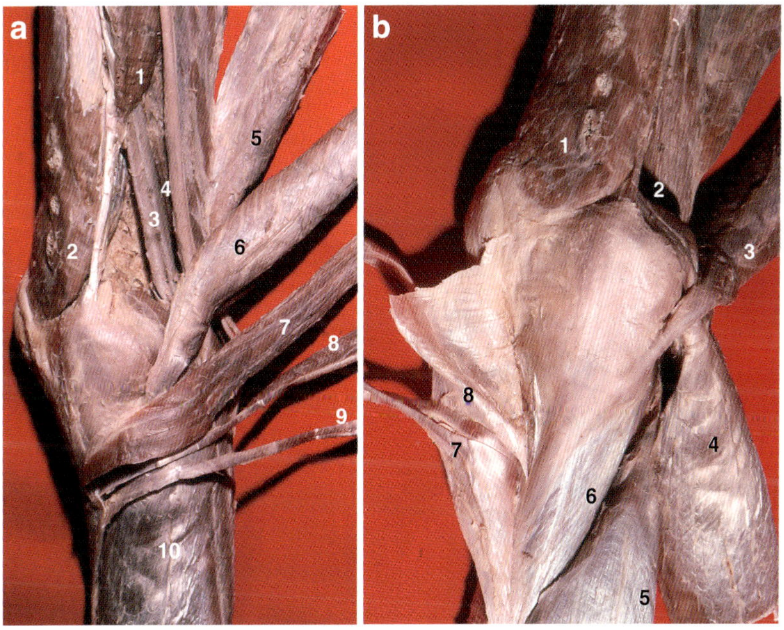

图 3.11　膝关节的内侧部分的解剖。(**a**) 部分内侧肌肉被切断并向外牵拉：1. 大收肌；2. 股四头肌的股内侧肌；3. 股动脉和静脉；4. 坐骨神经；5. 股二头肌；6. 半膜肌；7. 缝匠肌（通常位于外侧）；8. 半腱肌；9. 股薄肌；10. 内侧腓肠肌。(**b**) 牵开三块肌肉以展示它们特殊的肌腱特征：1. 股四头肌的股内侧肌；2. 大收肌；3. 半膜肌（有两根肌腱）；4. 内侧腓肠肌；5. 比目鱼肌（三头肌的单关节部分）；6. 腘肌；7. 股薄肌；8. 半腱肌

侧部比内侧陷入得更多。它通过侧鳍保持位置，而其侧鳍与一些来自半月板的纤维束相连。四头肌下方有一个很大的滑液囊和两个髌旁膨大，可以辅助膝关节来回晃动（travel jerks）。因此我们可以认为膝关节是运动系统

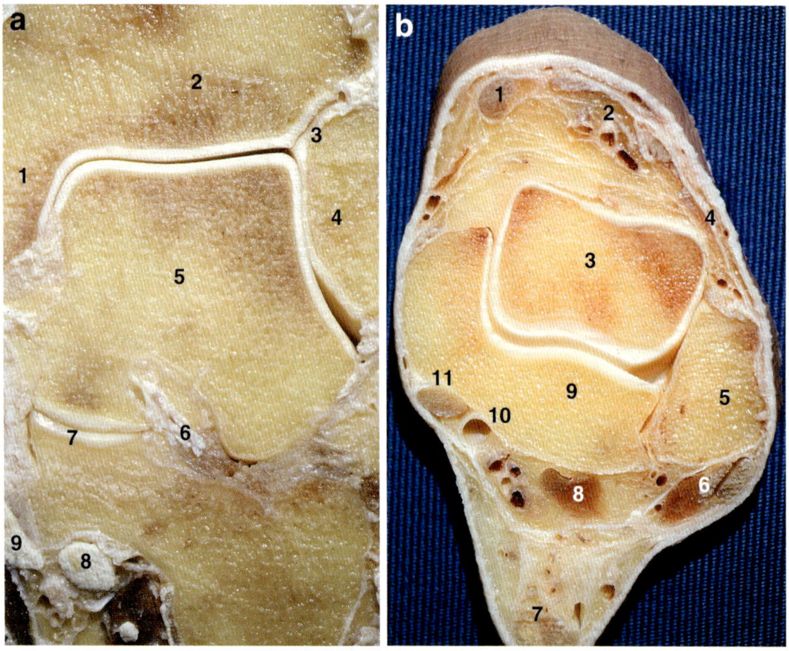

图 3.13 右腿-足连接的冠状面及横断面解剖切面。(**a**) 腿-足万向关节的冠状切面：1. 内踝；2. 胫骨的下部；3. 胫腓骨关节下部；4. 外踝，与距骨的外侧面形成关节；5. 距骨；6. 跗骨窦内的骨间韧带；7. 根骨的载距突，与距骨下表面形成关节；8. 拇长屈肌肌腱；9. 趾长屈肌肌腱。(**b**) 踝关节的横切面：1. 胫骨前肌肌腱；2. 伸肌肌腱；3. 距骨前部比后部大（生理性脱骱）；4. 伸肌的下支持带；5. 外踝；6. 腓骨长/短肌肌腱；7. 小腿三头肌肌腱［阿喀琉斯（希腊神话中的大力神）肌腱］；8. 拇长屈肌肌腱；9. 胫骨下部；10. 趾长屈肌肌腱；11. 胫骨后肌肌腱

最复杂的关节之一，它拥有非常精巧的设计，使得它的病理偏差很难治好（图 3.11）。膝关节病变经常很疼，甚至可以导致“躯体化”（精神躯体固着，mental somatic fixation）。为了能够用同设计它一样高级的智慧来正确地诊断和治疗，认识到其结构的精巧非常重要。

足

这是一个多数时候在地面上“生活”的器官。足部结构的功能是不变的。其在身体稳定（完成该任务的第一道“防线”）和推前上都起着重要作用。一些技术性细节尤其需要记住[13-19]。

- 在整个身体沿着足部和腿部形成的前后轴和侧向轴移动时，足部必须能够保证一个稳定的支持。从安全角度看，将两个 DF 分开并利用一个万向关节更安全。
- 足底支撑由两个三角形完成：前方的三角形是为了推进，后方的则是为了稳定（图 3.12）。足部不是三脚架，三脚架依靠三个点完成直立或均衡的机械支撑，足部是一个拥有超过三个支点的超静定支撑结构，具体支点数不能通过几何方法测量，原因在于足底的皮肤。足底皮肤牢固地连接到纤维-骨骼基板，尤其是足底腱鞘，它一直接续到三头肌肌腱。如此形成的牢固足床让很多人可以赤脚走路。足底皮肤可以通过角化增厚。
- 连接足部和腿部的是足/腿万向关节，它有两条分离的稳定轴：

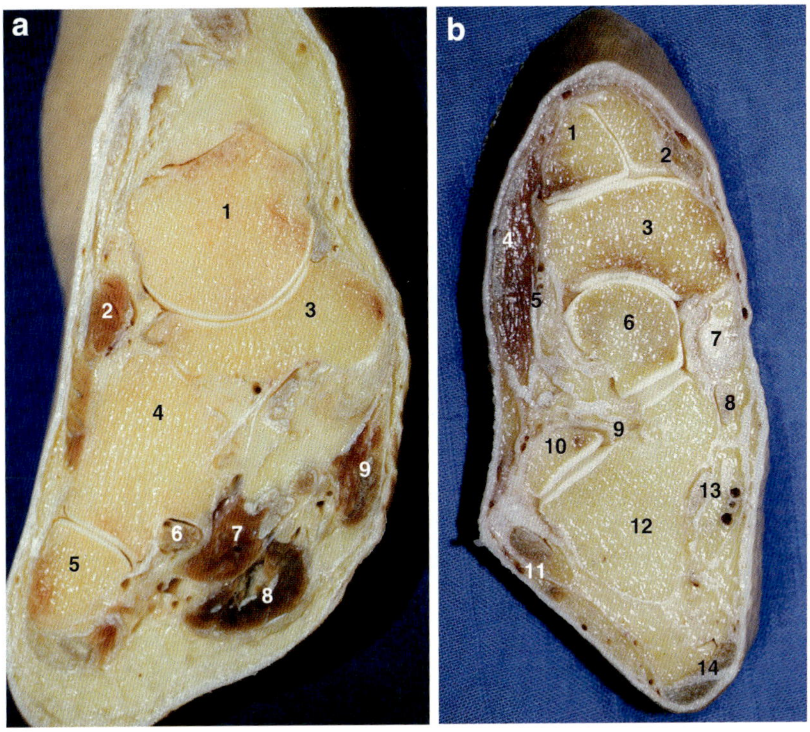

图 3.14 跗骨冠状和横切面。(**a**) 斜冠状位前面观：1. 距骨头（腿-足连接的第二个 DF）；2. 拇伸肌和趾短屈肌；3. 舟骨及其内侧结节；4. 骰骨；5. 第五跖骨；6. 骰骨沟内的腓长肌肌腱；7. 足底方肌；8. 趾短屈肌；9. 拇趾的外展肌。(**b**) 左跗横截面上面观：1. 内侧楔骨；2. 胫前肌腱和拇肌长伸肌；3. 舟骨；4. 短伸趾；5. 拇短伸肌；6. 距骨头；7. 胫后肌肌腱；8. 趾长屈肌肌腱；9. 跗骨窦；10. 距骨外侧部，11. 腓骨肌肌腱（短肌和长肌）；12. 跟骨；13. 拇长屈肌肌腱；14. 小腿三头肌肌腱

-第一条是屈曲/伸展横轴（向足背屈，向足底伸），位于胫骨/腓骨和距骨形成的关节上。我们已经讨论过，这种解决力学问题的方案是非常具有智慧的（图 3.13）。刚性结构是脆弱的，双踝钳（榫，mortise）[14] 包绕距骨（卯，pin）承受根骨支撑地面传来的巨大侧向力。于是，增加该榫卯系统恢复能力的力学解决方案是钳子的双腭分离，在它们形成关节的地方允许小幅度的横向分离（diastasis），这就能够吸收能量，延缓榫的破裂。

-对比解剖学可以帮助理解这个原理。有的动物用脚趾走路，比如马、鸡或者羊，不会对距骨产生横向应力，因此可以有一个完全刚性榫（深滑车），而胫腓骨完全融合；腓骨本身可能不完整，下段没有连接，比如鸡，这就造成了对吃鸡的人的咽喉造成危险的又尖又细的骨头。在人类中，上胫腓关节可以有非常轻微的活动，因为它的作用是确保腓骨干顶端的固定。距骨的上关节面的前部比后部更宽，因此进行背屈这个生理动作时会产生轻微脱骱，这种形态还有助于保持下胫腓关节的小幅活动性。

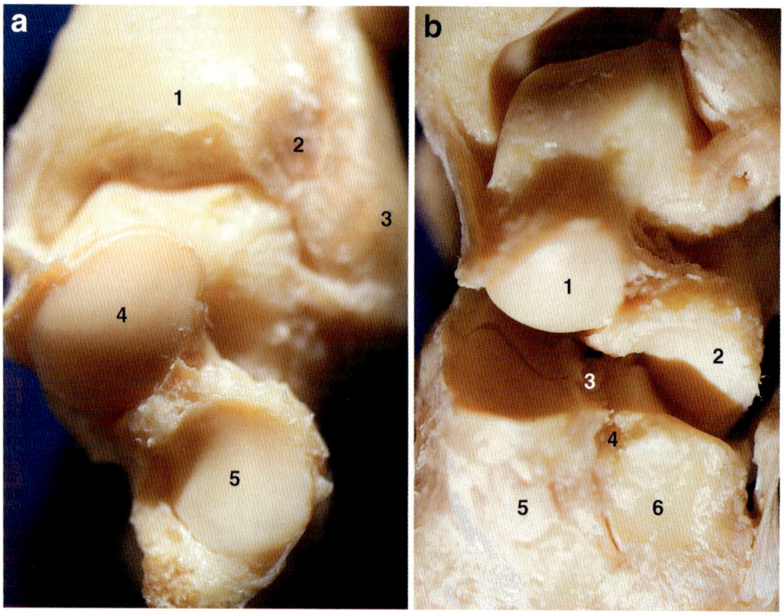

图 3.15 足关节的后部：叠覆的距骨-跟骨连接（腿-足万向关节）。（**a**）前面观：1. 胫骨；2. 下胫腓关节；3. 外腓骨踝；4. 凸而斜的距骨头；5. 凹陷的跟骨前关节面。（**b**）打开跗骨中部关节后的上面观（Chopart 首先描述）：1. 距骨头；2. 跟骨前表面；3. "S"形关节曲线；4. 分叉韧带；5. 舟状骨；6. 骰骨

-第二个斜轴（距下关节）使足部能够进行内翻/外翻（或内旋/外旋，但事实上足部做不到手部那样的旋转）等复杂运动[18]。这个斜轴是一个双反向滑车，由后方两个关节面（距骨的凹面和根骨凸面）以及前方四个前关节面（两个距骨的凸面，两个根骨的凹面，根骨更靠内的突出部分被称为"载距突"）构成（图 3.14），跟骨围绕该斜轴进行横向旋转。运动期间，这条首先被 Henke 描述的斜轴向侧面移动，于是，需要了解一下瞬时转动轴（instantaneous axis of rotation）。

- 足部构造还有一个独到之处，事实上，它的后部是一个双重缓冲（double offset）（迭加模型，superimposed model）器，包括内上方的距骨和中外下方的根骨（图 3.15）。这需要允许足部的两根骨质柱子形成关节连接：第一根位于内侧，由舟状骨、三块楔骨和内侧三根放射状排列的跖骨构成，第二根由外侧的骰骨和另外两根跖骨构成。

于是，内侧柱呈弓形撑起，这意味着：第一，它必须能够牢固地连接到根骨和距骨头，实现这一点依靠的分别是跟骰韧带（长、短足底韧带）和足底的跟舟韧带（跳跃韧带）；第二，有一个将其抓持住的主动悬挂（active suspension）系统，这主要由连接到舟状骨（弓的弧顶）的胫骨前肌完成（图 3.16），该肌肉瘫痪可以导致足弓塌陷，在小儿麻痹症患者中可见。此外，距骨头部是一凸面，而跟骨前端为一凹面，导致两者连接处呈 S 形（Chopart 关节），由一分叉（Y 形）韧带锁住，该韧带由舟状骨和骰骨连接到跟骨。

距-跟骨连合通过强韧的骨间韧带实现，该韧带由斜行固定在跗骨窦内的两股纤维束构成。最后，我们必须记住跗跖骨关节（Lisfranc 关节）的特殊构造：内侧和外侧楔状骨之间形成了一个榫眼（mortise）。

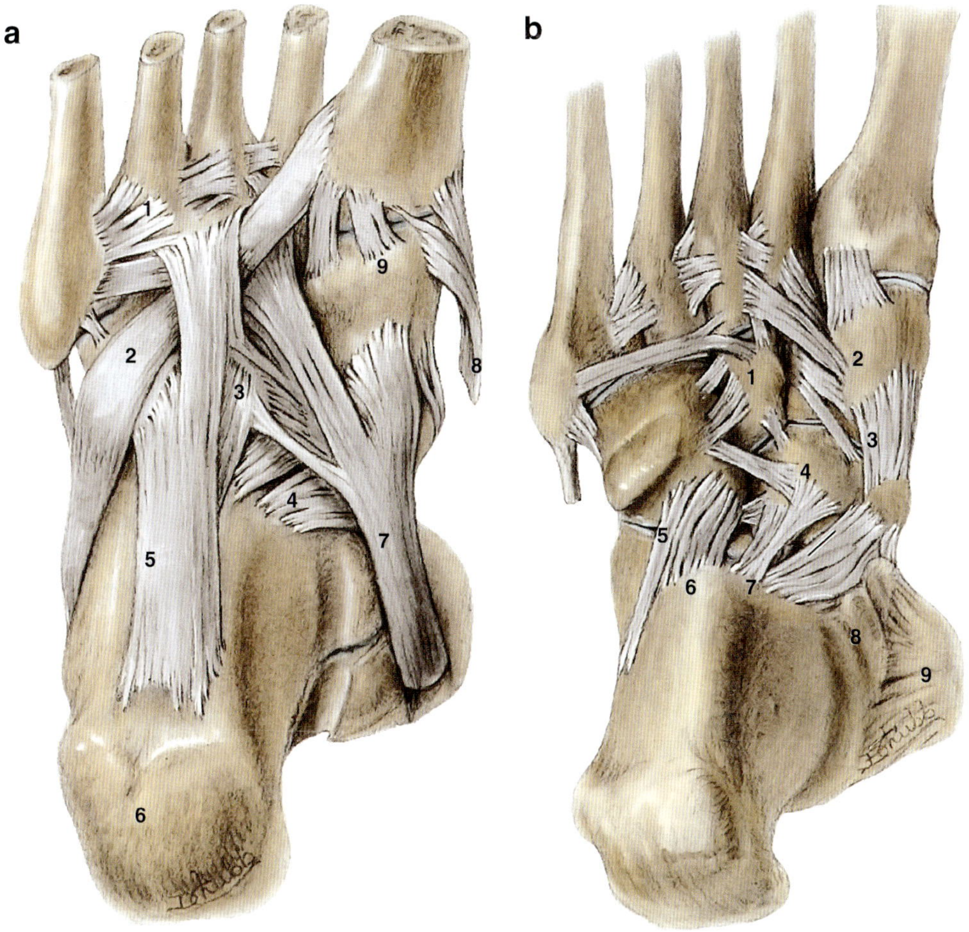

图 3.16　跗骨下面观绘图。（a）浅层：1. 足底跖骨间韧带；2. 腓骨长肌肌腱；3. 跟-骰韧带（短足底）；4. 足底跟-舟韧带（跳跃韧带）；5. 足底长韧带；6. 跟骨；7. 胫骨后肌肌腱；8. 胫骨前肌肌腱；9. 内侧楔骨。（b）深层：1. 外侧楔骨；2. 内侧楔骨；3. 足底楔-舟韧带；4. 舟状骨；5. 短足底跟-骰韧带；6. 跟骨前结节；7. 跳跃韧带；8. 载距突；9. 内踝

从前方，这 5 条放射状排列的跖骨“着陆”处组成了一个弯曲铰链弧，这是 Donker 首先描述的[19]。这会造成两个结果：第一，由于跖骨的长度不同造成前弓的横截面出现“错误”影像；第二，允许前足底三角产生所有方向的前进推力，这是一个有趣的功能获益。拇趾的支撑作用通过两个小骨球实现，即连接到关节囊的两个籽骨（图 3.17）。两个籽骨之间，我们可以找到拇趾屈肌的肌腱，它通过牵拉拇趾使改变方向变得容易。拇趾外翻是一种常见的畸形，而其主要原因是穿畸形的鞋子（特别是对女性而言），比如前部支撑面为锥形或三角形的，或者跟骨被高鞋跟抬起很多。这种情况下经常需要做手术，但手术的矫正并不简单，因为跖-拇趾关节的构造很特殊。

有赖于可变的机械柔性，足部可以灵活地适应各种条件，这与前前后后的多条肌腱相关，它们保证了可变的钳状关节及其刚度。这同时产生了一个黏弹性阻尼（viscoelastic damping），能够产生多个方

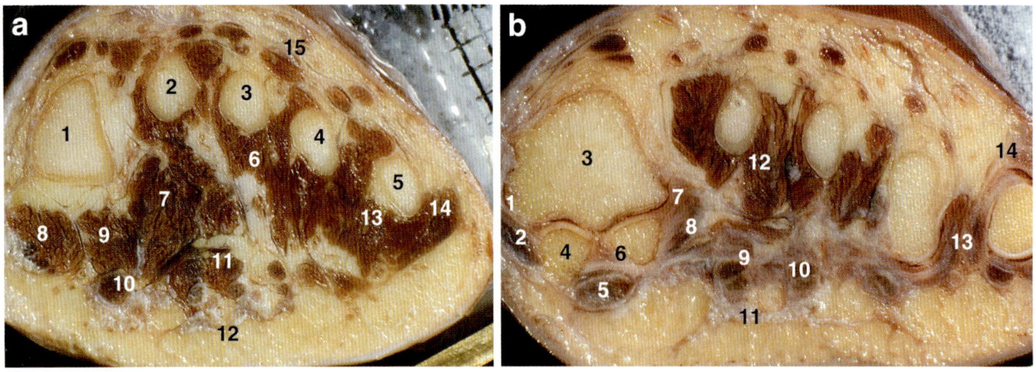

图 3.17 左脚前部横断面解剖前面观。(**a**) 前脚掌的中间部分：1.2.3.4.5. 跖骨；2. 脚的生理轴（沿着两条背侧骨间肌）；6. 骨间肌；7. 拇内收肌；8. 拇外展肌；9. 拇短屈肌；10. 趾长屈肌；11. 连接到屈肌肌腱的蚓状肌；12. 足底腱鞘；13. 第五趾短屈肌；14. 第五趾外展肌；15. 趾伸肌。(**b**) 前横断面和前弓假象：1. 第一跖-趾关节的关节囊；2. 拇外展肌肌腱；3. 第一趾骨头；4. 内侧籽骨；5. 拇长屈肌肌腱，被固定于两籽骨之间；6. 外侧籽骨和骨间韧带；7. 拇短屈肌肌腱；8. 拇内收肌的两部分：斜部和横部；9. 深部的跖骨间横韧带；10. 浅层和深层屈肌的肌腱；11. 足底腱鞘的前端；12. 骨间肌；13. 第五趾短屈肌肌腱；14. 第五趾伸肌复合体

向的缓冲作用（图 3.18）。

这些肌肉可以根据两条轴的稳定来进行功能分类：

- 位于横轴前方是背屈肌（胫骨前肌、趾长伸肌、拇趾伸肌和第三腓骨肌）；
- 横轴后方是跖屈肌（小腿三头肌，腓肠肌长短头，胫骨后肌，趾长和拇长屈肌）；
- 前后斜轴的外侧是腓骨旋前肌，内侧是胫骨旋后肌。

肌腱通过纤维带保持与骨关节结构接触，使得这种纤维缓冲的效率显著提高，这些纤维带包括：上/下伸肌支持韧带、腓骨肌支持带和屈肌支持带。

需要特别关注一下腓骨长肌足底腱鞘（足底筋膜），这标志着足底直接与小腿三头肌肌腱接续。小腿三头肌由此将其作用范围通过纵行纤维及少量横向纤维束延长到脚趾中节。它使趾短屈肌的力量加倍，并且为足底皮肤提供一个坚实的附着处。它在运动中有可能破裂，特别是在跳跃起步或跑步时。注意它和手掌筋膜的相似处，手掌筋膜也是皮肤的附着，并且可被掌长肌所拉紧。

最后，我们可以在足部的横截面看见三条肌肉纵列。会发现连接到拇趾、尤其连接到第五趾的肌肉有着不成比例的体积，有人可能会从各个足趾在足部功能轴上完成外展动作的数量来理解这个现象，但足部的功能轴是第二跖趾线，不像手那样是第三掌指线，因而这种解释是不合理的。它们应该是足内侧和外侧边缘的加固板（stiffeners）[17]，在足部适应地面的过程中扮演重要角色。

3.2.2.3 步态的运动学

步态的运动肌电图（EMG）能够准确告知我们肌肉在行走过程中时空协调的有关数据[20-26]。

启动

它由髋关节屈曲引起，髂腰肌（主要是髂肌）和股直肌（股四头肌的关节部分）的收缩强度决定步长。

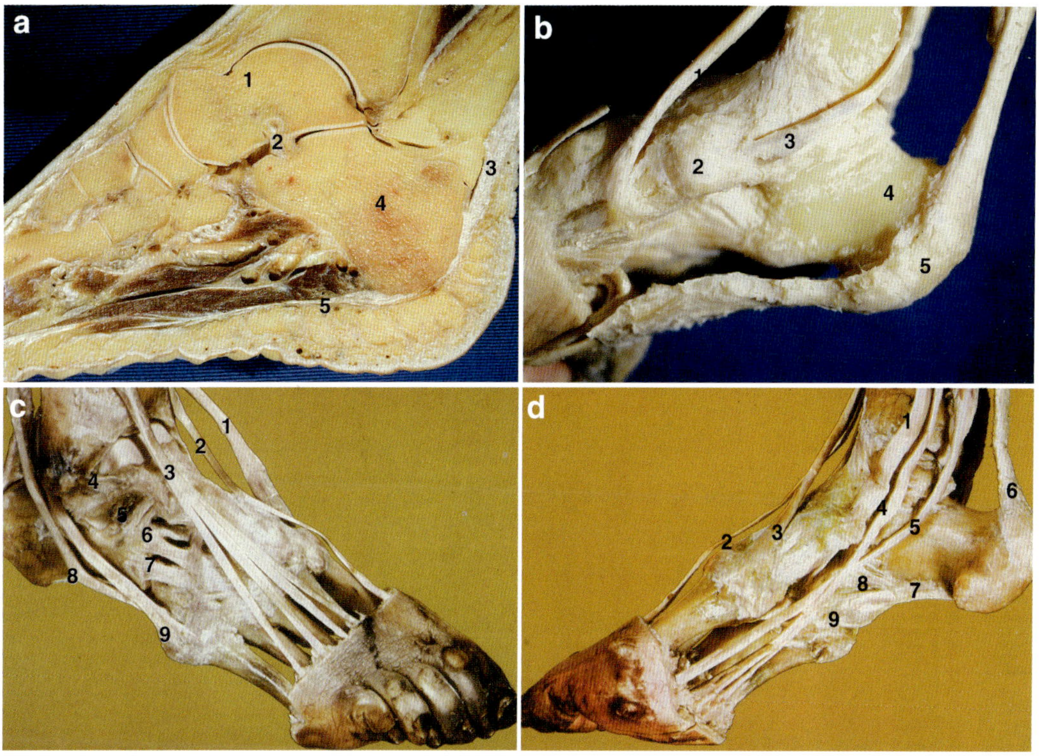

图 3.18 右足的肌腱和韧带。(**a**) 跗骨的正中矢状切面：1. 距骨；2. 骨间韧带；3. 三头肌肌腱（跟腱）；4. 根骨；5. 覆盖于脚趾跖短屈肌上的足底腱鞘，足底皮肤牢牢地固定于其上。(**b**) 跗骨内侧面，可见旋后肌肌腱：1. 胫前肌；2. 足舟骨内侧结节；3. 胫后肌；4. 跟骨内侧面；5. 三头肌-足底腱鞘。(**c**) 足肌腱和韧带背面观：1. 胫前肌；2. 拇长伸肌；3. 趾长伸肌；4. 距-腓前韧带；5. 距-跟骨间韧带；6. 分叉韧带（Chopart 韧带）；7. 跟-骰骨背侧韧带；8. 腓长肌；9. 腓短肌。(**d**) 足底内侧观：1. 胫后肌；2. 拇长伸肌；3. 胫前肌；4. 趾长屈肌；5. 拇长屈肌；6. 三头肌肌腱；7. 足底阔韧带；8. 足底跟-舟骨韧带；9. 足底跟-骰骨韧带（纵向固定足弓）

摆动相

该过程中，髋部屈肌和股四头肌收缩激发腿部伸展，胫骨前肌和趾伸肌抬起足部以防止足部摩擦地面（这种摩擦可以在偏瘫患者中观察到）。

单足站立相的两个重要动作

- 第一，锁定膝关节，由股四头肌和股后肌群共同收缩实现。这可以解释为什么单足站立相中大腿/小腿的垂直轴有大约 10°的弯曲：因为伸展状态下膝关节没有骨性锁定，这样可以防止骨性膝关节过度伸展形成反张。
- 第二，骨盆侧向稳定，由臀中肌、臀小肌和阔筋膜张肌的共同收缩实现，它们都由臀上神经共同支配。而躯干的侧向稳定由同侧脊肌维持。在这个阶段，躯体向前运动（对侧处于摆动相），同时骨盆旋转、大腿伸展（上坡时还需要臀大肌和股后肌群）。

开始一个新的摆动相

这时，摆动侧的足部逐渐离开地面，最后离开的是前推进三角，其中拇趾是在拇长屈肌产生的推力下被动离开，接着胫骨前肌使足背屈，股后肌群使小腿屈曲，如果是上坡，还需要联合小腿三头肌完成小腿屈曲。

结论

完成步态程序的所有动作都是自动化的，具体则可能会因为地面上的障碍物而有所不同。古典或现代舞都需要大量不同的支撑和移动，而舞者完成这些动作需要进行长期的训练，训练过程中往往需要关节承受很大的应变（踮脚、劈叉……）。

走崎岖地形与山路的鞋必须要增大其强度，而在平地步行或跑步时穿的鞋则必须不能在推进相妨碍前推进三角背屈，特别是要避免存在硬点或摩擦，这些部位会产生水泡或皮肤局部过度角化（鸡眼）。无论如何，许多足部病变与鞋子不适合（过高或过低）或生物力学不合理（高跟鞋、蛇头鞋……）直接相关。

参考文献

1. Romberg MH (1853) Manual of nervous diseases of man. Sydenham Society, London
2. Massion PBC, Viallet F (1990) Posture, coordination, movement. Rev Neurol 146(10):536–5421
3. Wolfson L (2001) Gait and balance dysfunction: a model of interaction of age and disease. Neuroscientist 7(2):178–183
4. Baron JB (1982) Statokinésimétrie. Etude de la posture verticale humaine. Ann Kinésith 9: 377–388 V1
5. Gagey PM (1996) La stabilométrie en podologie. In: Villeneuve P (ed) Pied, equilibre et posture. Frison Roche, Paris, pp 69–75
6. Igarashi M, Black FO (1985) Vestibular and visual control on posture and locomotor equilibrium. Karger 7th international symposium of the international society of posturography, Houston
7. Hunt CC (1974) The Pacinian corpuscle. In: Hubbard SJ (ed) The Peripheral Nervous System, vol 13. Pergamon Press, London, pp 405–422
8. Enjalbert M, Rabischong P, Micaleff JP, et al (1983) Sensibilité plantaire et équilibration. XIX Entretiens De Rééducation Et Réadaptation Fonctionnelles, Masson, pp 9–29
9. Bonnel F, Jaaeger JH, Mansat CH (1984) Les laxités chroniques du genou. Masson, Paris
10. Liorzou G (1990) Le genou ligamentaire: examen clinique. Springer, Berlin
11. Segal P, Jacob M (1983) Le genou: anatomie, cinématique, sémiologie, pathologie, diagnostic et traumatologie sportive. Maloine, Paris
12. Chassaing V, Parier J (1985) Arthroscopie du genou. Masson, Paris
13. Inman VT (1976) The joints of the ankle. Williams and Wilkins, Baltimore
14. Le Coeur P (1938) La pince malléolaire. Physiologie normale et pathologique du péroné. Librairie Louis Arnette, Paris
15. Rabischong P (1991) Anatomie compréhensive du pied. In: Chiron PH, Utheza G (eds) Le Pied. Actualités en Médecine, Chirurgie et Réeducation. Masson, Paris
16. Rabischong P (2004) Evolution des idées sur la biomécanique du pied. In: Hérisson C, Aboukrat P, Claustre JE (eds) Progrès en médecine et chirurgie du pied. Sauramps Médical, Montpellier
17. Rabischong P (2011) Anatomie compréhensive du pied dans la locomotion. In: Morvan G, Bianchi S, Bouysset M et al (eds) Le Pied. SIMS. Sauramps Médical, Montpellier
18. Viladot A, Lorenzo JC, Salazar J, Rodriguez A (1984) The subtalar joint: embryology and morphology. Foot Ankle 5(2):54–66
19. De Doncker E, Kowalski C (1979) Cinésiologie et rééducation du pied. Masson, Paris
20. Rabischong P, Avril J, Aubriot H et al (1967) L'électropodographie: une méthode nouvelle de mesure des forces plantaires. Revue de pédicurie 44:9–24
21. Péruchon E, Jullian JM, Rabischong P (1989) Wearable unrestraining footprint analysis system. Applications to human gait study. Med Biol Eng Comput 27:557–565
22. Arcan M, Brull MA (1976) A fundamental characteristic of the human body and foot, the foot-ground pressure pattern. J Biomech 9:453–457
23. Elftman H (1984) A cinematic study of the distribution of pressure under the foot. Anat Rec 59:481–492
24. Clot J, Rabischong P, Péruchon E, et al (1975) Principle and applications of the artificial sensitive skin. Proceedings of the 5th international symposium on external control of human extremities ETAN, pp 211–220
25. Dimegliio A (2002) La marche de l'enfant. Sauramps Médical, Montpellie
26. Ducroquet RJ, Ducroquet P (1965) La Marche et les Boiteries. Masson, Paris

第4章　抓　握

（钟春龙　徐巳奕　译，尚峰　陆夏　校）

摘要

抓握是生命活动中必不可少的一项功能，其重要性无论在口端的进食行为、抑或在生殖端的理毛行为和性行为中均得以充分体现。不像猴子，在人类中，手部结构的所有设计都是为了赋予这一终末器官最大的灵活性，让它能够完成多种抓握动作而不是仅有某种特定功能。下面分别讲述手的三个不同的功能系统。首先，腕/手复合的组织的设计非常具有智慧，它包括几条多关节手指链、一个可以对掌的拇指及所有相关肌肉，凭借这些可以进行大量的抓取和操控的动作。其次，肱-桡尺复合体可以调节上肢的长度，得益于特殊的滑车状桡尺关节，掌心既能向上也能向下。最后是锁骨-肩肱复合体，尽管它仅依靠单一胸锁关节与中轴骨骼相连，却因为强大的肩部肌肉可以很好地稳固和移动上肢，使得上肢获得了5个自由度（DF）的空间活动方向（spatial orientation）。

4.1　引言

“抓握”这个上肢的特殊功能提出了一系列技术需求[1]。

（a）高度的灵活性，允许这个终末器官在进行抓取动作时具有广阔的空间活动范围。将肩部与髋部相比较时，这显得尤为明显。锁骨与中轴骨骼仅通过单一的胸锁关节相连，使得上肢获得了5个DF的空间活动方向：胸锁关节具有2个DF，肩肱关节具有3个DF。

（b）终末器官能够完成多种抓握动作而不是仅有某种特定功能（非特异化，non-specialised），能够使用工具，允许开发各种形式的技术，并具备某些特征：可对掌的拇指；两条背侧骨间肌连接到第Ⅲ指（中指）并以之为轴呈中轴对称（mesaxonic symmetry），Vialleton和Anthony将此轴定义为“功能轴”。这与猴类有很大的不同，猴类上肢前部（autopods）的功能特异化，分为两种类型：长臂猿类（brachiators monkey）（包括长臂猿、猩猩、新世界猴、僧面猴）的钩型手有一个退化的拇指，第Ⅲ指和第Ⅳ指（环指）呈旁轴对称（paraxonic symmetry）；而栖息树上善抓握的猴类，例如猕猴，有着可对掌的拇指、掌心触球（palmar tactile balls）、退化的示指，以第Ⅳ指为轴呈膨大对称（ectaxonic symmetry）。

通常，每种动物都必须有一个夹持器官，这对保证生存所需的营养非常关键，夹持可以有四种不同的方式：

- 钳夹，像鸟类的多种形式的喙（尖，弯，铲状）；反刍动物研磨植物的板状下巴；类似肉食动物的下巴，其颞下颌关节有 1 个自由度，还可以伸出犬齿抓住运动食物；贝类则有着钳子形状的甲壳；
- 卷绕，如阿米巴虫的伪足，蛇的脊柱或大象的鼻子；
- 重力悬吊，通过手指、卷曲的尾巴或表皮形成钩状；
- 黏附，变色龙利用具有黏附性的黏液，抛出舌头后将猎物黏附其上。

人类的手能够根据需求完成所有这些抓握形式，因而是非特异化的[2-5]（图 4.1）。

（c）抓握和操控物体

手能很容易地调节节段长度（手臂/前臂）以服务口端（进食）和生殖端（理毛、性行为）的行为。由于手在中枢感觉、运动皮质的投射区域很大，获得了丰富的神经支配，使手成为最主要的触碰器官（触觉）（图 4.2），并使其在完成获得和操纵物体过程中有着清晰的步骤，该过程分为三个主要阶段：

-接近：依靠视觉、触觉或先视觉后触觉；

-用各种方式抓取；

-松开（图 4.3）。

因此，上肢是为手——这个非特异化终末器官量身定制的。手能够抓取和操控（英文中 hand 的词源就有操控的意思）三维空间中各种形状的物体，也可以承载重物或通过攀附外界结构使整个身体移动。这些过程需要一个基本性能：很好的活动

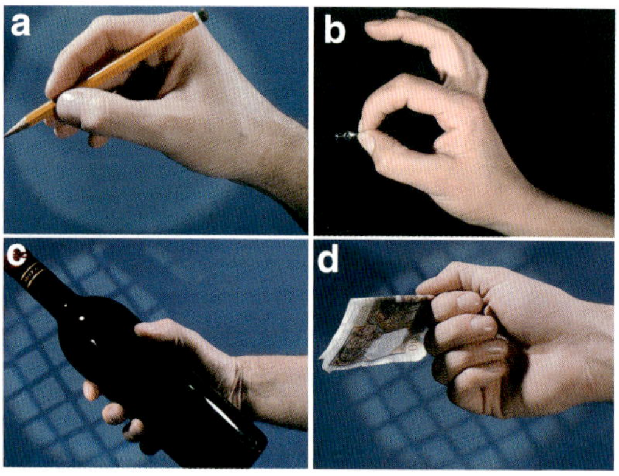

图 4.1 不同类型的抓握。（**a**）三点抓握（Tri-digital grip）（由于三根第一掌骨固定，因而非常稳定）。（**b**）两点抓握（Bidigital grip）（非常多变的抓取，从指甲到指腹的任意组合都能完成）。（**c**）全手抓握（典型例子是法国人抓红酒瓶）。（**d**）侧方抓取：拇指指腹和示指外侧之间

性，以满足生物生存必需孔道（口腔、生殖器）的主要功能需求。

（c）机器人输入

通过建造复杂程度不一的多自由度操控臂（manipulator）（2～6 个 DF 或以上）机器人，让我们知道了多关节工具在命令和控制上的大量技术难题，人类上肢也需要面对这些问题[6]。要控制人类身上这个终末器官的运动，既可以通过无反馈调节的开环控制，也可以通过配备一个感受器（触觉、力度觉、温度觉等等）获得控制系统效应器的反馈，以实现闭环控制。我们可以创建自动调节及伺服系统（servo-mechanism），使之具有某些形式的适应性智能，去完成预定任务和适应环境变化。一些科学家为这些智能机械保留了“机器人”这个称谓（图 4.4）。

然而，为了编写这些机器人的算法和控制方程，有两个方面的信息不可或缺：通过测量电功率或液压水平得到发动机状态信息，以及通过电位计（poten-tiometer）（线性或成角）测量到的各节段角度。

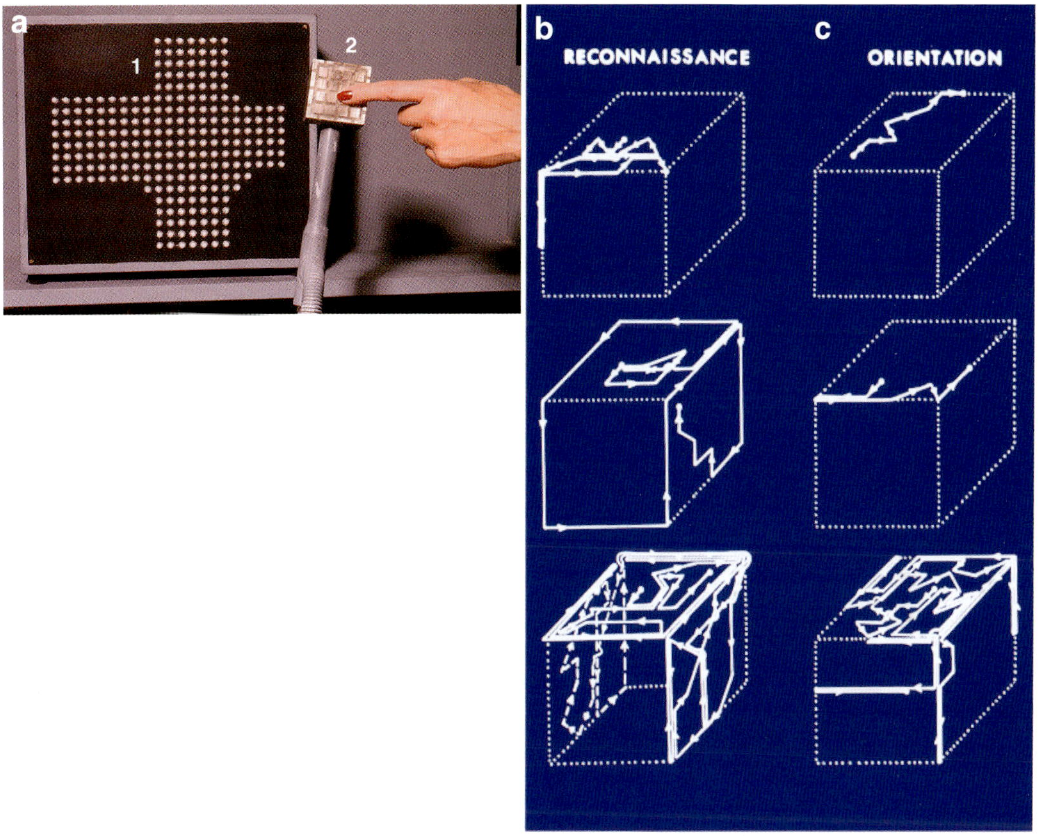

图 4.2　无视觉输入下识别测试物体（立方体）材质和空间方位的试验。（**a**）测试设备：1. 记录立方体四个面和十二条边接触情况的传感器；2. 分析利用接触传感器完成的立方体试验的结果来了解触摸策略。（**b**）识别试验中采用极端策略的受试者，从上到下（被选出受试者编号分别为 5、9、14 号，共有 40 名受试者）：1. 仅触及一个面和一条边，有犯错的潜在风险；2. 触摸 2 个面和 7 条边后完美识别物体；3. 对面和边的触摸有冗余。（**c**）定向试验中采用极端策略的受试者，自上而下（受试者编号分别为 8、16、4 号，共有 40 名受试者）：1、触摸一个面；2、触摸一个面和二条边；3、对面和边的触摸有冗余

人类上肢也有同样的技术问题。运动肌肉具有黏弹性、不可逆性和非线性的特点，使得肌肉在运动时没有噪声，工业发动机就做不到。中枢神经系统（CNS）也需要两方面相关信息：肌肉作动器（muscular actuators）的状态和对应关节的角度，以协调它们在三维空间的运动。

横纹肌能够通过缩短由收缩蛋白构成的暗盘之间的距离来改变其弹性模量（module of elasticity），同时肌纤维缩短的长度不超过其自然长度的 1/3，这是制定肌肉建造及固定计划时一个重要的参数。肌肉有三种可能的状态：放松、收缩或伸展，为了实现控制，CNS 必须知道肌肉状态的数据，而这是通过肌僵硬度（stiffness）传感器来测量的。

在关节角度测量的问题上，肌肉或韧带是做不到的，但是皮肤却可以。我们此前已经介绍过，Moberg 指出皮肤是所有身体部分的测角仪（goniometer）[7-9]。

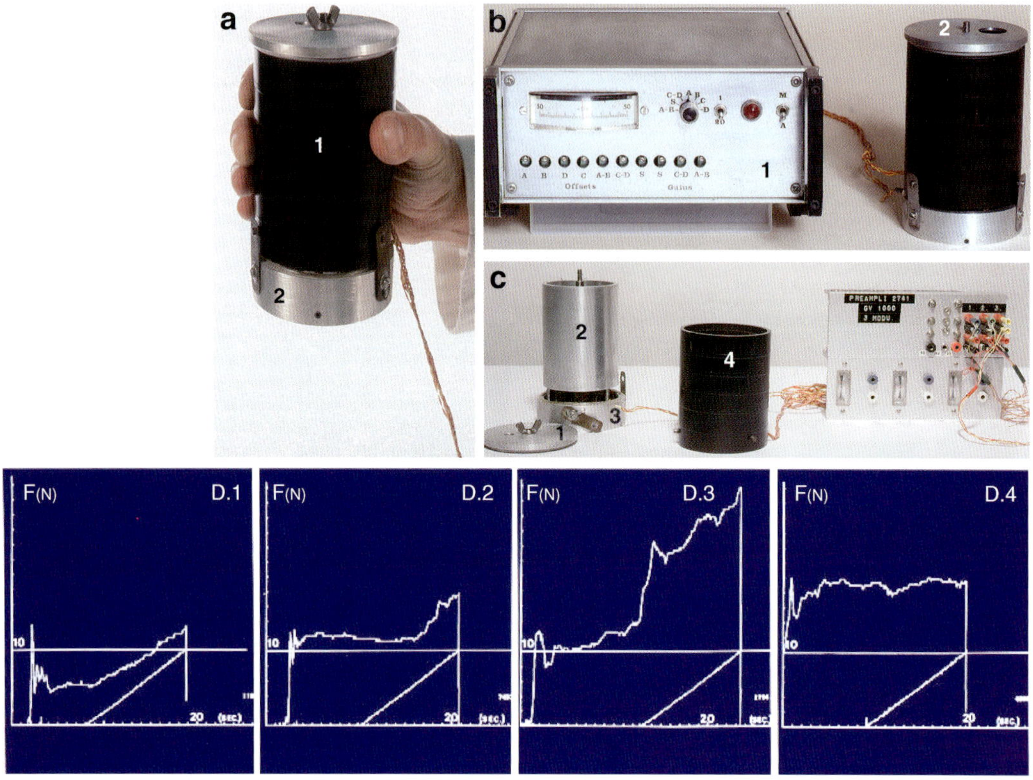

图 4.3 抓握测试中测量抓握的力度（INSERM，103 室）。（**a**）手掌抓握测试物：1. 配备有应变仪连接（strain gauges bridges）的力量传感器；2. 应变仪加速测量仪（strain gauges accelerometers）的基底部。（**b**）测试设备：1. 电信号测量和记录系统；2. 测试物体的盖子，上面有一小孔，能经此向测试物填充铅粉改变其重量。（**c**）测试物体：1. 可移动的盖子；2. 可填充的金属内筒；3. 加速度计；4. 力量传感器。（**d**）逐渐增加测试物的重量，不同的抓握力量调节模式类型：上方曲线：力量大小，下方曲线：测试物重量。1. 第一类：成比例地调节抓握力；2. 第二类：按阈值调节；3. 第三类：按阶段调节；4. 第四类：完全缺乏根据测试物重量而对抓握力进行调节

图 4.4 日本的仿人机器人。（**a**）Kato 教授的实验室：Rabischong 教授访问 Ichiro Kato 教授在东京 Waseda 大学的实验室。（**b**）1985 年筑波国际博览会开幕式上，Kato 教授的仿人机器人在用肢体演奏钢琴（两只手，一只脚）并朗读了亨德尔协奏曲的乐谱

上肢由 C5-T1 发出神经根在颈部组成的臂丛来支配。臂丛通过斜角肌之间进入肢体，分为主干和次干，然后发出所有的神经。臂丛并非通过纤维相互吻合构成——只有血管能够如此，而是由神经纤维像在铁路调车场（marshalling yard）里那样并列聚合而成，这是由大部分肌肉有多神经根支配的特点决定的[10-15]。

我们计算了 20 例标本不同臂丛干根部的神经纤维数量[16]。整个上肢平均约有 110 000 条神经纤维支配，但从受试者 1 到受试者 3 巨大的个体差异使我们感到惊讶。这很大程度上支持了个体间的不均等，而这种不均等主要来自神经电位大小的不同，导致的结果就是技巧水平不同。

上肢实际上是一个高科技机械臂[17]，手臂有 9 个 DF，腕关节有 10 个 DF，而手掌有 20 个。它的建造从手掌开始，有三个相互作用的组件：腕-掌-指复合体，其次是肱-桡复合体，最终是将整个上肢挂到中轴骨上的锁骨-肩肱复合体。

4.2 腕/掌复合体

4.2.1 人类的手

手是一个能够完成多种抓握动作的非特异化（non-specialised）工具，这与我们之前提到的长臂猿或树栖猿猴（brachiates or grasping arboreal monkeys）不同。它有着五根呈放射状排列的手指，其中一根位于另外四指对面。由此可进行一系列有拇指参与的夹持动作，以及所有手指收缩实现的保护性紧握动作。每根手指都是一根有着丰富神经支配（在指腹每平方毫米大约有 350 个机械感受器）的灵敏探针。

4.2.1.1 中轴线旁的四指

这四根手指都是由有着 3 节指骨的多关节链构成的：近节（P1），中节（P2），末节（P3）和三个不同的关节［2 个 1-DF 的近指间节（PIP）和远指间节（DIP），以及 1 个 2-DF 的髁型掌指关节（MP）］。

这一关节链的运动包括屈曲/伸展和侧弯。其生物力学功能原理是指间关节为机械耦合（mechanical coupling），而掌指关节为去耦合（decoupling），这使得手指复杂的肌肉结构组织显得必要。换句话说，通常不可能屈曲一个指间关节同时伸展另一指间关节。该关节链的伸展被掌侧韧带阻挡，但该韧带在 PIP 很强韧（掌板，volar plate），而在 DIP 具有一定的伸展性，因此 DIP 可在被动支撑的时候被伸展（对该关节是一个很好的保护）。与此相反，可以在屈曲 MP 的同时伸展 IP 或伸展 MP 的同时屈曲 IP（掌指关节去耦合）。

肌肉结构的组织

可以通过一些扼要的记忆点来使我们理解那些解释肌肉结构的重要原理：

- 使指节链蜷曲夹住物体的指屈肌比使手掌做打开释放动作的指伸肌更强劲。
- 每个指节都有一块屈肌：P3 为深屈肌，P2 为浅屈肌，P1 为指间肌。为了效率的最大化，长屈曲肌腱应尽可能贴近指关节链。这解释了为什么附着于 P3 的深屈肌腱必须穿过浅屈肌腱，而浅屈肌腱在附着到 P2 前不得不分成两股。此外，为了使肌腱能够滑动，必须将肌腱固定在具有滑液囊滑动系统的高强度纤维鞘内。第一个纤维鞘附着在 P1 上，并且溢出到 MP 的掌面，在远端被呈 X 状交叉的纤维限制在 PIP 上（图 4.5）。
- 前臂的伸肌腱需被附着于 MP 两侧的纤维固定在手指关节链的轴线上。这实际上限制了它们的侧移（图 4.6）。伸肌腱附着于 P2 的近端，未接触 P1

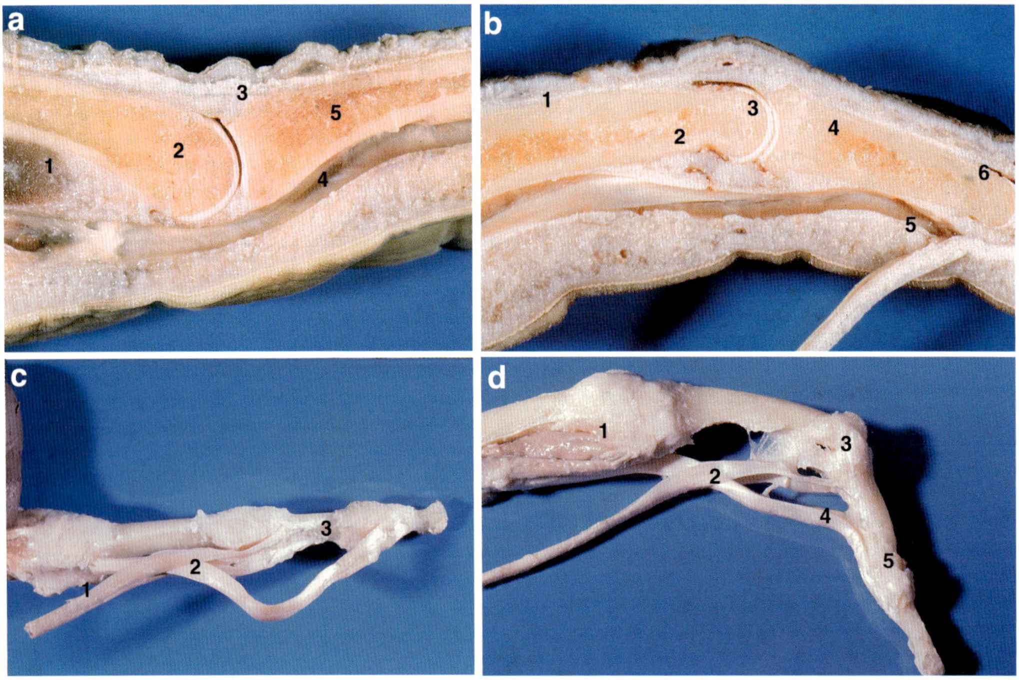

图 4.5 手指链的长屈肌腱。(**a**) 掌指关节（MP）的矢状面：1. 骨间肌；2. 掌骨；3. MP 关节和它背侧的伸肌复合体（extensor apparatus）；4. 环状纤维构成的屈肌腱滑轮；5. P1。(**b**) IP 关节的矢状面：1. P1；2. 掌板（palmar plate）（约束伸展的强健韧带）；3. PIP 关节；4. P2；5. 深屈肌腱；6. DIP 关节。(**c**) 半固定的手指：1. 通过连接带（vincula）插到 P2 上的浅屈肌腱（可见血管）；2. 插到 P3 上的深屈肌腱，通过其环状滑轮贴附于 P2；3. 浅屈肌腱的两条纤维带，附着于 P2 上。(**d**) 有两根屈肌腱的半固定手指链：1. MP 关节；2. 浅肌腱在 P2 中间的附着点；3. PIP 关节；4. 深肌腱；5. DIP 关节

的骨质，但有一束纤维附着到 MP 的关节囊。伸肌收缩时不能使手掌完全张开，但足以释放抓握动作。

一个精巧的机械系统可以保证整个关节链完全伸展和 P1 屈曲：

- 首先，由总伸肌（extensor communis）两条侧带在背侧形成的菱形肌腱位于中央舌（median tongue）的两侧并插入 P2，而 P2 上附着着铺展在背侧骨间肌上的纤维。这些侧方束带由支持韧带（被我们的朋友 Landsmeer 首先描述）维持在手指侧方[18-20]。它们在远端的行程被横向纤维（三角韧带）覆盖。
- 其次，吊带形状的纤维源自每一侧的骨间肌，形成真正的 P1 屈曲带（flex belt），这被称为骨间肌背侧板（interosseous back plate）。两侧骨间肌收缩时，可以使 P1 屈曲，还可以使得 P2 和 P3 充分伸展。同时收缩长伸肌腱可以使整个关节链（包括 MP）得以伸展，并可以和 MP 的屈曲/伸展系统协同工作。

除普通伸肌之外，示指还具有一个特殊的伸肌腱，使其伸肌总数是小指的两倍。最后，指伸肌总肌腱是一个较大的腱带，就位于背侧皮肤下，可使手指像马背上的鞍那样弧形背屈（图 4.7）。

手的生理轴线

第三手指被固定在手的生理轴线上，该指的两条背侧骨间肌使之能够外展。共有

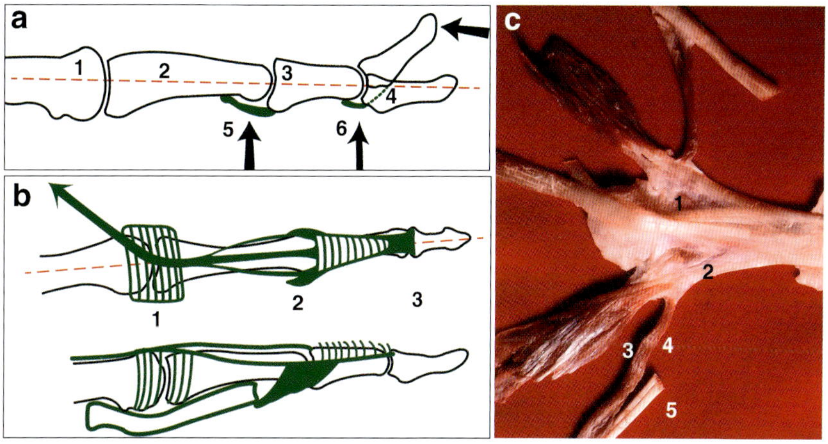

图 4.6 手指链的伸展。(**a**) 手指链侧面绘图：1. 第一掌骨；2. 近节指骨（P1）；3. 中节指骨（P2）；4. 远节指骨（P3）；5. 约束 PIP 过度伸展的掌板，除非有的人特别松弛；6. 相对没那么强韧的掌侧韧带，允许 P3 受压时关节过伸。(**b**) 伸肌腱在手指背侧固定的绘图（背侧和侧面观）：1. MP 关节的侧韧带（collateral ligament），限制肌腱侧移，使肌腱被牵拉时始终位于中央，导致手指不能完全伸展，但足够释放抓握；2. Landsmeer 支持韧带，将伸肌腱的侧束固定到侧面；3. 在附着于 P3 前，三角韧带固定了伸肌腱的侧束。(**c**) 在 MP 关节水平，解剖第三指的伸肌系统：1. MP 关节的副韧带；2. 长伸肌腱的内侧束；3. 骨间肌；4. 蚓状肌；5. 长屈肌肌腱

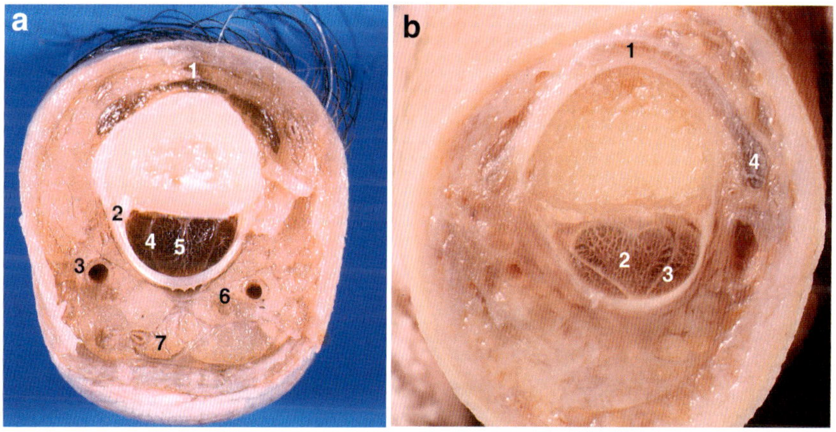

图 4.7 P1 的横断面（背侧伸肌复合体和腹侧屈曲肌腱）。(**a**) 近段：1. 位于骨指背凸面上的伸肌复合体；2. 屈肌腱的环状纤维滑轮；3. 在抓握时不会受压的侧方动脉；4. 浅屈肌腱的侧束；5. 深屈肌腱；6. 侧方神经；7. 为了抓握时的接触，掌侧皮肤厚于背侧。(**b**) 远段：1. 伸肌腱的内侧束；2. 在浅屈肌两个侧束之间的深屈肌腱；3. 浅屈肌侧束以及环状纤维滑轮；4. 伸肌腱的侧束（来自骨间肌和蚓状肌的肌腱纤维）

三块掌侧骨间肌，它们仅附着在相应的掌骨上，而背侧骨间肌附着到相邻的两块掌骨。它们可以使第Ⅱ指（示指）、第Ⅳ指、第Ⅴ指（小指）内收，其中第Ⅴ指的位置极度靠内，因而需要一块特定的外展肌，P1 屈肌与第四背侧骨间肌相关。

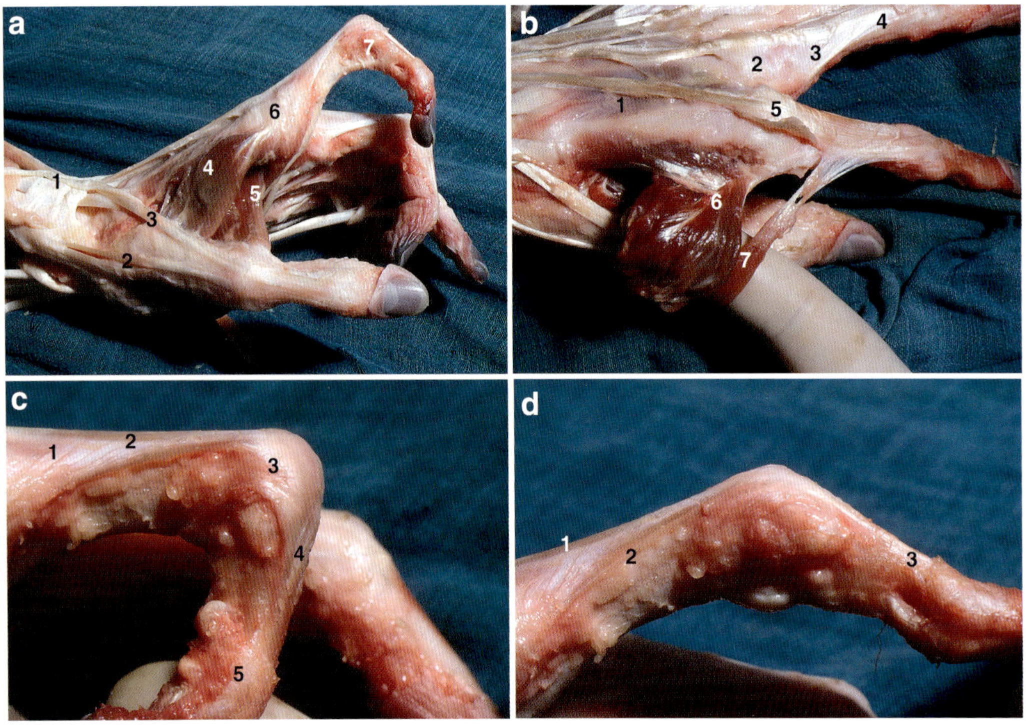

图 4.8 左手手指伸肌复合体的解剖（新鲜标本）。(**a**) MP 关节伸展和 IP 关节的屈曲（去耦合运动）：1. 伸肌支持带；2. 拇短伸肌；3. 拇长伸肌；4. 第一背侧骨间肌（DIM）；5. 拇内收肌；6. 骨间肌的背侧肌腱纤维；7. 被牵拉的伸肌腱。(**b**) 切开第一 DIM 后：1. 示指两伸肌的肌腱；2. 将伸肌腱固定的掌指侧纤维固定带（strap）（使伸肌腱沿手指轴线被牵拉）；3. 骨间肌背侧肌腱纤维（主动屈曲 P1）；4. 菱形伸肌腱（tendinous extensor lozenge）；5. 外侧 MP 固定带的横切面；6. 第一 DIM；7. 被屈肌腱及其附着到外侧伸肌束的肌腱纤维分隔的第一蚓状肌。(**c**) 屈曲的示指：1. 骨间肌和蚓状肌的背侧肌腱纤维（P1 屈曲同时 IP 关节完全伸展）；2. 附着于 P2 基底的伸肌正中束；3. 菱形肌腱通过支持韧带（Landsmeer）实现侧向固定；4. 伸肌的外侧束与三角韧带在背侧汇合并附着到 P3 基底（远节指骨）；5. P3。(**d**) 半屈曲的示指：1. 固定到 P2 的内侧束；2. 固定到 P3 的外侧束；3. P3 的远端固定

蚓状肌的特定作用

人们往往羡慕钢琴演奏家和其他音乐家的手指拥有着不可思议的灵活性。但在描述中，我们忽视了在屈肌和伸肌两者之间需要一个具有黏弹性的张力调节器，具体指的就是蚓状肌，如此命名是因为这些肌肉的形状与蚯蚓相似。蚓状肌是人体内仅有的肌腱间肌肉，它们固定于四根屈曲肌腱的侧方和菱形伸肌腱上，而不与骨骼相接触。这些肌肉是整个人体中本体感受器最丰富的部位，这些感受器包括肌梭、简单和复杂的高尔基体（simple and complex Golgi organ）、高尔基-马佐尼小体（Golgi-Mazzoni corpuscles）。它们是两个反向功能系统之间真正的本体张力感受器，无论 MP 处于何种位置都能确保手指链完全伸展（图 4.8）。

应注意，第四、第五掌骨在它们的腕端关节屈曲或伸展时是可移动的，而第二和第三掌骨是固定的，这样就保证了三指抓握的机械稳定性。此外，掌深横韧带（deep transverse metacarpal ligament）使所有掌骨头部一直安全地聚拢在一起。

4.2.1.2 拇指

拇指的位置很特殊，位于侧方，使其指腹能与中央四指相对。拇指只有两个指节，但是它们连接的第一掌骨是与腕部的斜方骨形成关节进行活动的，该关节的面为反向髁型（reversed condylar type），即由两个鞍状的鞍面相对连接组成[21]。问题是，为什么会形成这样一个特殊的关节？

答案是拇指为了做前突/后突和外展/内收动作，必须沿两个倾斜的轴线运动。这只有2-DF的髁型关节能够做到，而且进行拇指抓握时，马鞍形结构可以避免掌骨绕轴旋转并确保抓握的稳定性。在锁定的状态下，MP和IP可以轻微活动，这使得拇指抓握时有黏弹性的适应性。

8个肌肉发动机保证拇指的活动性，中央四指有6个，而前臂有4个：

- 如同大脚趾，拇长屈肌的肌腱从MP的两个籽骨之间穿过，确保拉力能够校准到与手指长轴在同一直线上；
- 长收肌；
- 长/短伸肌；
- 4块位于鱼际的固有肌肉：短展肌支配拇指自手掌外展/短屈肌/掌骨轴向旋转的拮抗肌，这三者都由正中神经支配，内收肌由尺神经支配（正如所有的骨间肌）（图4.9）。

注意在第一指骨间隙能轻易触及的第一背侧骨间肌，它主要支配示指活动，发生肌肉萎缩会被最先看到，临床上这种情况可见于尺神经功能障碍。

4.2.2 手腕

由两排共8块骨头组成。

- 近排的关节面为髁型，有两个曲率半径，对应着2个DF：手掌的屈曲/伸展（或背屈）和外展/内收（或向桡侧和尺侧偏移）（图4.10）。它与前臂下端（主要是桡骨）形成关节，而桡骨下端通过非常强韧的三角韧带与尺骨茎突相连，韧带又被关节软骨覆盖。
- 第二排与第一排形成腕中关节，并部分决定了腕关节的屈伸幅度。第一排腕骨产生了一个榫眼（mortise），被包绕其中的是头状骨，从而阻挡其横向移动。

手腕有一定的弧度，通常是在前方凹陷并由一根强韧的腕部韧带——屈肌支持韧带闭合，该韧带在外侧固定到舟状骨结节和斜方骨，在内侧固定于豌豆骨和钩骨。这就构建了一个骨纤维管，允许手指屈肌腱及正中神经穿过。它常会因为滑膜炎受到压迫，这时可进行手术减压，目前该手术已经可以通过内镜手段完成（图4.11）。

腕部活动由附着在掌侧和背侧的肌肉支配：

- 掌侧：桡侧腕屈肌，固定在第二和第三掌骨的基底部；掌长肌，固定于掌腱膜[22]，这实际上是一个保护手掌/尺侧腕屈肌的腱鞘，类似前一章介绍的足底筋膜，它附着在尺侧掌骨和豌豆骨（真正的籽骨）上。
- 背侧：桡侧长、短腕伸肌，固定于第二和第三掌骨的背侧基底部；尺侧腕伸肌，固定于第五掌骨基底部。

  可以将上述两组肌肉活动想象成两个互相垂直的平面内的行为来方便记忆：在掌侧活动的是屈肌，背侧为伸肌（或背伸肌），在尺侧的肌肉产生尺侧偏移，而在桡侧的产生桡侧偏移。
- 腕部（如同脚踝）的小骨头像马赛克一样呈碎片样分布，这使得腕部能够进行轻微的活动，同时受到许多不可伸长的短韧带限制，这些韧带大大增加了其强度，就如我们之

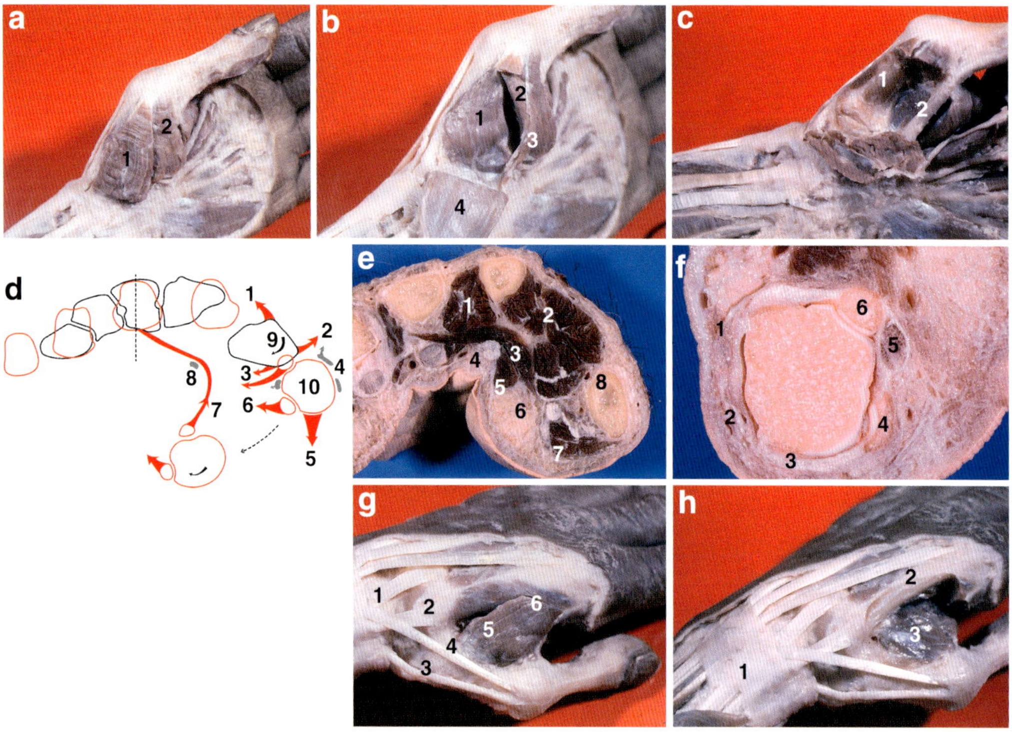

图 4.9 拇指的肌肉。(**a**) 左手，鱼际肌的浅层：1. 拇短展肌负责拇指的前位（anteposition）；2. 拇短屈肌。(**b**) 中层：1. 对掌肌（只有掌侧固定）；2. 深部固定于外侧籽骨（尺神经）；3. 拇短屈肌的浅表部分固定于拇指骨的近端（正中神经）；4. 被牵开的短展肌。(**c**) 深层：1. 第一掌骨；2. 拇长屈肌的肌腱。(**d**) 拇指运动图解：1. 第一骨间肌；2. 拇长展肌；3. 对掌肌；4. 长和短伸肌；5. 短展肌；6. 短屈肌；7. 以利用屈曲滑轮内收；8. 示指屈肌腱；9. 第一掌骨；10. 第一掌骨头端。(**e**) 右手横断面前面观：1. 第二背侧和第一掌侧骨间肌；2. 第一背侧骨间肌；3. 拇收肌围绕示指长屈肌腱进行屈曲收缩；4. 示指屈曲肌腱；5. 第一蚓状肌；6. 拇长屈肌腱；7. 拇短展肌；8. 第一掌骨。(**f**) 左侧拇指横断面前面：1. 拇长伸肌腱伸入 MP 关节的关节囊；2. 拇短伸肌腱；3. MP 关节囊；4. 外侧籽骨（前方处中立位）；5. 纤维鞘（固定到籽骨间韧带）内的长屈肌腱；6. 内侧籽骨（后方中央）。(**g**) 左手的背侧观：1. 桡侧腕短伸肌（第三掌骨）；2. 桡侧腕长伸肌（第二掌骨）；3. 拇短伸肌；4. 拇长伸肌；5. 进入手掌的桡动脉；6. 第一骨间肌。(**h**) 去除第一骨间肌后：1. 伸肌支持带；2. 第二掌骨；3. 拇收肌（内侧籽骨）

前所说的刚性结构比可变形结构更脆弱。

4.3 肱-尺桡复合体

这牵涉两个重要的功能系统：上臂-前臂的像“圆规”那样的开放/闭合系统（opening/closing brachio-antibrachial compass）和手部的绕轴旋转系统。

4.3.1 肱-桡尺连接

这是一个 1-DF 的滑车型关节，由于尺骨鹰嘴的阻挡，关节从伸展极限（骨质锁定）开始屈曲的幅度被限制在 150°内。值得注意的是，这个滑车的槽呈螺旋形。在完全伸展的情况下，这会造成一种侧方偏移，在女性中其幅度通常较大，是一种可靠的性别特征。肱骨远端的朝前倾向一侧，这辅助了关节弯曲。

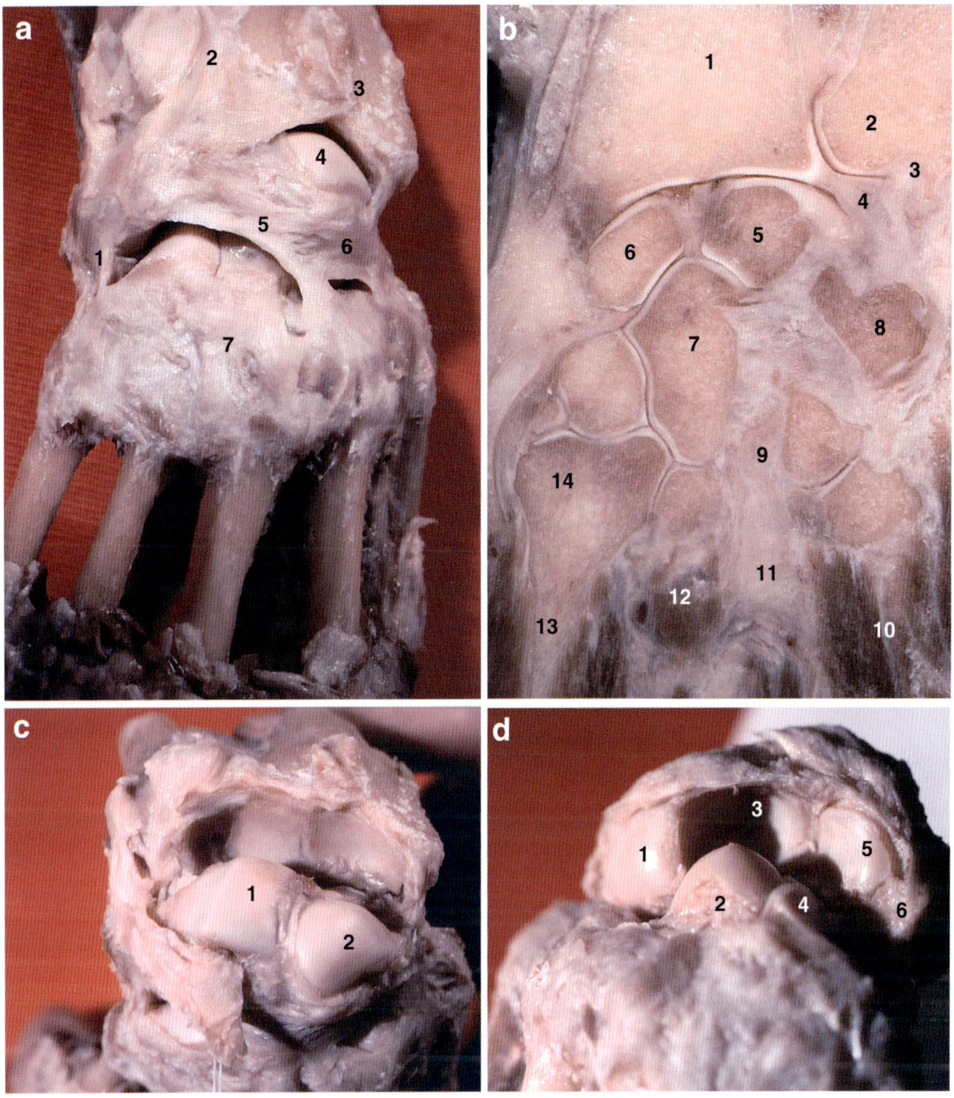

图 4.10 腕关节：(**a**) 右腕的背侧观：1. 尺侧副韧带；2. 背侧桡-掌韧带；3. 桡骨茎突；4. 舟状骨；5. 背侧掌骨间韧带；6. 桡侧副韧带；7. 远排腕骨。(**b**) 腕部横切面：1. 桡骨远端；2. 尺骨头与下桡-尺关节；3. 尺骨茎突；4. 三角纤维-软骨韧带（盘）；5. 月骨；6. 舟状骨；7. 头状骨；8. 三角骨；9. 钩骨；10. 第五掌骨；11. 第四掌骨；12. 第三掌骨；13. 第二掌骨；14. 斜方骨（Trapezoid）。(**c**) 近排的前面观，自关节内断层：1. 舟状骨；2. 月骨。(**d**) 远排：1. 舟状结节；2. 头状骨及其矢状嵴；3. 月骨；4. 钩骨；5. 梯形骨；6. 尺侧副韧带

肘部的活动受肌肉的控制模式约束，对于约束技术来说这是一个很好的例子。我们已经知道肌肉缩短幅度不能超过其自然长度的三分之一。可见，肘屈肌不能达到其最大的机械效率，除非它的远端插入手部。因此有必要把这些肌腱的固定点在肘关节的轴线上往后移，尽管这样会降低它们的机械作功效率。

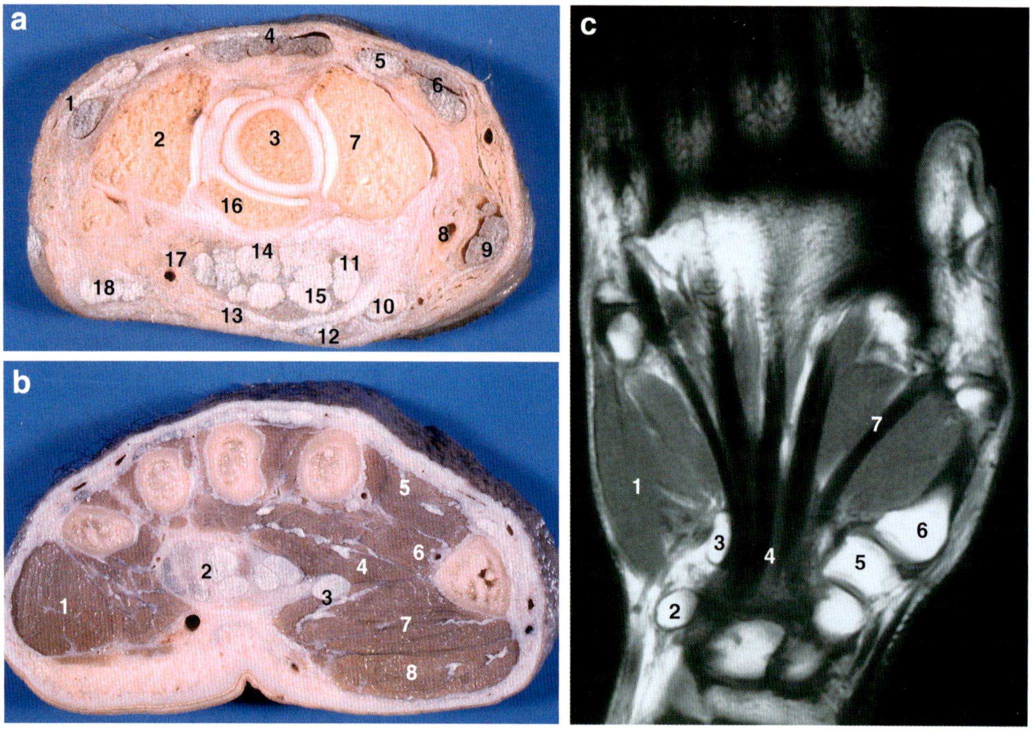

图 4.11 腕部的横断面和手掌的磁共振成像（MRI）。（**a**）左腕横断面的上面观：1. 尺侧腕伸肌的肌腱；2. 三角骨；3. 头状骨；4. 手指伸肌的肌腱；5. 示指伸肌腱；6. 拇长伸肌腱；7. 舟状骨；8. 桡动脉；9. 拇短伸肌和拇长展肌腱；10. 桡侧腕屈肌的肌腱；11. 拇长屈肌腱；12. 掌长肌腱；13. 掌横韧带（屈肌支持带）；14. 腕管内的屈肌腱；15. 正中神经；16. 月骨；17. 尺动脉；18. 尺侧腕屈肌腱。（**b**）左侧手掌横切面的后面观：1. 小鱼际隆起；2. 腕管的远端；3. 拇长屈肌腱；4. 对掌肌；5. 第一背侧骨间肌；6. 拇收肌；7. 拇短屈肌的两部分；8. 拇短展肌。（**c**）手掌的 MRI：1. 小鱼际隆起的肌肉；2. 豌豆骨；3. 钩骨钩；4. 腕管；5. 斜方骨；6. 第一掌骨的基底与斜方-掌关节；7. 拇长屈肌腱

这反映了一种很少被研究的现象，即为什么弯曲肘关节的肱骨肌肉有两条：多关节的二头肌和单关节的肱肌，它们在前臂的部分是对称的。出于经济性的考量，肱肌应该只在必要的时候，也就是当需要力量大于该段重量时才参与运动。这个调节过程必须是自动化，还是同样的原因——操纵者（pilot）无法感知和操控具体的某一块肌肉。因此，在前臂末端施加阻力时，肱桡肌和二头肌/肱肌自动地协同收缩。这也是 C7 神经根功能完整性的一种测试方法。

既然前臂有两块骨骼，那么它们理应都参与弯曲前臂的运动。单关节的肱肌短而粗壮，附着于尺骨冠突。多关节的二头肌由两条分离的长肌腱连接到肩胛骨，由一条短肌腱附着到桡骨粗隆，促进肘部绕轴旋转，并能使其后旋。应该指出的是，这并不是最活跃的旋后肌，它只在前臂半屈时与最活跃的旋后肌共同产生一个扭矩。无论肘关节的位置如何，包裹桡骨上三分之一的旋后肌都是主要的旋后肌。

另一个重要的细节是二头肌纤维腱膜（lacertus fibrosus），这是一个三角形腱鞘，从肱二头肌肌腱铺展到肱骨内上髁肌肉的起点。以这种方式，二头肌的牵引路线被富有智慧地安排到前臂内侧。

前臂伸展这一与屈曲相反运动由强大的肱三头肌完成，其多关节长头部分固定于肱盂下方以及二头肌肌腱的上方和外侧。肘肌是肱三头肌的协同肌（dependence），应被视为一条保护肘关节（主要是尺桡关节）的主动韧带。

4.3.2 功能性旋前和旋后

旋前和旋后使手能够做出一些非常有用也经常被用到的姿势。其中的技术问题是允许手掌向上（或向前）运动以支撑物体（旋前），以及向下（或向后）运动以抓取物体（旋后）。这种旋转幅度约为170°。

由于机械强度有限，上述问题的解决方法不能是让桡骨真的绕轴旋转。在限定腕部和前臂有着同样宽度的前提下如何实现手部旋转是接下来讨论的主题。

4.3.2.1 明智的解决方案是

- 在肘部桡骨的顶端放置一个轮子
- 将成组的腕骨固定在一个平台上，而平台置于其下大半径可活动的骨头上，桡骨可活动（尺骨受其滑车阻挡）
- 在两端都进行关节面翻转的轴向旋转
  - 在顶部，圆形的桡骨头在尺骨的桡骨切迹内转向，由强韧的环状韧带固定，并在肱骨小头（髁）下方旋转；
  - 在底部，圆形的桡骨头在尺骨切迹内旋转桡骨，桡骨切迹通过三角韧带连接到尺骨茎突，扮演了关节盘的角色。这种关节系统可称为“反向双滑车”（double reversed trochoid），使桡骨可以在尺骨上进行斜向运动，两根骨头呈X状交叉，而且二者的弧度相反，极大提高了交叉的幅度。旋前肌自然位于该系统顶部：旋前圆肌起于外上髁和尺骨冠状突，向下走行，止于桡骨侧面；旋前方肌横向固定在桡骨和尺骨的远端四分之一之间。

旋后肌群是提供力矩的两头肌/旋后肌。肱桡肌在旋前肌和旋后肌之间，由于它固定到桡骨茎突上，所以能将手稳定在90°，这是一个被广泛使用的位置，也与肱桡肌半径凸起时的固定有关。

前臂骨间膜增强了两截中段骨（zeugopod bone）间的机械阻力，这个作用不容忽视。同样值得注意的是，肘关节作为上肢的中间关节承受了很大的扭转应力（譬如在使用像重锤或网球拍这样的手柄式工具时），这些力都被通过旋前和旋后抵消。这与下肢不同，由于膝关节独特的抗扭转系统，下肢没有此类关节和阻力。

4.4 锁骨-肩肱复合体

看起来，把锁骨和肩肱关节分到同一个功能组进行研究比较方便。肩肱关节有3个DF，允许肱骨杠杆进行三维空间定向，另外，整个上肢和肩胛带（shoulder girdle）悬挂到中轴的颈胸骨架上。

4.4.1 颈胸悬挂系统

颈胸悬挂系统应用了移动性最好的设计：只用了一个胸锁关节，而且该关节体积很小，主要由肌肉提供固定的功能。这与下肢有着根本的不同，对于下肢，稳定性高于一切。

4.4.2 肩肱关节

遵从活动性最大原则，它具有[28-31]：

- 一个松弛的关节囊，被几条低位韧带加固：上、内和下盂肱韧带。
- 一个球形的肱骨头，直径 6cm，体积大于股骨头，球面部分超过三分之一（155°弧）。
- 一个小的肩胛盂作为肱骨头容纳腔，几乎是平的，面积约 $6cm^2$，向前和向上倾斜，导致它不像髋关节那样与肱骨头始终保持良好匹配。虽然有关节唇，但这圈纤维边缘的主要作用是利用有黏弹性的结构来扩大容纳腔（图 4.12）。
- 最高处是喙肩弓，一个圆形的骨纤维顶盖，由两个骨突形成：在背侧是铲状的肩峰，在肩胛冈外侧延伸；在前方是喙突，呈半曲指状，位于锁骨下方，附着有圆锥形和梯形的两条喙锁韧带。这两个骨性结构由强韧的喙肩韧带连接在一起。

4.4.3 活动的和固定的肌肉

负责这一复合体活动和固定的肌肉可分为下述两组。

4.4.3.1 肩肱肌群

这组肌肉附着于肩胛骨和肱骨[32]：

回旋肌袖（rotator cuff）

是紧紧围绕肱骨头的一群肌肉形成的一个帽状结构，由于这些肌肉有着强大的旋转能力，这个结构被称为回旋肌袖。包括：在后方的是位于肩胛冈背面两侧的冈上肌和冈下肌（外旋），其中冈下肌加入小圆肌；在肩胛骨前方的肩胛下肌（内旋）。

三角肌

这是一块覆盖在关节上的三角形肌肉，塑造了肩部的外形。它由三部分组成：前部附着于锁骨的外三分之一，内侧部固定于肩峰，后部固定到肩胛冈背侧。

它由一束神经丛支配，其中前部和中部的肌纤维接受旋肱神经（circumflex nerve）的不同分支支配，而后部只有在外展时对抗阻力才会收缩。完全收缩时，它会成为手臂的主要外展肌肉，附着在肱骨干中部的骨脊处则为它提供了一条较大的杠杆臂（lever arm）。

较好地理解几个技术问题很重要[33]。

- 首先，从起始位置（手臂贴着身体）举起手臂外展时，三角肌的初始趋势是把肱骨向上拉。幸运的是，冈上肌（固定到肱骨大结节）的牵拉使肱骨和身体产生夹角，继而使外展能够实现。三角肌下方的浆液囊使其滑动变得容易。

  毫无疑问，冈上肌和三角肌共同收缩，但冈上肌作为外展启动器（starter）观点目前无疑已经被抛弃了。但重要的生物力学事实是：肱骨上方有一个坚实的强制停止处（solid stop），在三角收缩时可以迫使肱骨头旋转以实现外展。这个停止处其实是冈上肌腱，它有着坚实的羽毛状外观，在前方由于二头肌腱的加入，其阻挡能力加倍，从而有效实现阻挡功能。肱骨头需要保持在中央，而实现这一点的主要贡献也是来自上述结构。

  此外，病理学提供了令人信服的论点：在冈上肌和（或）二头肌断裂时，患者要想完成手臂外展动作，只能被动地侧推上肢以调动三角肌负责外展的侧方部分，并需要被动地把肱骨头压向关节盂以克服没有停止处的问题。
- 其次，肌肉缩短幅度有限制的问题，上臂外展也需要面对。三角肌纤维缩短三分之一只能够把手臂外展不超过 90°，如再考虑上肢的重量，可

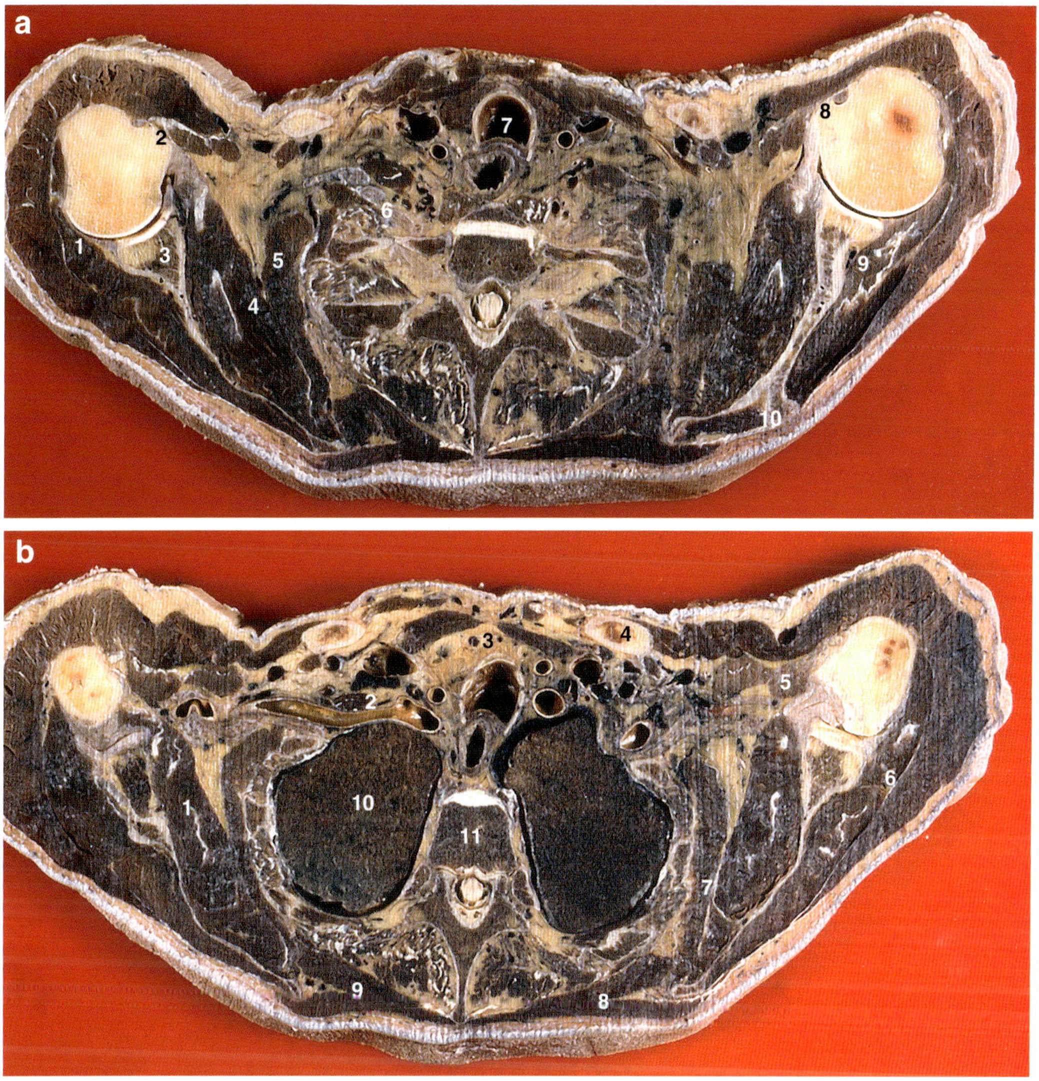

图 4.12 躯干上部水平切面的上面观。(**a**) 盂肱关节切面：注意倾斜的肩胛骨和朝向后方的肱骨头；1. 三角肌；2. 肱骨小结节；3. 肩胛骨关节盂；4. 肩胛下肌；5. 前锯肌；6. 在斜角肌三角（前、中斜角肌之间）上部的臂丛神经；7. 甲状腺后方、食管前方的气管；8. 固定到小结节肩胛下肌腱和走行于结节间沟中的肱二头肌长头肌腱；9. 冈下肌；10. 肩胛冈。(**b**) 关节下方切面：1. 肩胛下肌；2. 锁骨下动脉穿过斜角肌三角的下部；3. 主动脉发出的动脉分支群；4. 锁骨；5. 胸大肌和胸小肌；6. 冈下肌；7. 前锯肌；8. 斜方肌；9. 菱形肌；10. 左肺上叶；11. 胸椎

能更少。这在斜方肌麻痹的患者中可以清晰看到，我们将在之后的部分讨论这一点。

两块互相拮抗的肱肌

它们都被固定在关节盂上：下方是肱三头肌长头；上方是肱二头肌长头；到喙突的是肱二头肌短头。肱二头肌长头肌腱有很长一段在肱骨两个结节间走行，沿程被一条有着内滑膜系统（inner sliding synovial system）的横韧带覆盖，进入关节囊后它的附着点非常靠近关节盂上部。因此，

正如上文所述，肌腱还会作为维持肱骨头稳定的强大主动韧带。事实上，二头肌收缩除了可以屈曲手臂，也有将肱骨向上推移的倾向。之前已经提到的一种病理情况可以反映这一点：肌腱断裂时，肱骨干被上抬，但仍然受到喙肩（韧带）弓的限制[34-36]。

4.4.3.2 肩-脊肌群

肩胛骨是一块没有骨性关节的扁平骨，仅靠肌肉维持和驱动。它与锁骨构成一个上肢到中轴骨的三角悬挂系统，使前臂通过一个 2-DF 关节连接到胸骨，该关节能够进行很有限的向前/向后和向上/向下运动。这个关节较小，但因具有半月板和强韧的韧带而很坚固，但这并不能免除其遭受频繁的外伤性脱位。类似地，锁骨由强韧的喙锁韧带固定于肩胛骨，该韧带分为两束：斜方韧带和内侧的锥状韧带。

手臂外展超过 90°

文献中的很多术语，都是为了解释这个有着诸多困惑的技术问题而产生的。这时候，更细致地学习那些通过解剖处于自然垂直体位的真实标本所得到的知识就显得非常重要[37-41]。

肩胛骨及其与锁骨共同构成的手臂悬挂系统在稳定状态下，上肢沿着身体下垂，手掌处于中间位置而不是掌心朝前（经典解剖描述的位置），也不是位于额面内，而是沿着圆形的胸廓位于一个斜面内。另外，喙突像一个在矢状面弯曲的手指，它的顶端可在锁骨下触及。它是一对 V 形肌肉（muscular V）的起点：外侧的喙肱肌和内侧的胸小肌。还有，关节盂是倾斜朝向前的而肱骨头指向后方。显而易见，回旋肌袖可以显著地改变肱骨头位置。

由于三角肌缩短幅度有限，使上肢抬高过头顶的办法是改变肩胛骨位置，使其向上倾斜。这个改变倾向于使盂腔水平，以更好地承受肱骨上的力载荷。一些人用搬钟来比喻，但说成是竖旋桥和倒竖旋桥（bascule and counter bascule）的摇摆运动似乎更适合。

事实上，肱骨竖立时的摇摆运动由一对肌肉实现，分别是斜方肌和前锯肌，而倒竖时是由背部的菱形肌和前方的胸小肌实现的，其中胸小肌是唯一能放下肩胛带的主动肌。

这两个拮抗系统的一些重要解剖细节描述如下。

斜方肌

由于斜方肌与僧侣的帽子相似，它也被称为僧帽形肌（cucullaris）。斜方肌形似菱形，可分为三部分，外上部附着于枕骨，外中部附着在锁骨的外三分之一上方和肩胛冈上缘，第三个部分是下部。在内侧，它通过中间一块菱形肌腱附着到 C1 至 T11 的棘突。

一些误解必须被永久消除：

- 首先，没有理由说斜方肌的三束肌肉可以独立收缩，因为与三角肌不同，整个斜方肌肌肉由一根总的神经支配。
- 其次，用矢量简单表示斜方肌功能时，应该是箭头向上的虚线，具体来说，就是肩胛冈背部和下斜部形成的杠杆倾斜肩胛骨并抬高锁骨。附着于锁骨内三分之一上方的胸锁乳突肌没有足够的力臂介入肱骨的摇摆运动。
- 第三，虽然也附着到头部组织，但斜方肌对头部活动没有作用，因为斜方肌主要是一块肩肌。随着年龄的增长，抬起胳膊变得越来越难，而斜方肌头端的萎缩使得它深部的头半棘肌越来越明显，看起来就像两根强健的垂直向肉柱（fleshy columns），这在儿童身上也能看得很清楚。

前锯肌

这块肌肉的覆盖面很广，从第1肋到第9肋，固定到肩胛骨内侧缘，对肩胛骨产生拮抗作用。似乎有必要停止讨论“肩胸关节”或“肌性骨连接”，这两个名词指定的都是前锯肌下部在胸廓侧面的连接性滑动面，“关节”“骨连接”（“articulation”“joint”）应专门用来描述两个骨性结构的接触。

当肩胛骨被锁定在固定位置，前锯肌就是一块强大的具有呼吸功能的吸气肌。它将肩胛骨内侧缘拉向前的动作是肩胛骨摇摆运动的重要组成部分，与斜方肌和三角肌协同完成，而肩胛骨摇摆在抬高上肢过程中必不可少。注意，对于那些肩胛骨窄而垂直并且中央棘发育良好的四足动物，这块肌肉为前肢（anterior train）提供了宽大的弹性悬挂。

菱形肌

它被人为分成神经支配来自C6/C7的小菱形肌和来自T1/T4的大菱形肌。这是一块斜肌，大约位于肩胛骨内侧缘和棘突中线之间。当肩胛带位于被动或主动竖立（bascule）位置时，菱形肌活动能缩短肩胛骨和中线的距离，同时胸小肌拉低肩带并将其置于中间位置。双侧斜方肌/菱形肌联合活动使双侧肩胛骨间形成一个主动关节，由于两侧肌肉的倾角相反，它们联合活动可使肩胛骨水平移动。

肩胛提肌

需要特别提到肩胛提肌，因为它将肩胛骨上角悬吊到C1～C4横突的后结节，并参与肩胛骨的摇摆运动。这是一块很容易摸出的颈部肌肉。肩胛提肌被频繁运用，这可能会促进一些特殊肌痛发生，这时有必要进行适当的诊断与治疗。

强大的内收带

由三块肌肉组成（最大的三块）：

- 在前方，胸大肌附着于锁骨的内三分之二、胸骨的前部和腹直肌肌腱的上部；
- 在中间，大圆肌直接从肩胛骨外侧缘下部发出；
- 在后方，背阔肌的附着处从T7棘突一直延续到骶椎。

该束带的三个组件附着到肱骨上三分之一内外侧的两个骨嵴上。这是一种集中肌肉束的“U”形折叠，前方和后方的众多肌纤维都被调动来实现骨骼固定。

这就提出一个问题：为什么需要如此强大肌带来使肱骨内收？答案可能是这条肌带用于攀爬。攀爬时需要肱骨头朝下，并内收以靠近中线，从而有利于抬起整个身体。这些肌肉在举重运动员和荡秋千艺术家（俗称“空中飞人”）中被高度强化。

顺便提一下，利用背阔肌巨大的背内侧旋转组件，手部可以够到后胸部的皮肤（抓挠）。在推进轮椅时背阔肌的活动强度也很大，它要参与给车轮提供推进力的过程，这使得截瘫群体越来越多地发生肩部疾病。

总体来说，通过2-DF的肩胛带和3-DF的肱骨关节联合，肩肱复合体为上肢提供了在空间内任意定向和大范围移动的能力。这一组合的力学强度本质上是肌肉的问题。

结论

上肢构建的复杂性服务于最大化其功能的原则。人类已经清楚地展现了自己远强于动物的精神力量，而所有人类创造的精妙技术都主要归功于手——这个非凡的多功能工具。

参考文献

1. Rabischong P (1971) Les Problèmes Fondamentaux du Rétablissement de la Préhension. Ann Chir 25 (19–20):927–933
2. Steindler A (1955) Kinesiology of the human body. Charles C Thomas, Springfield
3. Rabischong P (2012) Anatomie Compréhensive du Membre Supérieur. In: Bonneau D, Vautravers P, Hérisson C (eds) Médecine du Sport et Thérapies manuelles. Sauramps Médical, Montpellier
4. Tubiana R (2000) Anatomy of the hand and upper limb. In: Tubiana R, Amadio PC (eds) Medical problems of the instrumentalist musician. Martin Dunitz, London, pp 5–53
5. Tubiana R (1981) Architecture and function of the hand. In: Tubiana R (ed) The hand, vol 1. WB Saunders, Philadelphia, pp 493–498
6. Rabischong P (2000) Command and control of hand functions. In: Tubiana R, Amadio PC (eds) Medical problems of the instrumentalist musician. Martin Dunitz, London, pp 91–120
7. Moberg E (1958) Objective methods for determining functional value of sensibility in hand. J Bone Joint Surg Br 40B:3
8. Moberg E (1960) Evaluation of sensibility in the hand. Surg Clin North Am 40(2):357–362
9. Dellon AL (1990) The sensational contributions of Erik Moberg. J Hand Surg Br 15(1):14–24
10. Mansat M (1977) Anatomie topographique et chirurgicale du plexus brachial. Rev Chir Orthop 63:20–26
11. Samii M (1990) Special considerations regarding the treatment of brachial plexus lesions. In: Samii M (ed) Peripheral nerve lesions. Springer, Berlin
12. Narakas A (1978) Surgical treatment of traction injuries of the brachial plexus. Clin Orthop Relat Res 133:71–90
13. Bonnel F, Allieu Y, Bruner P (1980) Anatomical and surgical principles of the brachial plexus in newborn children. Int J Microsurg 2(1):12–15
14. Seddon HJ (1954) Peripheral nerve injuries. Medical Research Council Special Report 282. Her Majesty's Stationery Office, London
15. Sunderland S (1968) Nerves and nerve injuries. Livingstone, London
16. Bonnel F, Rabischong P (1976) Contribution à l'étude de la systématisation du plexus brachial. In: Actualités en Rééducation Fonctionnelle et Réadaptation, Masson
17. Rabischong P, Peruchon E, Pech J (1977) Is man still the best robot? In: Proceedings of the VIIth international symposium on industrial robots, pp 49–57
18. Landsmeer JMF (1955) Anatomical and functional investigations of the articulation of the human finger. Acta Anat 25(suppl 24):1
19. Landsmeer JMF (1990) Introduction à la morphologie fonctionnelle du doigt. Ann Kinésithér 17(5):203–210
20. Landsmeer JMF (1976) Atlas of anatomy of the hand. Churchill Livingstone, Edinburgh
21. Pieron AP (1973) The mechanism of the first carpometacarpal joint. An anatomical and mechanical analysis. Acta Orthop Scand Suppl 148:1–104
22. Stack HG (1973) The palmar fascia. Churchill Livingstone, Edinburgh
23. Iselin M, Iselin F (1967) Traité de chirurgie de la main. Flammarion Médecine Sciences, Paris
24. Tubiana R (1981) The hand, vol 1. Saunders, Philadelphia
25. Tubiana R (1997) La Main. Anatomie fonctionnelle et examen clinique. Masson, Paris
26. Tubiana R (1980) Traité de chirurgie de la main, Tome 1 Anatomie, physiologie. Masson, Paris
27. Tubiana R, McCullogh CJ, Masquelet AC (2004) Voies d'abord chirurgical du membre supérieur. Elsevier Masson, Paris
28. Basmajian JV (1978) Muscles alive, 4th edn. Williams and Wilkins, Baltimore
29. Inman VT (1944) Observations of the function of the shoulder joint. J Bone Joint Surg 26A:1–30
30. Souquet R (1983) Syndromes canalaires du membre supérieur. Monographies du GEM Expansion Scientifique Française
31. Codman EA (1934) The shoulder. Thomas Todd, Boston
32. Fischer LP, Carret JP, Gonon GP et al (1977) Etude cinématique des mouvements de l'articulation scapulo-humérale. Rev Chir Orthop 63(suppl II):108–112
33. Leroux JL, Micallef JP, Blotman F et al (1992) Shoulder abduction analysis in normal and pathological conditions using the Elite System. Eur J Phys Med Rehabil 2:89–95
34. Lucas D (1973) Biomechanics of the shoulder joint. Arch Surg 107:425–432
35. Poppen NK, Walker PS (1976) Normal and abnormal motion of the shoulder. J Bone Joint Surg Am 58:195–201
36. Saha AK (1983) Mechanism of shoulder movements and a plea for the recognition of "zero position" of gleno-humeral joint. Clin Orthop 173:391–393
37. Gagey OJ, Bonfait H, Gillot C (1988) Anatomie fonctionnelle et mécanique de l'élévation de l'épaule. Rev Chir Orthop 74(3):209–218
38. Antony NT, Keir PJ (2010) Effects of posture, movement and hand load on shoulder activity. J Electromyogr Kinesiol 20:191–198
39. Ebaugh DD, Spinelli BA (2010) Scapulothoracic motion and muscle activity during the raising lowering phases of an overhead reaching task. J Electromyogr Kinesiol 20:199–205
40. Kaplan EB (1953) Functional and surgical anatomy of the hand. Lippincott, Philadelphia
41. Wynn Parry CB (1966) Rehabilitation of the hand, 2nd edn. Butterworths, London

第 5 章　眼球运动

（杜郭佳　译，刘晓东　刘思祎　校）

摘要

视力是识别物体形状、颜色和运动的一种复杂功能。使用两只眼睛观察外界景物，只得到一个三维图像：即立体视觉。这需要视交叉和黄斑（沿视轴排列的一些高分辨率点）形成的两个视网膜影像的完美融合才能做到。眼睛必须围绕眼球的几何中心运动，这就解释了四块直肌产生的后牵引力必须拮抗上斜肌对眼球向前牵引力的原因。顶盖脊髓束是眼/头自动调整的激活系统，一旦扩大视觉探索时，它将支配双眼和头部的运动。支配眼球运动的神经（Ⅲ、Ⅳ、Ⅵ）是单纯的运动神经，它们与三叉神经感觉支（Ⅴ）支配区域的本体感受器接合，这也是三叉神经核团是脑干最长核团的原因。

5.1　引言

视力属于感觉范畴，我们已经在第 2 章中大篇幅地阐述过。然而，我们必须对视力再次进行回顾学习，视力是对视野范围内物体形状、颜色和运动的识别。

此外，我们有两个眼睛，但看到的仅是一个影像，这也是立体视觉的原理。立体视力包括两个视网膜影像的外侧移行和它们按像素的完美重叠。

解决这种技术问题需要两个具体的复杂结构。第一个是视交叉，在人类和灵长类动物有 50％的视网膜纤维交叉。交叉后的纤维进入具有六层结构的外侧膝状体，它将两个半侧视网膜影像通过视放射投射到枕叶距状裂（17 区）原始视觉皮质进行整合（图 5.1）。这一解剖结构使得每一侧的大脑半球负责半个视野。

然而，上述结构还不能使视网膜影像达到完美的融合。视网膜光轴上存在的高分辨率点（每平方毫米存在 135 000 个视锥细胞）负责 80％的视力：中央凹是黄斑区中央的小凹陷，是视力最敏锐的地方，它校准影像并呈现立体感。

另一个技术问题是实现两个眼睛的辐合（coupling）运动是困难的，刚出生时该功能还不够完善。如果两个视轴存在视差从而不能获取影像时，由 Mawas 描述的支配黄斑区的皮质视网膜纤维可提供影像修正，以避免进一步复视。

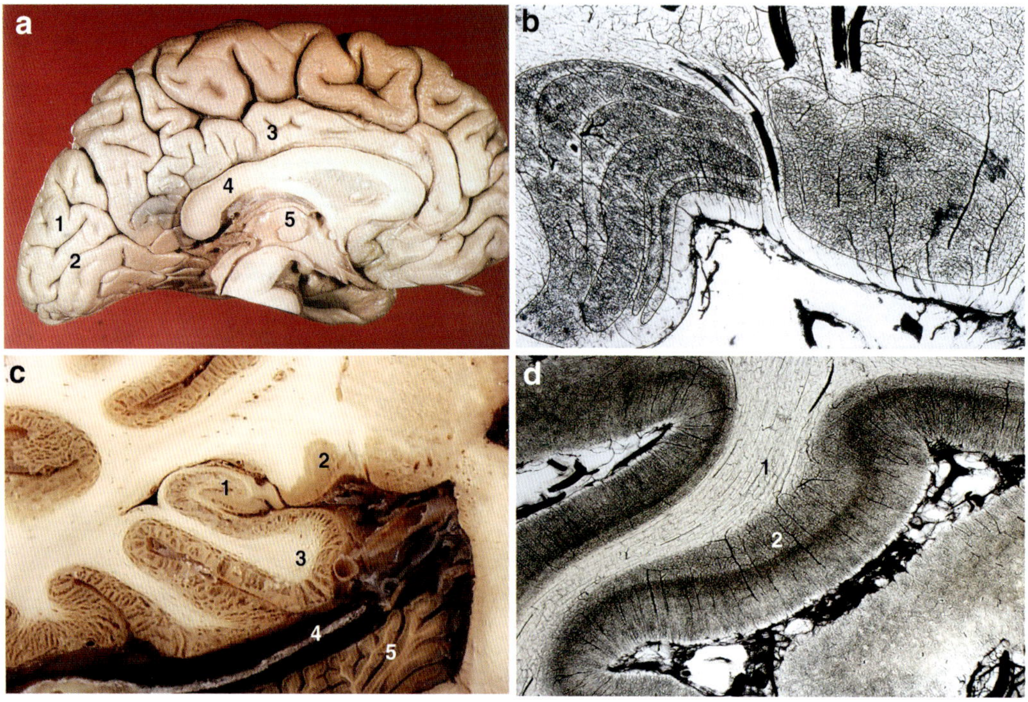

图 5.1 视觉皮质和外侧膝状体核团（LGN）。（**a**）大脑半球的内侧切面：1. 枕叶的楔状叶；2. 距状裂 3. 扣带回；4. 胼胝体；5. 第三脑室。（**b**）血管显微注射图（H. Duvernoy）：NGL 的六层结构（每一侧视网膜三个）。（**c**）颞叶冠状切面的后面观：1. 海马；2. LGN；3. 海马旁回；4. 小脑幕；5. 小脑。（**d**）原始视觉皮质血管显微注射图（H. Duvernoy）：1. 白质；2. Gennari stria 灰质

5.2 对理解起重要作用的三个具体特征

5.2.1 对广阔视觉空间的探索

两个眼球沿着两个主要的轴移动就可以获得广阔视觉空间，这两个轴是垂直轴和水平轴。为了理解上述特征，要先介绍这两对直肌：上/下直肌负责视觉探索的垂直轴，内/外直肌负责视觉探索的水平轴。立体视觉需要两个眼球精确的功能耦合，这就要求眼球要完美地绕着旋转中心旋转[1-3]。然而，各直肌收缩时，会产生一个向后的牵引力（图 5.2）。

为了应对原始牵引力，第一个想法就是置眼球于纤维囊，即 Tenon's 囊中限制其自由度，同时设置眼球鞘作为滑动空间。这一结构向后延续穿经巩膜和视神经鞘，继续向前进入巩膜外层。在两侧，该纤维囊通过纤维小束固定于眼眶的侧壁。

这种被动的限制必须伴随着拮抗力来主动补偿。这就证明了上斜肌存在的必要性，该肌肉通过眼眶内上角的纤维性滑车来反折（图 5.3 和 5.4）。从滑车处起，上斜肌筋膜穿经上直肌的下方在眼球的上表面扇形展开。上斜肌的收缩将眼球向前推，抵消了直肌产生的向后的牵引力。这种巧妙的解剖学解决方案似乎可以解释上斜肌为什么有单独的神经支配，即滑车神经（Ⅳ）。这也是唯一在靠近上丘的背侧发出

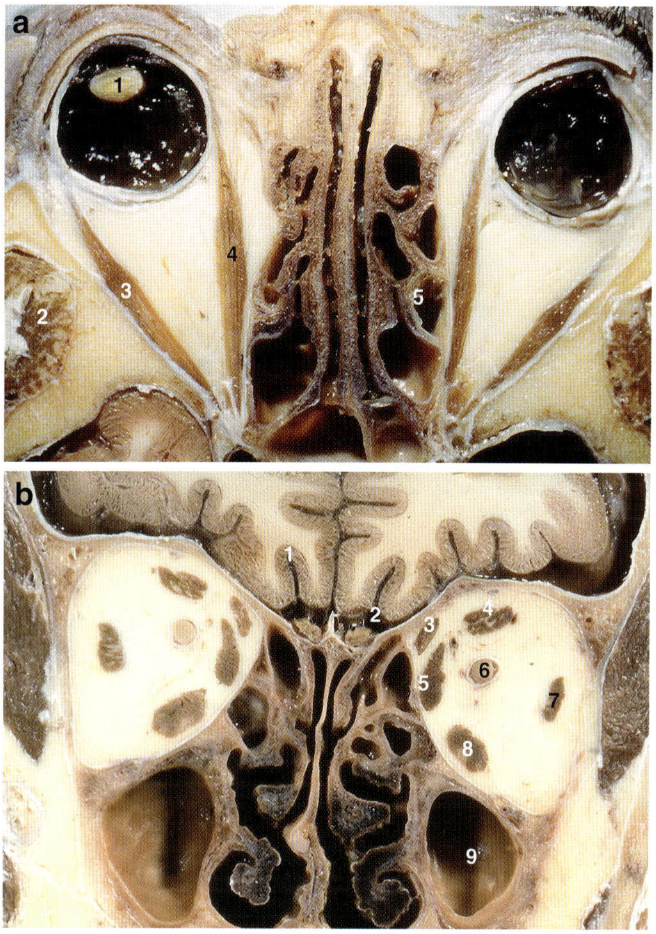

图 5.2　眼眶的解剖切面。(**a**) 轴切面：1. 晶状体（验尸体位）；2. 颞肌；3. 外直肌；4. 内直肌；5. 筛房。(**b**) 冠状切面：1. 额叶的眶部；2. 嗅沟里的嗅束；3. 上斜肌；4. 上直肌和上睑提肌；5. 内直肌；6. 视束；7. 下直肌；8. 外直肌；9. 上颌窦

的脑神经，上丘是视觉影像和眼球外肌运动投射纤维必经的结合区中枢[4-5]。

因此，眼球的动态稳定通过七块肌肉（包括上睑提肌）力量的动态平衡来实现：四块直肌和两块上下斜肌。它们使眼睛向各个方向辐合运动：

- 垂直向上和向下：上视和下视；
- 水平向右和向左：外展和内收；
- 斜视：内旋和外旋。

此外，双眼外侧去辐合运动加之中央凹的位置固定，鼻前方固定的点向前和向后移动时，双眼球可以会聚和发散。任何的神经或肌肉的麻痹都可以引起视力失调和不同程度的复视。

5.2.2　眼球运动的中枢控制

最重要的一点是影像对眼球运动的协调起反馈作用。实际上，视路存在两条截然不同的通路：第一条是视网膜-外侧膝状体-纹状体通路，终止于枕叶视觉皮质，第二条是视网膜-上丘-皮质通路，它起源于视网膜 Y 神经节细胞，与上丘Ⅴ和Ⅵ层以及中脑顶盖的视觉运动结合区有联系。同时它也接受来源于中央前回运动区前方的额叶运动前区皮质的联络纤维，中心区的中央凹与尾状核密切联系。

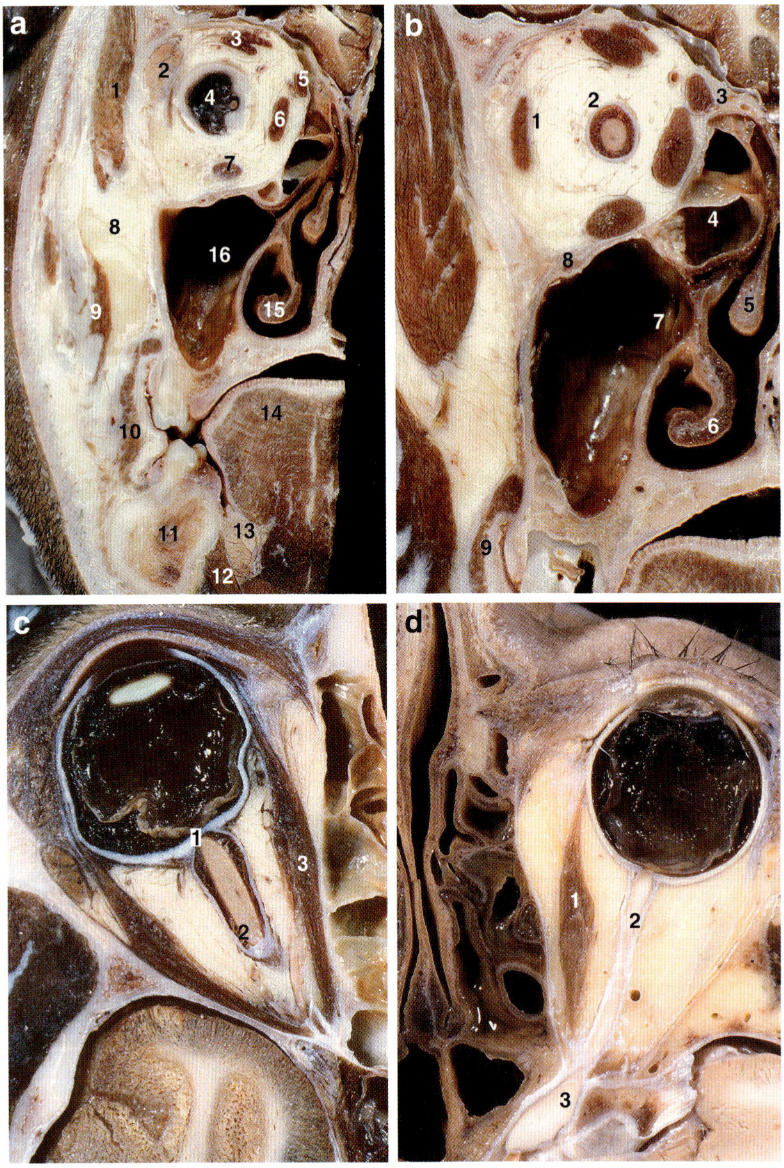

图 5.3 眼眶的冠状和轴切面。(**a**) 右侧脸部眼球后水平冠状切面：1. 颞肌前部；2. 泪腺；3. 上睑提肌和上直肌；4. 眼球后部和视乳头；5. 上斜肌；6. 内直肌；7. 下直肌；8. 颞肌筋膜前部脂肪垫（Bichat)；9. 咀嚼肌；10. 颊肌；11. 下颌管；12. 下颌舌骨肌；13. 舌下腺；14. 舌；15. 下鼻甲；16. 上颌窦。(**b**) 眼球正中部的冠状切面：1. 外直肌；2. 青年尸体可见视束及硬膜鞘，这证实了视网膜不是脑神经，它起源于间脑皮质，是视觉通路的外表化（视脑)；3. 后组筛窦（神经和血管)；4. 筛房；5. 中鼻甲；6. 下鼻甲；7. 上颌窦开口；8. 眶下管（三叉神经第二分支和血管)；9. 颊肌。(**c**) 青年尸体左侧轴切面：1. 视乳头；2. 视神经及其硬膜腔和中央眼动脉；3. 内直肌及支配神经。(**d**) 老年尸体右侧轴切面：1. 内直肌；2. 没有硬膜腔的视神经；3. 视神经管

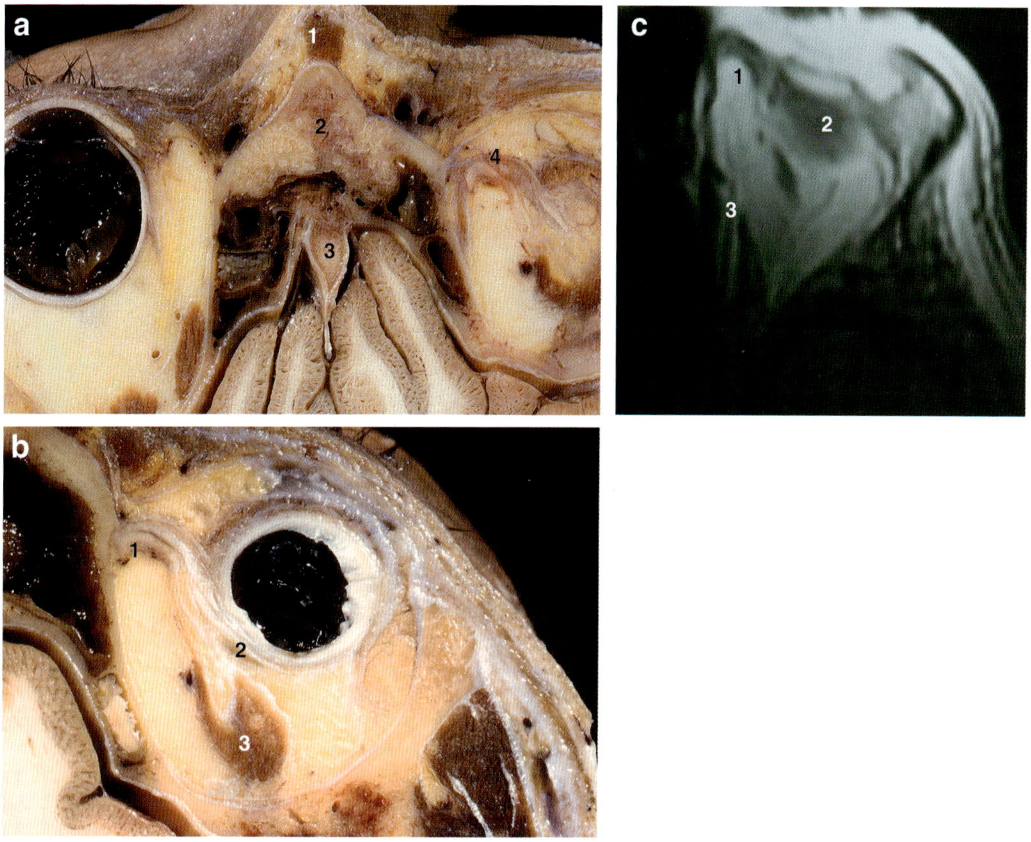

图 5.4　上斜肌。(**a**) 眼眶轴切面：1. 降眉间肌；2. 额鼻嵴；3. 鸡冠（筛骨和大脑镰的嵌入物）；4. 上斜肌筋膜反折滑车（滑车）。(**b**) 右眼眶轴切面：1. 滑车；2. 眼球内后部的筋膜；3. 上斜肌。(**c**) 右眼眶轴切面 MRI：1. 滑车；2. 眼球后走行筋膜；3. 上斜肌

顶盖脊髓通路双侧起源于上丘和中脑顶盖的动眼神经核（Ⅲ）和展神经核（Ⅵ)，然后下行至颈髓支配头部的回旋肌（胸锁乳突肌、颊肌和万向肌）。该通路是眼/头自动调整的主要激活系统，调整眼睛和头随着移动物体一起移动，这些内容在颈髓章节已经描述过。

这也可能解释眼球扫视运动，即眼球的快速归位（主要是垂直方向，但也有外侧）[6]。眼球的扫视运动在受试者注视眼前经过的风景时可以观察到（比如在火车里）。

眼球扫视运动属于无意识的察觉，它以功能性的眼球震颤的方式被记录，与前庭核和小脑内侧部（顶核）的功能失调有关系。

这一构造的操纵者显然会忽视所有的技术细节，但他们能够有意识和自觉地运用我们在前面讨论过的视网膜中央凹固定的特征。选择注视环境中特定的区域似乎是简单的决定，但这是我们诸如阅读和写作等众多生活任务的技术基础。与中央凹固定有关的运动前区中心也可以解释卒中和偏瘫患者经典的头和眼的共轭偏差。

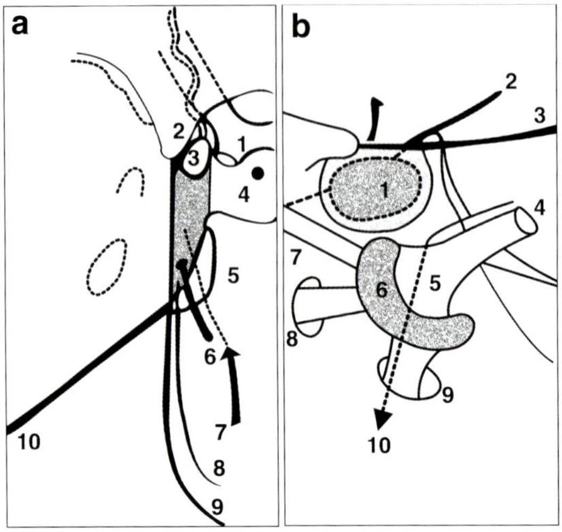

图 5.5 海绵窦区和三叉神经腔示意图。(**a**) 上面观：1. 视交叉；2. 前床突；3. 颈内动脉颅内段；4. 垂体；5. 鞍背和后床突硬膜向内侧移行 3mm 形成海绵窦的顶；6. 动眼神经（Ⅲ）；7. 展神经（Ⅵ）穿过岩尖区的 Dorello 管；8. 滑车神经（Ⅳ）沿着天幕的上缘；9. 天幕固定于岩骨上缘；10. 天幕切迹。(**b**) 海绵窦区和三叉神经腔侧面观：1. 蝶鞍及垂体；2. 动眼神经（Ⅲ）；3. 固定于前床突的天幕上缘；4. 三叉神经感觉根（Ⅴ）；5. 三角丛；6. 三叉神经节（Gasser）；7. 穿经眶上裂的眼神经（Ⅴ1）；8. 穿经圆孔的上颌神经（Ⅴ2）；9. 穿经卵圆孔的下颌神经（Ⅴ3）；10. 三叉神经运动根（咀嚼神经）与Ⅴ3 伴行

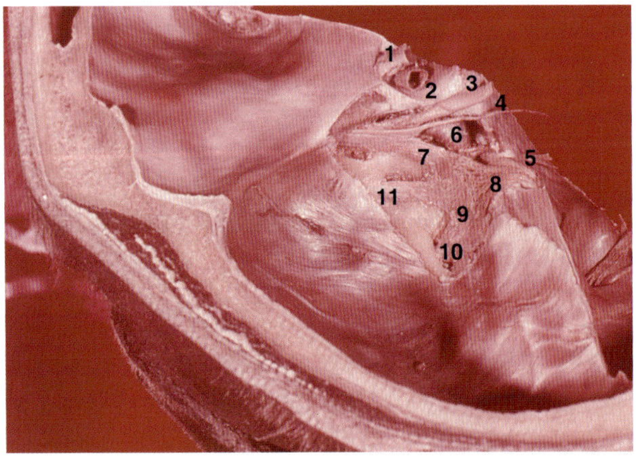

图 5.6 动眼神经和左侧的三叉神经。颅中窝三叉神经腔（切开硬膜）的解剖：1. 视神经；2. 颈内动脉；3. 动眼神经（Ⅲ）；4. 滑车神经（Ⅳ）；5. 展神经（Ⅵ）；6. Parkinson 三角和颈内动脉；7. 眼神经（Ⅴ1）；8. 三叉神经感觉根（Ⅴ）；9. 三角丛和三叉神经节；10. 下颌神经（Ⅴ3）和运动根（咀嚼神经）；11. 上颌神经（Ⅴ2）

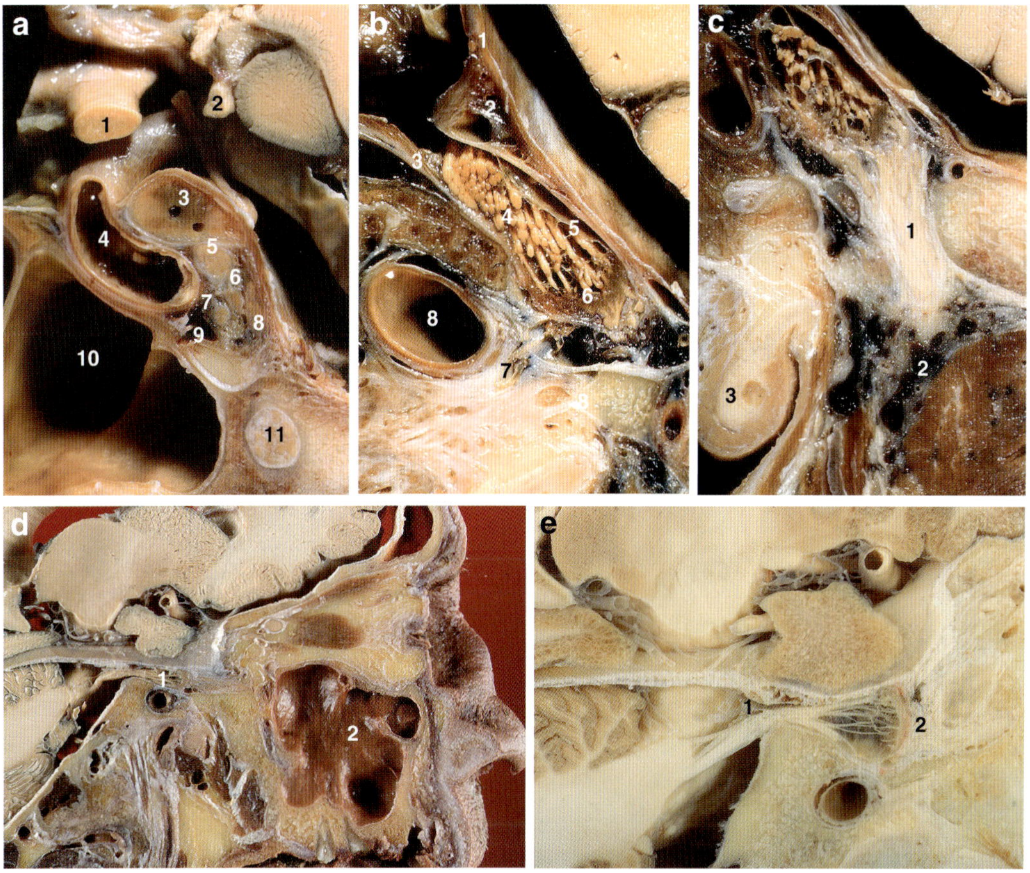

图 5.7　动眼神经和三叉神经。(**a**) 左侧海绵窦前部冠切前面观：1. 视神经和视交叉；2. 嗅束；3. 前床突；4. 颈内动脉前环；5. 动眼神经（Ⅲ）；6. 滑车神经（Ⅳ）；7. 展神经（Ⅵ）；8. 眼神经（V1）；9. 海绵窦前部；10. 蝶窦；11. 上颌神经（V2）。(**b**) 海绵窦后部冠切面：1. 小脑幕上缘滑车神经沟；2. 岩下窦；3. 三叉神经运动根；4. 三角丛感觉纤维；5. 蛛网膜；6. 腔底部三叉神经节；7. 岩前大神经（来源于Ⅶ的副交感神经）；8. 颈内动脉岩骨段。(**c**) 卵圆孔冠切面：1. 下颌神经（V3）；2. 翼静脉丛；3. 咽鼓管咽口。(**d**) 右半侧脸旁矢状面：1. 三叉神经腔和颈内动脉；2. 上颌窦。(**e**) 矢状切面：1. 三叉神经；2. 三叉神经节和三角丛伴有萎缩的神经纤维（老年人）

5.2.3　眼相关的脑神经

我们注意到所有的支配眼外肌的神经都是单纯的运动神经，如动眼神经（Ⅲ）支配上、下、外直肌和下斜肌，展神经（Ⅵ）支配外直肌以及滑车神经（Ⅳ）支配上斜肌。但是每块肌肉的肌束上存在由三叉神经第一支（V1）支配的本体感受器[7-9]（图 5.5）。三叉神经第一支在海绵窦的外侧壁加入到眼运动神经中（图 5.6 和 5.7）。这些本体感受器的传出神经不存在于三叉神经节中，而是直接进入脑干三叉神经核中。这就是为什么所有含三部分结构（延髓、脑桥和中脑）的脑神经核中，三叉神经核是最长核团的原因。三叉神经（舌支）与单纯运动舌下神经（Ⅻ）存在同样的接合过程。

结论

这一复杂构造的设计者没有提供使用说明，但是我们能够揭秘神奇眼球运动背后的逻辑结构以及指令性的中枢与周围神经的连接，这将有助于我们理解它们为什么是这种结构以及如何运作，上述这些正是我们最初定义的理解性方法的目标。

参考文献

1. Büttner-Ennever JA (1988) Neuroanatomy of the oculomotor system. Elsevier, Amsterdam
2. Gunny R, Yousry TA (2007) Imaging anatomy of the vestibular and visual system. Curr Opin Neurol 20 (1):3–11
3. Krauzlis RJ (2005) The control of voluntary eye movements: new perspectives. Neuroscientists 11 (2):124–137
4. Leigh RJ, Zee DS (2006) The neurology of eye movements, 4th edn. Oxford University Press, New York
5. Rub U, Jen JC, Braak H et al (2008) Functional neuroanatomy of the human premotor oculomotor brain stem nuclei: insights from post-mortem and advanced in vivo imaging studies. J Comp Neurol 187 (2):167–180
6. Sparks DL (2002) The brain stem control of saccadic eye movements. Nat Rev Neursci 3(12):952–964
7. Winckler G (1956) L'innervation proprioceptive des muscles extrinsèques du globe oculaire chez l'Homme. CR 43e RéunionAss Anat, Lisbonne, pp 848–857
8. Eberhorn AC, Horn AK, Fischer P et al (2005) Proprioception and palisade endings in extraocular eye muscles. Ann NY Acad Sci 1039:1–5
9. Samii M, Janetta PJ (eds) (1981) The cranial nerves. Springer, New York

第 6 章　面部表情

（陆夏　梁建涛　译，刘晓东　李茗初　校）

摘要

有些横纹肌位于面部软组织结构的皮肤之内，它们负责眶部双睑和嘴的一些特定运动，由面神经（Ⅶ）启动，但由皮肤协调，皮肤受三叉神经（Ⅴ）支配。有个技术问题：眶壁如何与角膜营养系统相连？因为角膜必须是绝对透明的，因此，不能连接血管网。这解释了角膜两个滋养液体空间的必要性：一个在内，营养来自由前房被分泌和吸收的房水；另一个在外，与空气接触。如此安排要求泪道系统的组织必须精确而有效，该系统通过周期性眼轮匝肌收缩来活动眼睑（瞬目）以在角膜表面保持一层必不可少的液体膜，并连续不断地排泄鼻窝内泪腺产生的泪液。Riolan 肌和 Horner 肌解剖的特殊之处恰恰回答了上述技术问题。嘴的双唇被复杂的"星状"肌肉环绕，使其能向不同方向活动，以做出表情和发出声音。面神经在脑干的核团分为两部分，分别对应这两方面功能，这解释了面瘫可能为完全性的或不完全性的。

6.1 引言

在面部皮肤的深层有一些横纹肌，被称为"皮肤肌"或"匝肌"，它们的活动集中存在于三个孔周围：两眼一嘴。

重要的一点，面部肌肉没有肌梭，也没有本体感觉小体，因为它们嵌于皮肤内，敏感的皮肤感觉提供它们功能协作需要的信息，而皮肤觉由三叉神经（Ⅴ）接收。牙科医师采用的神经干麻醉通过改变面部感觉的敏感度，使患者产生麻痹的错觉。还好，这种麻木只是面部表情丧失产生的一过性印象。

这也解释了为什么起自第二内腮弓、成分混合的面神经（Ⅶ），分出支配茎突舌骨肌和二腹肌后腹的分支到达面部后，成为单纯运动神经（图 6.1，6.2 和 6.3）。我们必须为那些通过吻合舌下神经（Ⅻ，纯运动神经）成功让面瘫患者再现表情的外科医生强调这一点[1-7]。结构相同（纯运动或纯感觉）神经之间缝合总是能获得更好的临床结果。

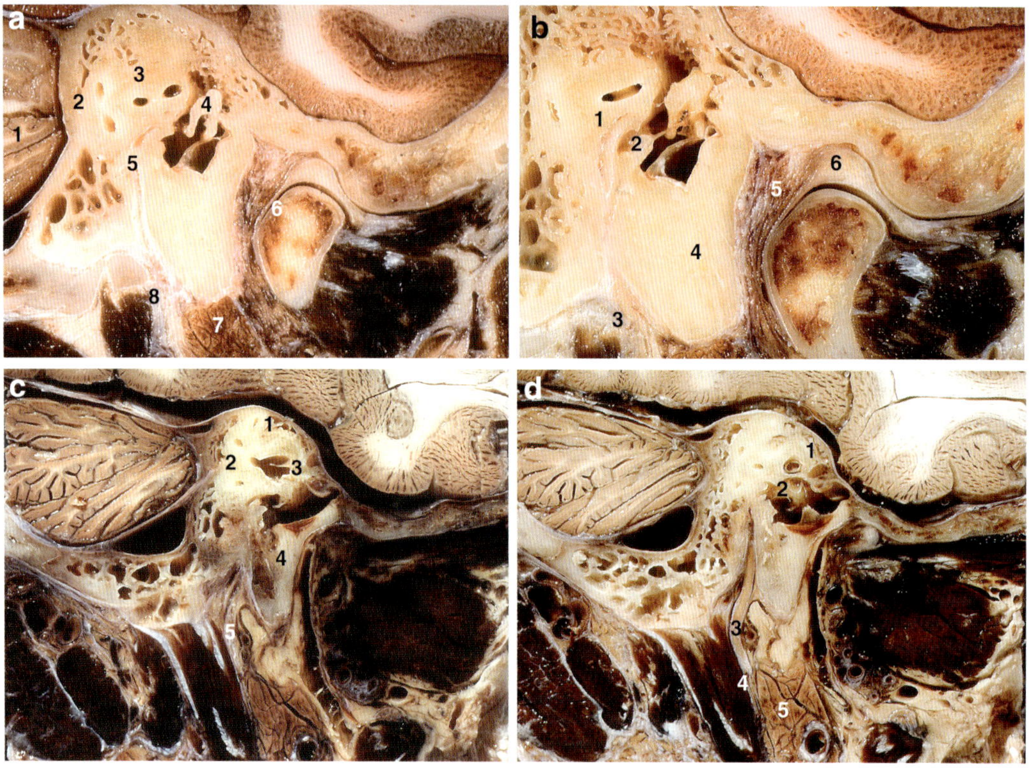

图 6.1 面神经颞外段（Ⅶ）。(**a**) 右耳矢状切面外面观：1. 小脑；2. 后半规管；3. 外半规管；4. 砧骨-锤骨关节；5. 面神经管降部；6. 颞颌关节；7. 腮腺；8. 出现在茎乳孔的面神经。(**b**) 前一个切面往内：1. 外半规管下的面神经；2. 锤骨和蹬骨之间的鼓索；3. 面神经和茎乳动脉；4. 乳突；5. 髁后纤维静脉垫；6. 颞颌关节的半月板。(**c**) 椭圆囊水平矢状切面：1. 上半规管；2. 后半规管；3. 椭圆囊；4. 鼓骨（内道嵴）；5. 二腹肌后腹神经。(**d**) 前一个切面往内 3mm：1. 膝状神经节；2. 蹬骨；3. 正进入腮腺的面神经；4. 二腹肌后腹；5. 腮腺

6.2 面部眶上壁

面部眶上壁构造的第一个主要技术问题来自角膜。角膜既是眼睛的窗口，也因其有两个曲率半径，而成为这个光学系统的第一个屈光器。角膜必须是完美无瑕且绝对透明的，以保证所获取图像的质量，这就不允许其营养系统里存在能显著干扰视觉的血管网。

6.2.1 角膜的层次

角膜由表及里分为以下几个层次：

- 复层鳞状上皮，又分为三个细胞层：浅层、中间层和基底层；
- 来自三叉神经眼支（V1）的神经丛，固定于 Bowman's 前界膜（前弹力层）上；
- 富含黏多糖的结缔组织基质，角膜基质细胞位于其中；

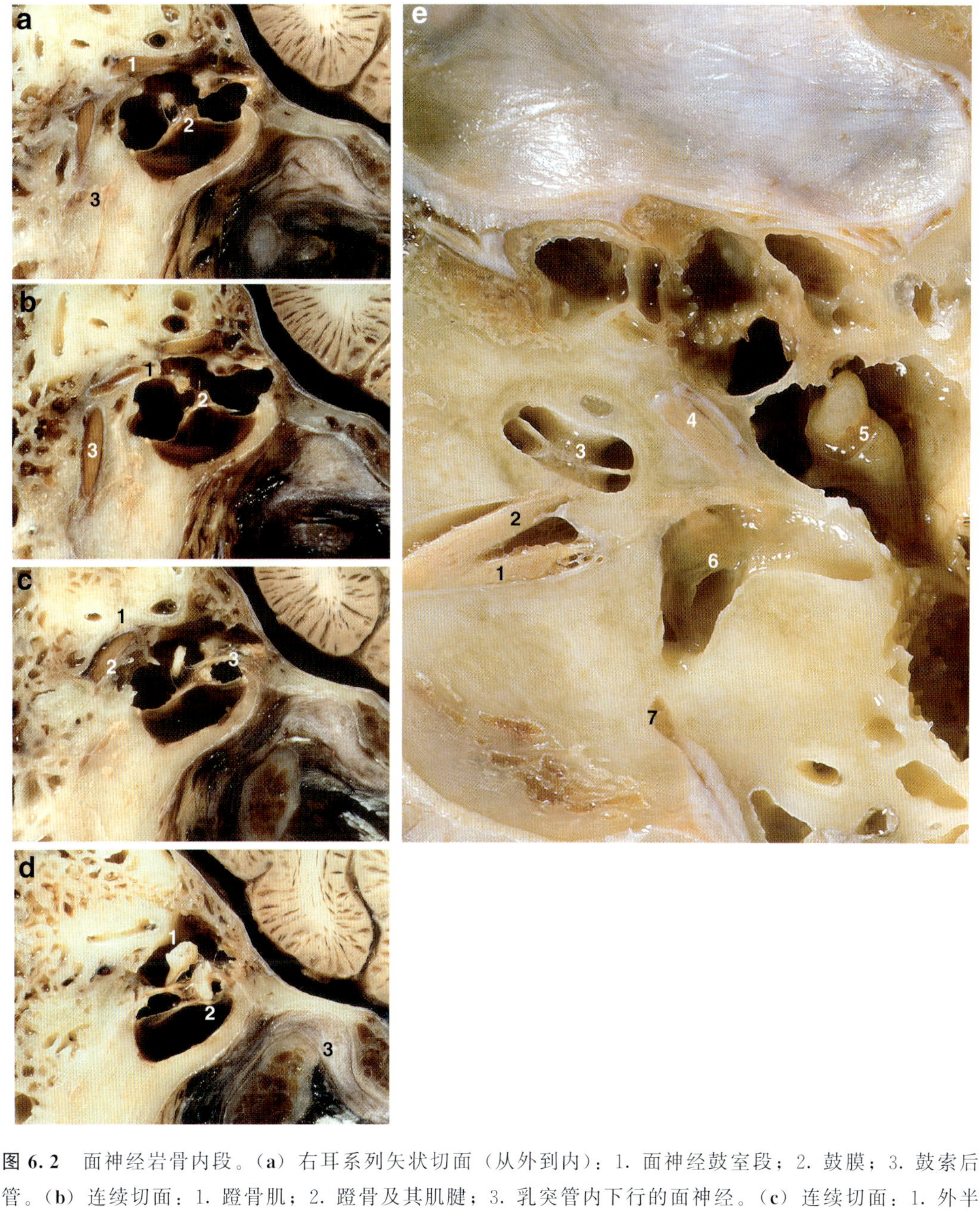

图 6.2　面神经岩骨内段。(**a**) 右耳系列矢状切面（从外到内）：1. 面神经鼓室段；2. 鼓膜；3. 鼓索后管。(**b**) 连续切面：1. 蹬骨肌；2. 蹬骨及其肌腱；3. 乳突管内下行的面神经。(**c**) 连续切面：1. 外半规管；2. 面神经转弯处；3. 鼓索。(**d**) 连续切面：1. 外半规管；2. 锤骨前突；3. 颞颌关节半月板。(**e**) 右耳轴向切面上面观：1. 前庭神经；2. 蜗神经；3. 耳蜗；4. 面神经鼓室段；5. 砧骨-锤骨关节；6. 耳蜗和椭圆囊斑；7. 内淋巴管及其壶腹

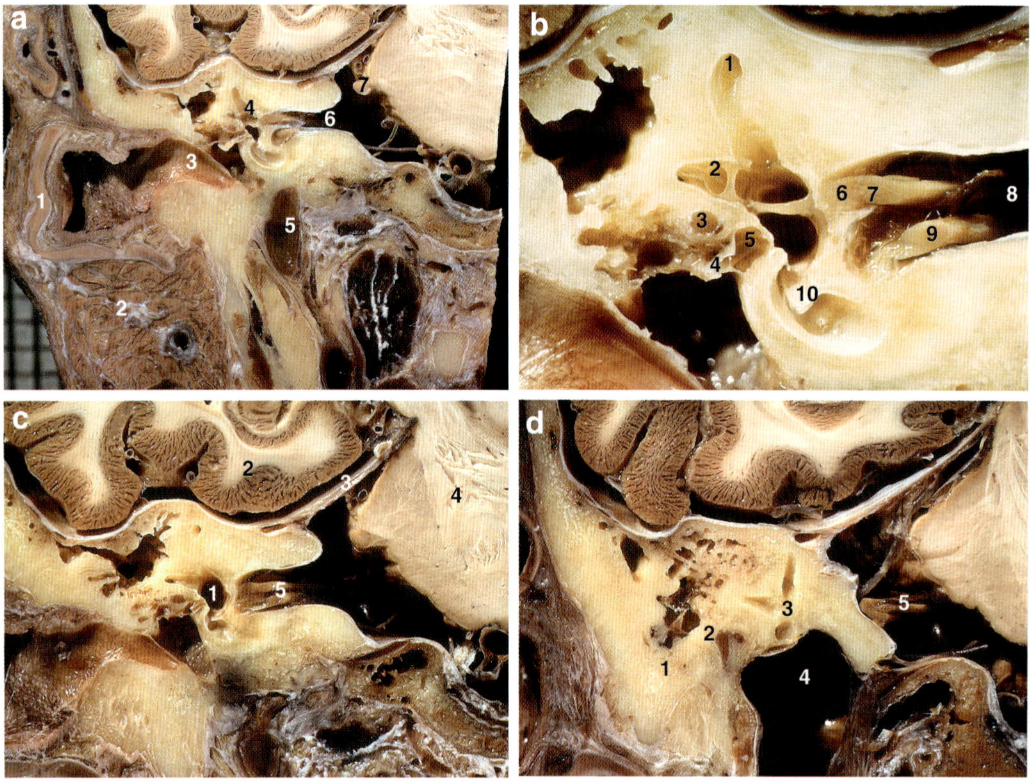

图 6.3 系列右耳冠状切面前面观。(**a**) 注意外耳道顶部和内耳道底部在同一水平：1. 外耳道软骨；2. 腮腺；3. 外耳道后部，包括鼓膜；4. 耳蜗-前庭复合体；5. 颈内动脉；6. 内耳道；7. 三叉神经（Ⅴ）。(**b**) 耳蜗-前庭复合体细节：1. 上半规管；2. 外半规管的壶腹；3. 面神经；4. 蹬骨后支；5. 卵圆窗，包括蹬骨板；6. 前庭神经（Ⅷ）；7. 面神经；8. 迷路动脉；9. 蜗神经；10. 耳蜗第一圈的螺旋板。(**c**) 后部切面：1. 前庭，包括外、上半规管；2. 大脑颞叶；3. 小脑幕；4. 脑桥；5. Ⅶ和Ⅷ脑神经。(**d**) 后部切面：1. 乳突；2. 下行管内的面神经；3. 外、上半规管的后部；4. 颈静脉球；5. 位于前庭蜗神经（Ⅷ）所形成凹槽内的面神经

- Descemet's 后界膜（后弹力层）；
- 最后是一层步道样内皮。

在边缘，角膜直接与巩膜和球结膜接续。其厚度各异，量级约为 1mm 或更厚。

6.2.2 角膜营养供给

技术上说，通过维持两侧空间的营养性液体来保证营养供给，对于这样一个没有血管的膜是很有必要的：

- 在内侧是空间很大的前房，它位于晶状体和虹膜前方，其中为房水。

房水是一种类似脑脊液的透明液体，由睫状体的睫状突持续分泌，被巩膜的静脉窦持续吸收。巩膜有一个细管道，叫 Schlemm's 管，位于虹膜巩膜角。压迫这个角或缩窄 Schlemm's 管导致液体吸收障碍，可产生青光眼，即不可扩张的眼球内压力升高的现象。青光眼在大脑内导致液压失调，在视网膜导致神经损伤，后者是成人失明的一个主要原因。

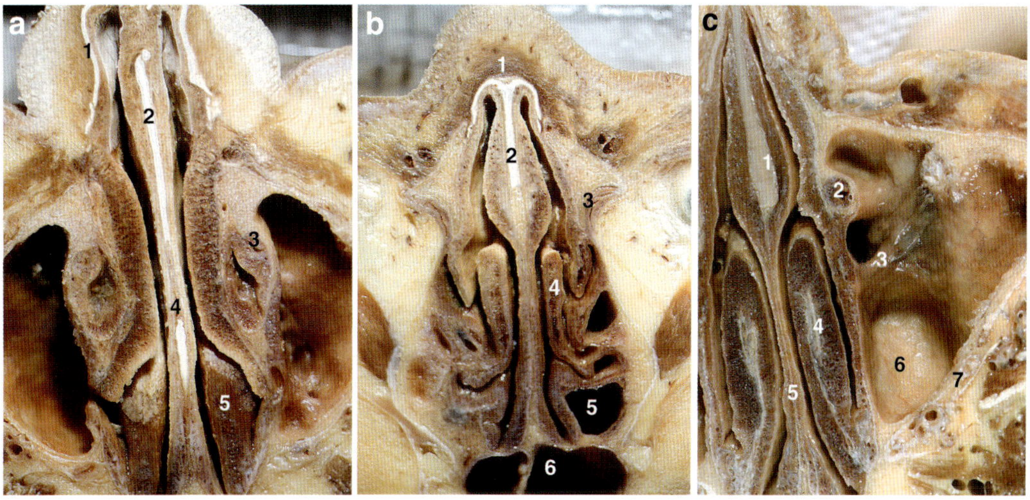

图 6.4　鼻窝系列切面下面观。(**a**) 下部切面：1. 外侧软骨；2. 鼻中隔软骨；3. 鼻泪管；4. 鼻中隔嗅部；5. 中鼻甲。(**b**) 下部切面：1. 鼻肌；2. T 形软骨（外侧软骨和鼻中隔的联合）；3. 泪管；4. 中鼻甲上部；5. 后筛房；6. 蝶窦。(**c**) 另一标本的中部切面：1. 中隔鼻甲（Sulsenti 骨）；2. 鼻泪管；3. 眶下管标志；4. 中鼻甲；5. 鼻中隔嗅觉薄黏膜；6. 上颌窦顶壁；7. 翼腭动脉和副交感神经

- 在外侧，因为负责观看外面世界角膜暴露于空气中，所以溶液成分更复杂。同样的原因，使角膜在表面维持一层不影响视野的液体膜很有必要。这由非凡的泪液系统完成，当然，长期存活在水中的鱼类不存在这样的系统。

泪液系统包括位于眼眶上角的泪腺（其位置符合生理要求），以及流动在球结膜上穹窿的泪液。泪腺分泌为永久性，受翼腭神经节的节后副交感神经纤维控制，由面神经激活，经三叉神经的泪腺支传出信号，而三叉神经是在眼眶侧壁接收来自颧神经的植物性交通支（图 6.4 和 6.5）。

由此在球结膜和睑结膜之间创造了一个泪池，眼睛的窗帘——上、下眼睑将其中泪液按需周期性地在角膜前面铺开，眼睑通过睑韧带固定到眼眶内外侧，其中的纤维软骨结构称为睑板，眼睑作用不仅仅是遮光，而且是“挡风玻璃”的刷子。现代汽车挡风玻璃的几何形状都是对称曲面，刷子都装有弹簧，以保证刷布能完美地贴附于挡风玻璃表面。

同样，眼睑面临相似的问题。眼睑的运动系统是眼眶眼轮匝肌，一块大片的环状皮内肌，其眼眶部分布于眼眶周边，眼睑部在眼睑内。眼睑部能瞬间关闭眼睑，这是一个完全自动、对称的动作，每天会几乎无意识地重复许多次。该肌肉完全自主的收缩则能完整关闭眼裂。

仔细分析发现眼睑肌边缘存在一些很细的纤维，Riolan 将其分为睫毛前部和睫毛后部。这些肌纤维使眼睑肌能尽可能地贴近角膜，在其凸起的表面将泪膜铺开。这首先解释了颗粒性结膜炎患者泪膜的永久性裂开：病毒毁坏眼睑边缘，使泪池结构丧失；还解释了面神经麻痹患者的一个严重并发症：由于自动瞬目功能缺失而不能维持泪膜完整。这可能会产生营养性角

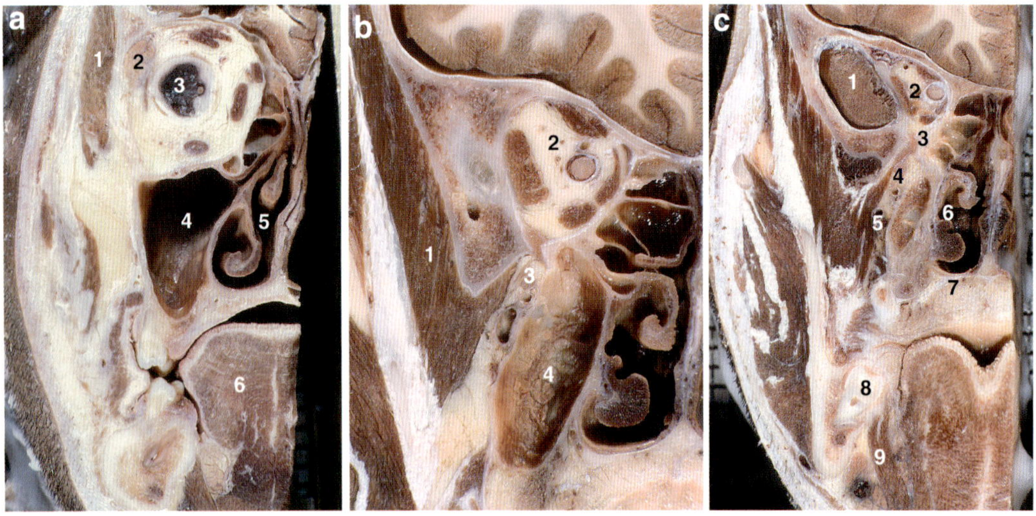

图 6.5 面神经（Ⅶ）翼腭副交感神经节（控制泪液和黏液分泌）。(**a**) 右半脸冠状切面前面观：1. 颞肌；2. 泪腺；3. 眼球后部；4. 上颌窦；5. 鼻窝；6. 舌。(**b**) 经上颌窦后部冠状切面：1. 颞肌；2. 动眼神经（Ⅲ）睫状副交感神经节（控制虹膜收缩）；3. 翼-上颌窝前部，有翼腭神经节和上颌动脉；4. 上颌窦后部。(**c**) 后部冠状切面：1. 大脑颞叶尖部；2. 眶尖；3. 眶下裂；4. 翼腭副交感神经节（Ⅶ的泪腺神经节）；5. 上颌动脉；6. 中鼻甲下的中鼻道；7. 上颚水平部；8. 黏膜内的 M3；9. 下颌舌骨肌

膜炎，导致角膜干燥、朦胧，最终失明。为避免这种情况，有时需要缝合上下眼睑（缝睑术）。

6.2.3 眼泪排泄

持续分泌的眼泪如何被排泄仍然是个问题。最为严谨而自然的解决方法是通过鼻窝排泄（图 6.6）。泪点是两个位于上下眼睑边缘内侧 2mm 的小洞，和泪池相通，标志着泪小管的开口。由此进入泪小管，经过一个拐弯和一条直道，到达泪囊。泪囊被泪沟（泪骨的结构）上的两条内侧睑韧带保护。泪囊在垂直向连通鼻泪管，再通到下鼻甲的下鼻道（图 6.7）。

这个系统的技术原理是眼轮匝肌的泪部（Horner 肌）对泪池产生了压力泵效果。这部分肌肉收缩——瞬目时和所有眼轮匝肌一起——挤压泪囊和泪小管，防止泪液在最后反流入泪小管，并在舒张期抽吸泪池泪液（图 6.8）。作为上述肌肉收缩的补充，由 Gerlach 发现的一些垂直纤维同时将泪囊顶部提起，从而增强压力泵效果。

这个精致的系统能够在一生数十亿次瞬目中一直保持工作，并且高度可靠。一些技术构造细节仍然是个争论，例如，为应对所有随机而成的结构，泪点这个关键的部位如何漂移才不会导致压力泵效应被削减，从而维护角膜和视觉。

同样令人惊叹的是，眨眼是双侧、同步、自动进行的，人和人的眨眼周期各不相同。因为各种原因，也可以单眼睑瞬目，但所有情况下完成这个动作都带有向另一个人传递信号的目的。自动动作和主动行为混合的现象很常见，呼吸就是一个很好的例子。

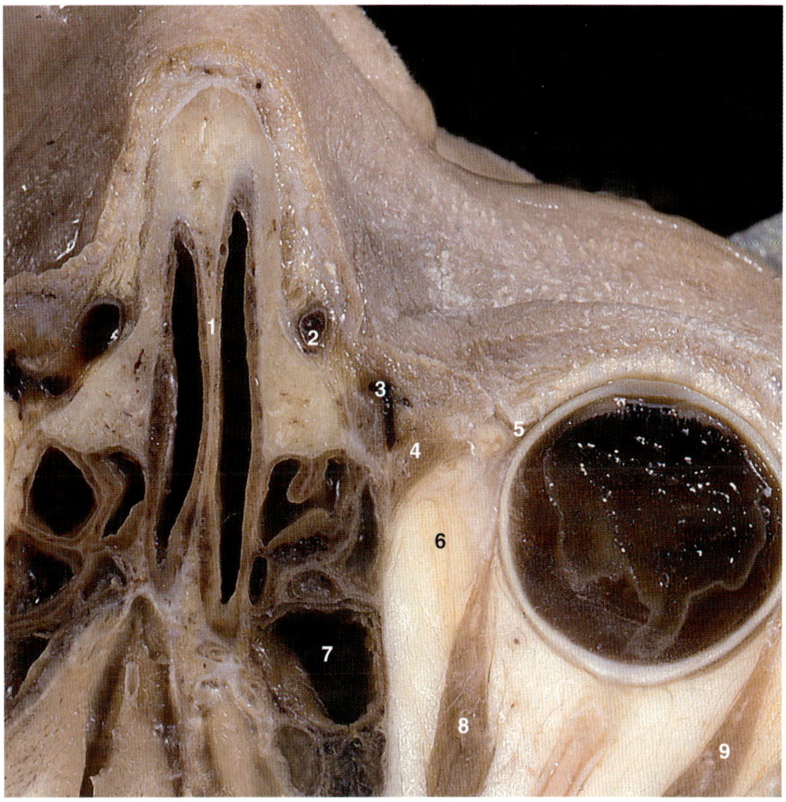

图 **6.6**　泪囊和 Horner 肌。1. 鼻中隔上的嗅黏膜；2. 面静脉；3. 泪囊；4. 眼轮匝肌泪部（Horner 肌），在瞬目时挤压泪囊，产生压力泵效果，抽吸结膜泪池内的泪液；5. 结膜袋底；6. 眶内脂肪组织；7. 后筛房；8. 内直肌；9. 外直肌

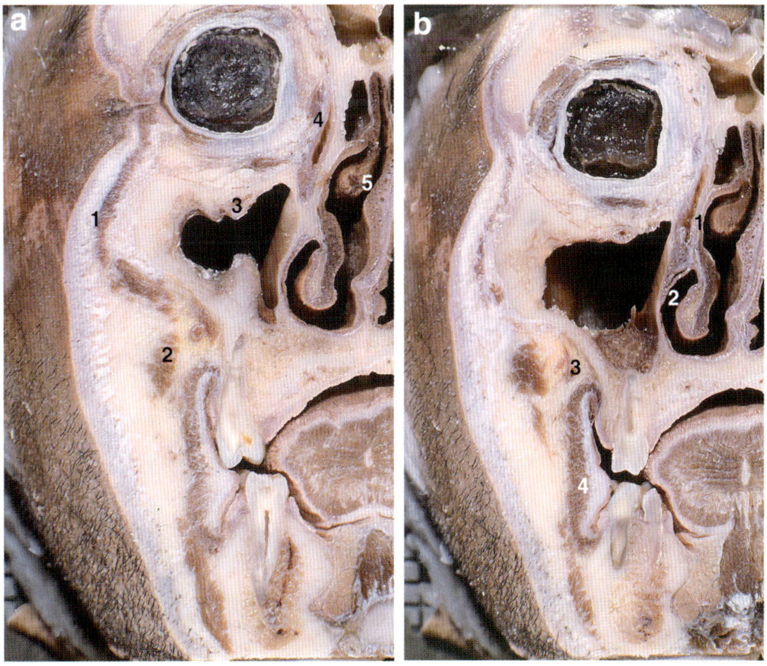

图 **6.7**　引流泪液的鼻泪管。（**a**）右半脸冠状切面前面观：1. 眼轮匝肌；2. 颧肌；3. 眶下动脉和神经（V2）；4. 鼻泪管和眼轮匝肌泪部（Horner 肌）；5. 中鼻甲。（**b**）后续切面：1. 鼻泪管；2. 下鼻甲下方的下鼻道，鼻泪管终止处；3. 面动脉；4. 颊肌

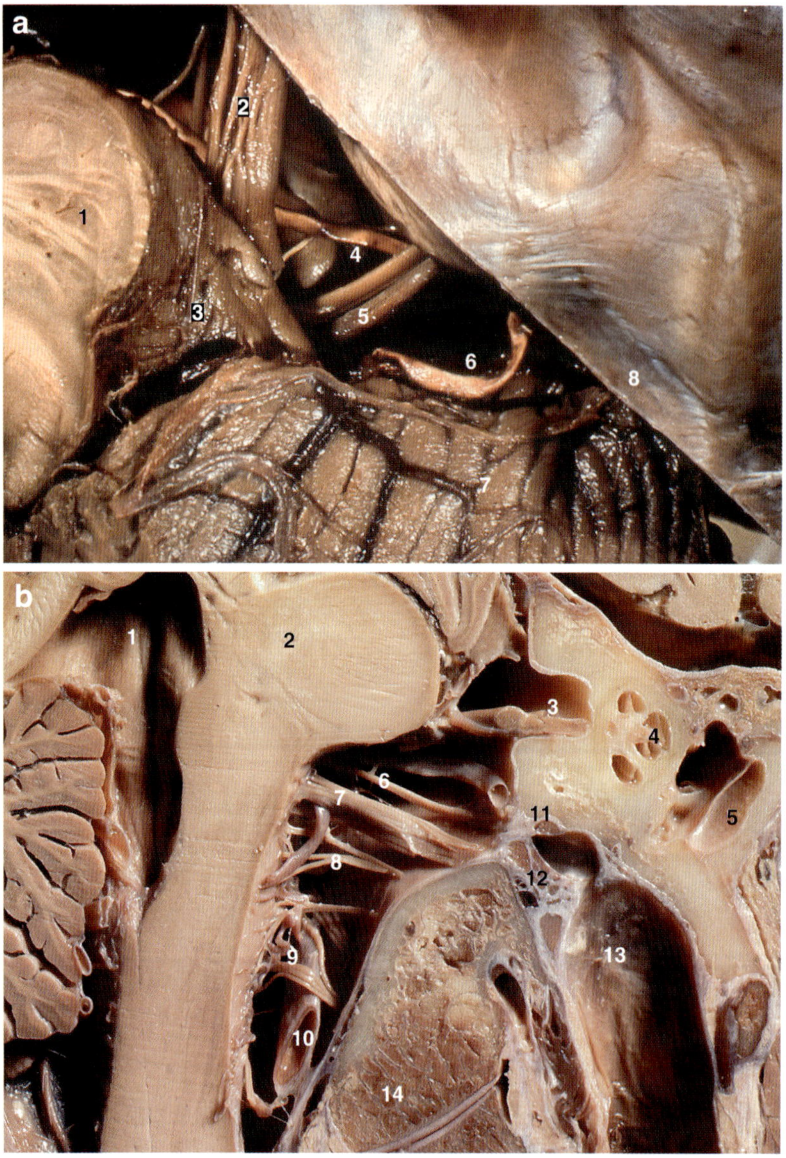

图 6.8 正进入颞骨的面神经。(**a**) 小脑-脑桥角矢状切面：1. 脑桥；2. 敏感的三叉神经（Ⅴ）根，运动根位于内侧；3. 小脑中脚；4. 面神经；5. 前庭-蜗神经（Ⅷ）；6. 小脑前下动脉（AICA）；7. 右小脑半球；8. 被横切的小脑幕。(**b**) 左耳斜旁矢状切面：1. 第四脑室；2. 脑桥；3. 内耳道，可见Ⅶ、Ⅷ；4. 耳蜗；5. 内耳道，可见部分鼓膜；6. 舌咽神经（Ⅸ）；7. 迷走神经（Ⅹ）；8. 副神经（Ⅺ）；9. 舌下神经（Ⅻ）；10. 椎动脉；11. Ⅸ的上神经节；12. Ⅹ的上、下神经节；13. 颈静脉；14. 枕髁（C0）

我们也可以理解为何面神经（Ⅶ）在脑干的中枢核团会有两个部分：上部，控制眼睑自动对称瞬目，是角膜维持生命力的基础；下部负责更有意识和主动的控制，还与嘴的复杂运动有关[8]。

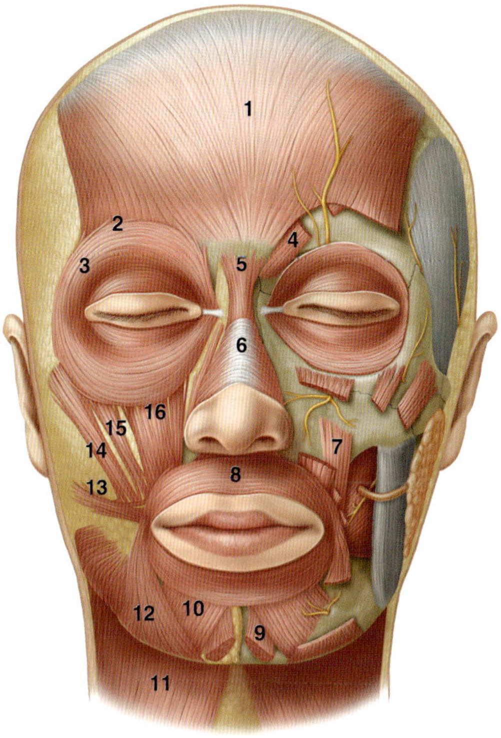

图 6.9　面部肌肉（Totrtora首先描述）。1. 枕额肌（额部）；2. 眼轮匝肌（眶部）；3. 眼轮匝肌（眼部）；4. 睫上皱眉肌；5. 降眉间肌；6. 鼻肌；7. 提嘴角肌；8. 口轮匝肌；9. 髁肌；10. 压下唇肌；11. 颈阔肌；12. 压嘴角肌（三角肌）；13. 笑肌；14. 颧大肌；15. 颧小肌；16. 提上唇鼻翼肌

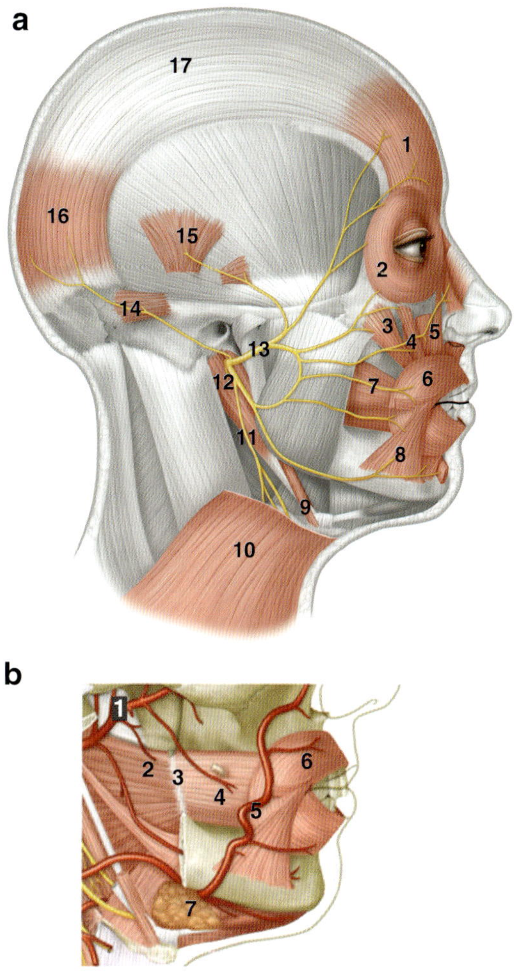

图 6.10　面部软组织侧视图。(a) 侧视：1. 枕额肌；2. 眼轮匝肌；3. 颧大肌；4. 颧小肌；5. 提上唇肌；6. 口轮匝肌；7. 颊肌；8. 压嘴角肌；9. 茎突肌；10. 颈阔肌；11. 二腹肌后腹；12. 面神经（Ⅶ）；13. 面神经，面颞支；14. 耳后肌；15. 耳上肌；16. 枕额肌（枕部）；17. 帽状腱膜（枕部）。(b) 切除咬肌后的面下部：1. 上颌动脉；2. 上缩肌；3. 翼腭缝；4. 颊肌；5. 面动脉；6. 口轮匝肌；7. 颌下腺

6.3　面部口腔下壁

作为口腔的入口，嘴以上下两片唇为边界，不同人的两唇厚薄、长短不等，在一水平面相接触。口轮匝肌在嘴唇深部，为包绕口腔的环形厚肌纤维，口轮匝肌浅层还有其他面肌（图6.9和6.10）：

- 这些更浅层的面肌呈山荛状（myrtiform）分布，位于鼻中隔下部之上和中间；
- 从颧骨连到上唇的颧小肌；
- 固定于颧骨顶、连到嘴角底的颧大肌；
- 从咬肌筋膜横行至唇连合的笑肌；
- 从上颌犬牙窝到唇连合的犬牙肌；
- 上唇的浅、深舒展肌；
- 从下颌到唇连合的三角肌；
- 从下颌到下唇的下巴方肌或唇下方肌。

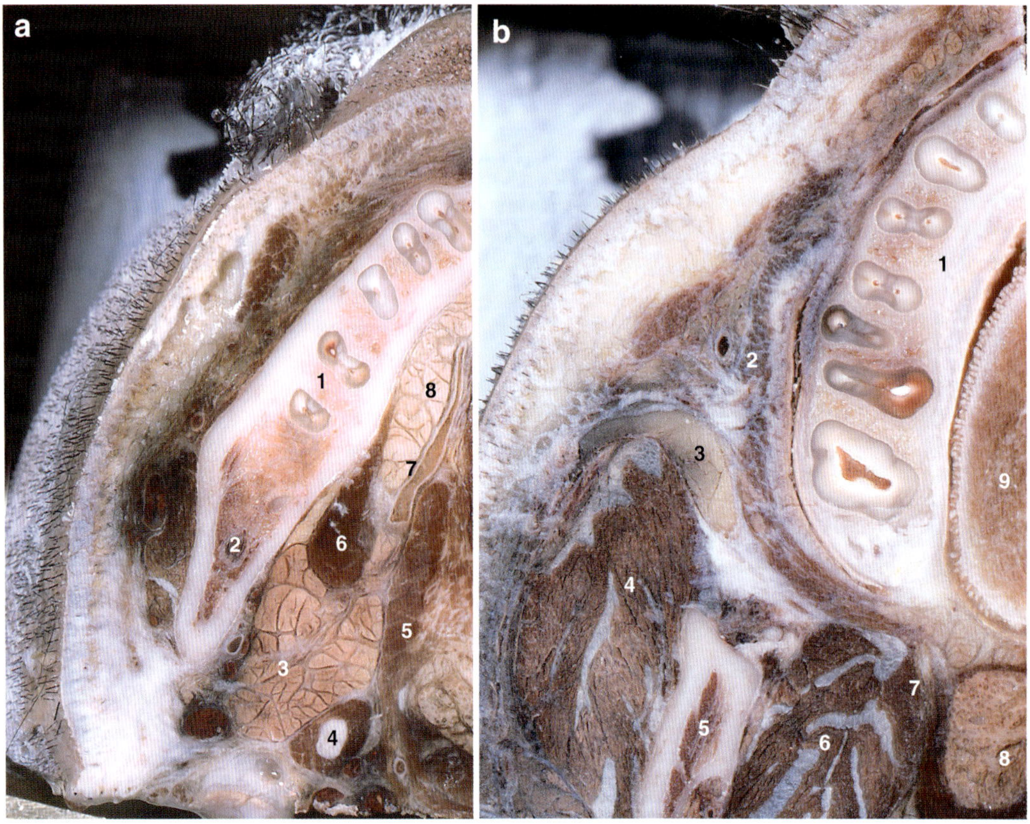

图 6.11 （年轻人）左面部轴向切面上面观。(**a**) 经上下颌体切面：1. 牙槽部；2. 下牙根管；3. 下颌腺；4. 二腹肌；5. 舌下肌；6. 下颌舌骨肌；7. 起自下颌腺的 Wharton 管；8. 舌下腺。(**b**) 经上颌体切面：1. 上牙槽弓；2. 颊肌；3. 脂肪垫（Bichat 垫）；4. 咬肌；5. 下颌支；6. 内翼状肌；7. 颊-咽缝；8. 腭扁桃体；9. 舌的上部

可见，口轮匝肌被指向各个方向的肌肉包围，使嘴形能千变万化，产生对内在情绪（愉快、伤心、怀疑、气愤……）高度敏感的多种表情变化，以及亲吻时真正的唇-唇吻合（语源上的嘴对嘴）[9]。但这种主动形变的主要作用是语言发音，我们将在后面章节介绍。

此外，颊肌也固定到嘴角，在咽缩肌后方的翼下颌缝起始。颊肌形成了颊部的肌肉衬里，可以挤出口腔内的空气，这是人能够吹奏乐器的基础（图 6.11）。

最后，面神经（Ⅶ）麻痹（面瘫）可能不完全或完全地影响眶壁，表现为眼睑或轻或重的不能完全闭合，产生营养性角膜炎的风险，和（或）影响口腔壁，表现为瘫侧唇连合变低，产生明显的面容改变[10-12]。多数治疗方法的效果让人失望，因为肌肉的完全性萎缩不能逆转。但一种称为受寒性麻痹的面瘫，发病机制是岩-乳突管段面神经干可逆性损伤，该病经一段长短不等的时间后可能完全恢复。

还应注意 Sedan 纤维性震颤——一系列眼轮匝肌和其他面肌的异常阵挛性收缩（抽搐）。疼痛可能进展至不能耐受而需要手术干预，该手术由 Janetta 首创，通过将一片肌肉置于面神经干及其压迫动脉之间，从而消除机械搏动导致抽搐的影响。

参考文献

1. Terzis JK, Konophaos P (2008) Nerve transfers in facial palsy. Facial Plast Surg 24:177–183
2. Samii M (1984) Facial nerve grafting in acoustic neurinoma. Clin Plast Surg 11(1):221–225
3. Campers A, Socolovsky M (2007) Facial reanimation by means of the hypoglossal nerve: anatomic comparison of different techniques. Neurosurgery 61(suppl 3):41–49
4. Yetiser S, Karapinar U (2007) Hypoglossal-facial nerve anastomosis: a meta analytic study. Ann Otol Rhinol Laryngol 116:542–549
5. Kunert P, Podgorska A, Bartoszewicz R et al (2011) Hemihypoglossal-facial nerve anastomosis for facial nerve palsy. Neurol Neurochir Pol 45 (5):452–460
6. Fish U (1981) Surgery of Bell's palsy. Arch Otolaryngol 107:1–11
7. Samii M, Gerganov V (2013) Surgery of cerebellopontine lesions. Springer, Heidelberg
8. May M (1986) The facial nerve. Thieme Stratton, New York
9. Morris JS, Friston KJ, Büchel C et al (1998) A neuromodulatory role for the human amygdala in processing emotional facial expressions. Brain 121 (1):47–57
10. House JW, Brackman DE (1985) Facial nerve grading system. Otolaryngol Head Neck Surg 13:146–147
11. Linstrom CJ (2002) Objective facial motion analysis in patients with facial nerve dysfunction. Laryngoscope 112:1129–1147
12. Volk GF, Pantel M, Guntinas-Lichius O (2010) Modern concepts in facial nerve reconstruction. Head Face Med 6:25

第 7 章　咀嚼功能

（宋刚　译，刘晓东　校）

摘要

咀嚼功能是由咀嚼肌带动颞下颌关节（TMJ）完成的：下颌区和颞区负责闭口，翼外肌负责张口。不同动物的体颚复合体的生物力学组织（biomechanical organisation）是由不同的饮食方式决定的。人类的这种设计是为了能吃各种食物，而且也为了用来发音说话。这就说明通过附着在下颌骨和半月板上的翼外肌做张口动作时，髁突的前伸运动和只有一个半月板的颞下颌关节不协调一致。这就使得下颌和直立行走功能性地联系在一起，当然这只是一假设，这与丘脑组织有点类似，它在处理双侧的稳定性方面通常是不对称的（主导和次要）。

7.1　引言

体颚复合体由口腔周围的一些器官组成，这些器官的主要功能是咀嚼。它不仅在将固态食物咽向咽部前有清理的作用，而且在说话（发声）时能够调节声音。

下颌骨是这个复合体的运动骨，通过下颌关节将其与颅底连接起来。通过咀嚼肌带动其活动：张口动作是由翼外肌和二腹肌协同作用完成的，闭口是由咬肌和翼内肌形成的下颌区以及由可以进行选择性牙弓夹闭的颞区完成的（图 7.1）。

在胚胎演变过程中，由口腔、上颌和下颌三层组成的整个面部起源于第一鳃弓，由三叉神经（Ⅴ）支配，第二鳃弓形成舌骨——支撑舌和喉——通过以下肌肉与下颌骨连接起来：（ⅰ）口底部的肌肉（下颌舌骨肌和二腹肌前腹属于第一弓）；（ⅱ）二腹肌后腹；（ⅲ）附着在茎突上的茎突舌骨肌（第二鳃弓是由面神经Ⅶ支配）。这可以解释下颌骨和喉之间的多功能协调作用。

比较解剖学中已经指出体颚复合体的形态和功能特殊性是由不同的物种的不同饮食方式决定的，因此，咀嚼器官和牙齿是匹配恰当的。

反刍动物吃植物，它们从口至肛门的整个消化道是与这类食物相适应的。其圆柱形的横向髁可以使下颌向外侧移动，以研磨从第一胃囊反刍的植物。

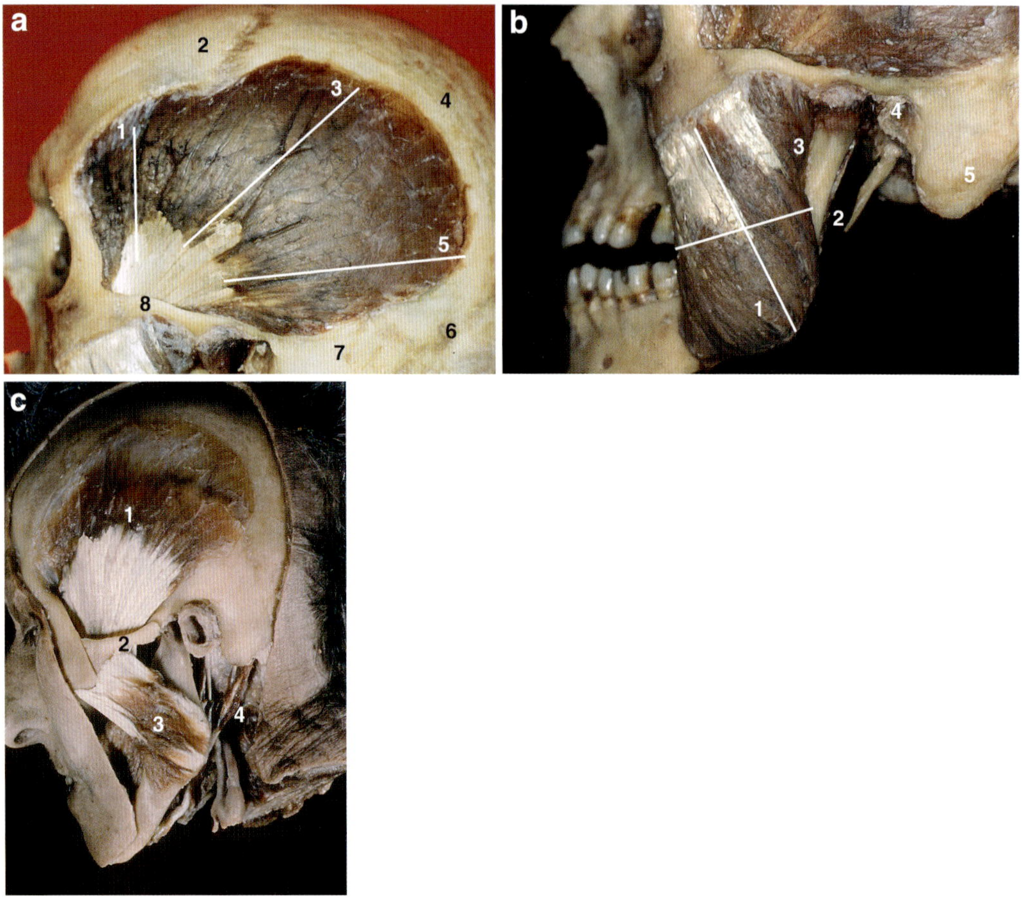

图 7.1 左侧颞肌和咬肌。(**a**) 颞肌解剖：1. 垂直前部；2. 额骨；3. 中央斜部；4. 顶骨；5. 水平下部（翼外肌的拮抗肌）；6. 枕骨；7. 颞骨；8. 颧弓。(**b**) 咬肌解剖：1. 浅表部几乎垂直于咬合线；2. 茎突；3. 深部；4. 外耳道；5. 乳突。(**c**) 一侧的解剖：1. 颞肌及肌腱；2. 颧弓；3. 咬肌；4. 二腹肌后腹

肉食动物主要以捕猎动物为食，它们需要强壮的、能稳定夹持的下颌，这样它们捕食时可以通过一套强有力的能持久闭合的系统——利用犬齿钩住猎物，因此需要 1-DF 颞下颌关节的铰合和强有力的颞肌来完成。兔类动物（如兔）的下颌髁为前后轴，翼状肌和咬肌可以通过下颌髁完成前后强有力的剪切运动。而鸡是没有牙齿的，因此是通过砂囊研磨谷粒来补足这一缺陷。

最后，人类是杂食动物，拥有消化道和消化腺等器官结构，其颞下颌关节特殊的运动类型简单归结为：张口、闭口、前伸、后缩和左右移动。

因此，通过理解性的方法看进食这一技术性问题的解决是非常有趣的[1]。

7.2 颞下颌关节的运动

颞下颌关节的运动形式多样，受颞下颌关节的结构和肌肉运动制约。

7.2.1 关节

在整个身体中，此处的关节对咀嚼食物和发声是最合适的，它可以承受很大的

咬合力，而且能在各个方向运动，包括旋转和平移，因此，所有关节面均有纤维软骨和透明软骨的接触区[2]。下面就描述一下两个独特的结构特点。

7.2.1.1　关节接触面

在下颌骨上，髁突或关节髁位于下颌颈上方，在颞骨上，关节窝向前突起为关节结节，因此怎样让这两个由于天然不一致而在表面附有软骨的凸骨接触就是一个问题。

双侧下颌髁状突在横轴方向上形成140°的角度，这个角度也随着向前张开发生个体变化。另外，下颌颈略向后倾斜，头向前屈，恰好与颞骨上的结节相对。而且，下颌骨不能像先前的解剖学家描述的那样放置在桌子上，下颌支或升支部分是垂直的，下颌骨的体部向下倾斜（这是一项符合下颌骨的解剖特性的检测）（如图 7.2）。

7.2.1.2　半月板

有下颌骨的所有物种均有双面凹的颞下颌关节盘（半月板），半月板的后缘很厚，这样的构造非常适合下颌窝。关节盘在尖齿夹持时对压力起到减震的作用。半月板的前缘很薄，翼外肌的半月板附件附着在上面。在下颌髁和关节结节之间存在一间隙。

关节盘后方通过囊连接至下颌颈和下颌骨骨膜，因此有两个独立的关节腔，上面的关节腔呈 S 形，从关节盘后缘的上部延伸至翼外肌上表面关节结节之外。下面的关节腔从下颌髁头后部延伸至软骨缘，位于翼外肌深入髁的基底部。

一个重要的解剖学细节是，在关节盘后面有纤维静脉髁后间隙，也称为后结缔组织血管复合体或不那么准确地说，一个较小的双层空间（图 7.3），由纤维结缔组织构成，里面富含静脉丛，在下颌髁头上的关节盘和听骨的前部，听骨通过 Glaser 岩骨裂与颞骨连接，这一结构对阻挡下颌髁向后运动具有重要作用。

通过向前推下颌髁完成张口是符合这一构造的，这就必须要求有一能伸展、能屈曲的结构，其内充满静脉血，这些静脉血能填充后部空的纤维组织，从而使下颌髁向前突。这一重要特征在 MRI 冠状位上可以看到，就像一个手风琴一样，只不过其内是充满血而不是空气。

7.2.2　关节活动

下颌的不同运动需要多块肌肉活动完成。

7.2.2.1　闭口和牙关紧闭

这是一咀嚼食物的过程，需要两套系统来完成。

下颌带

它由两个对称的结构组成，包括外面的咬肌[3-4]和内部的翼内肌，应当注意的是两块肌肉牵拉着下颌体的倾斜方向垂直于咬合线[5]，这就保证了牙尖的正确压力方向，从而避免了横向应力导致的牙齿移位。显然，这一力学理想状态难以完全达到，这就需要牙齿矫正医师来判断和纠正。

颞肌

颞区的肌肉位于下颌髁头部侧面，前面的肌肉纤维、中间垂直的肌肉纤维和后面的水平肌肉纤维完全呈扇形，分别被颞深神经的三个分支——前、中和后颞深神经支配。因此，这是一个典型的束状神经支配肌肉完成的束状收缩，从而形成从前向后的牙齿紧闭，我们很容易能完成并感受到这一过程。水平的后肌肉束在拉回下颌头过程中通过牵拉冠突，与翼外肌相对抗。

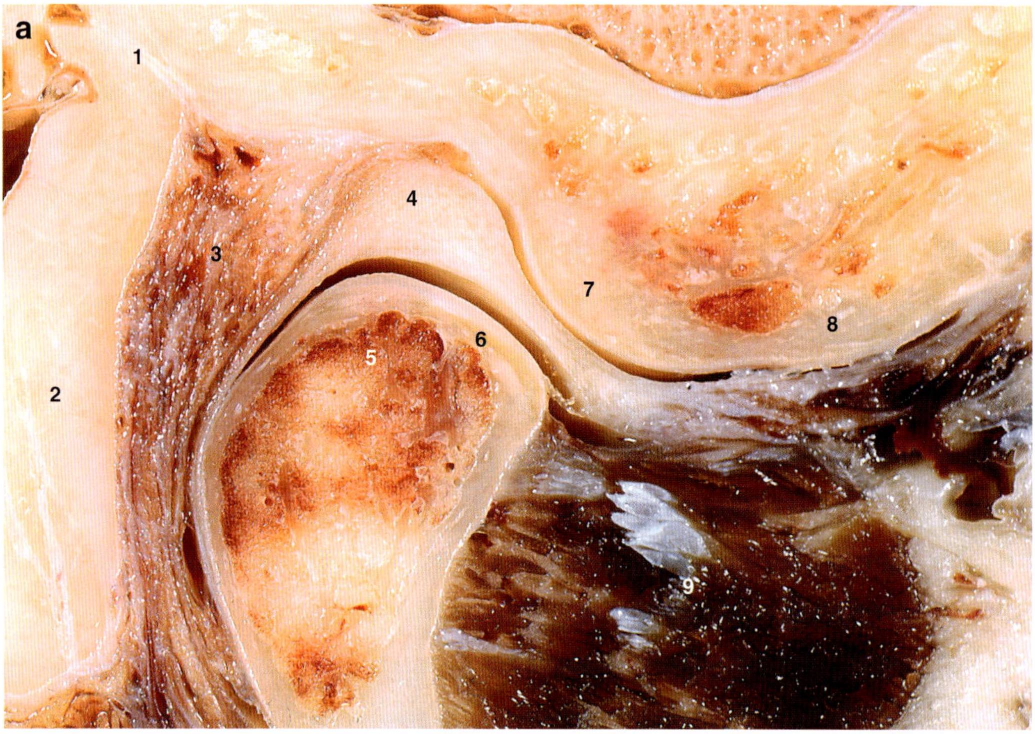
a
1
2
3
4
5
6
7
8
9

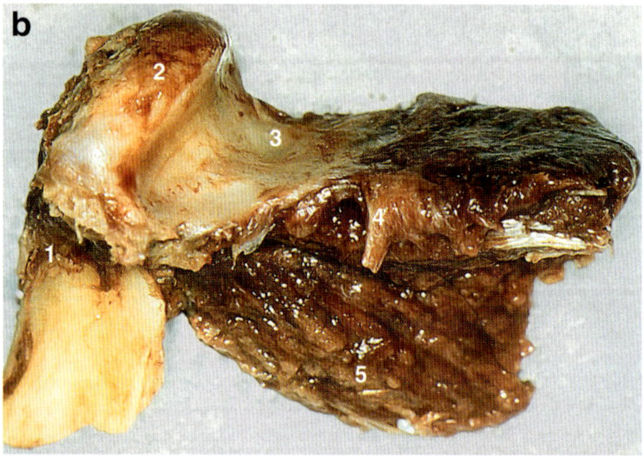
b
1
2
3
4
5

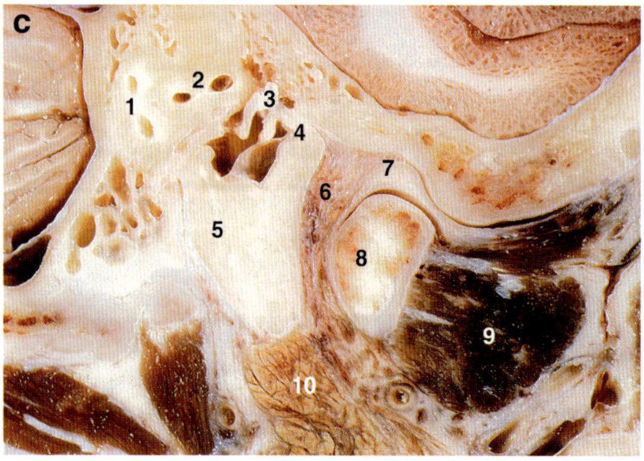
c
1
2
3
4
5
6
7
8
9
10

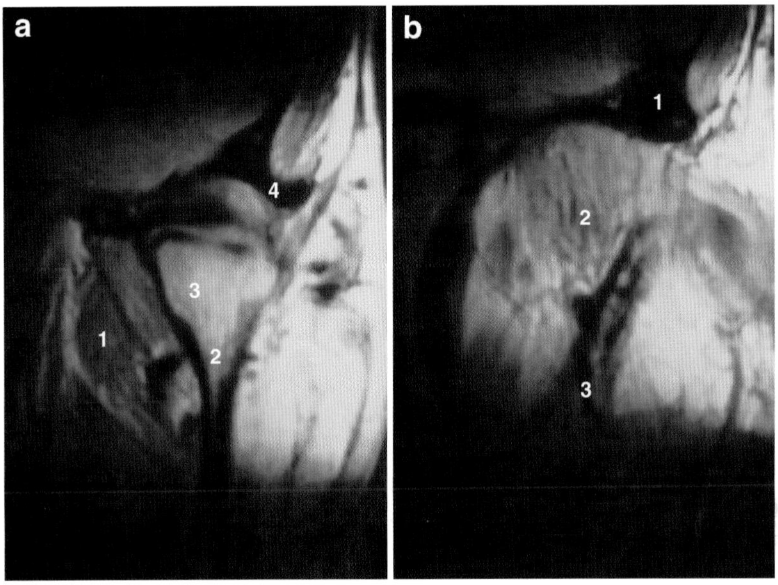

图 7.3　右侧颞下颌关节 MRI 的矢状位。（**a**）闭口：1. 翼内肌；2. 下颌颈；3. 下颌骨髁；4. 颧弓。（**b**）张口：1. 颞关节结节；2. 髁后纤维-静脉垫，就像张开的手风琴，里面可见薄的静脉；3. 下颌骨

颞肌的肌腱嵌在冠突中，肌肉的腱膜是很坚韧的纤维鞘，可连接到下方的颧弓，并且向上到达长而弯曲的额顶上线（颞线）。功能性脂肪垫位于颞肌腱的前面，有垫子的作用，称为 Bichat 块。

7.2.2.2　口

口的运动依靠翼外肌，翼外肌并不像有些人以为的那样可以被碰触到，因此也无法触诊（图 7.4）。其由上下两部分组成[6-8]。为了便于理解，需要通过矢状解剖位和轴状解剖位进行观察。

在矢状面上，将其主轴放在偏矢状位 45°的位置，我们会发现上方的肌束向上倾斜，下方的肌束向下倾斜，翼内肌和翼外肌形成“Z”形，在肌肉面中可以发现这一形状。

上束主要连接在关节盘的前部和翼肌凹的上部，这能防止单独牵拉关节盘，造成关节向前分离或脱臼（图 7.5）。

下束附着于翼肌的小凹大部分，并且移向翼突侧面（图 7.6），附着其上。这就充分理解了当张口时，下颌头不能绕着其几何中心旋转的原因，而在肉食动物中，下颌头则是被拉着沿轴向下倾斜，迫使下颌头通过紧靠颞关节结节，在下颌头轻微下降的状态下实现平移和旋转运动（如图 7.7）。

图 7.2　颞下颌关节。（**a**）矢状位：1. 鼓鳞缝；2. 鼓骨；3. 髁后纤维静脉垫（双层区）；4. 颞骨下颌窝内的半月板后方的厚部；5. 下颌髁；6. 髁半月关节；7. 颞骨关节结节；8. 上关节颞-半月板腔；9. 翼外肌（LPM）。（**b**）翼外肌和关节盘解剖：1. 下颌颈；2. 覆盖下颌髁的关节盘后部；3. 关节盘和上关节腔前部；4. 翼外肌附着于半月板上的部分；5. 翼外肌下部固定在髁下的翼肌凹上。（**c**）颞下颌关节的矢状面：1. SCC 后部；2. SCC 外侧；3. 砧锤关节；4. 鼓鳞缝；5. 鼓骨阴道嵴；6. 髁后纤维静脉垫；7. 半月板；8. 下颌骨髁；9. LPM；10. 腮腺

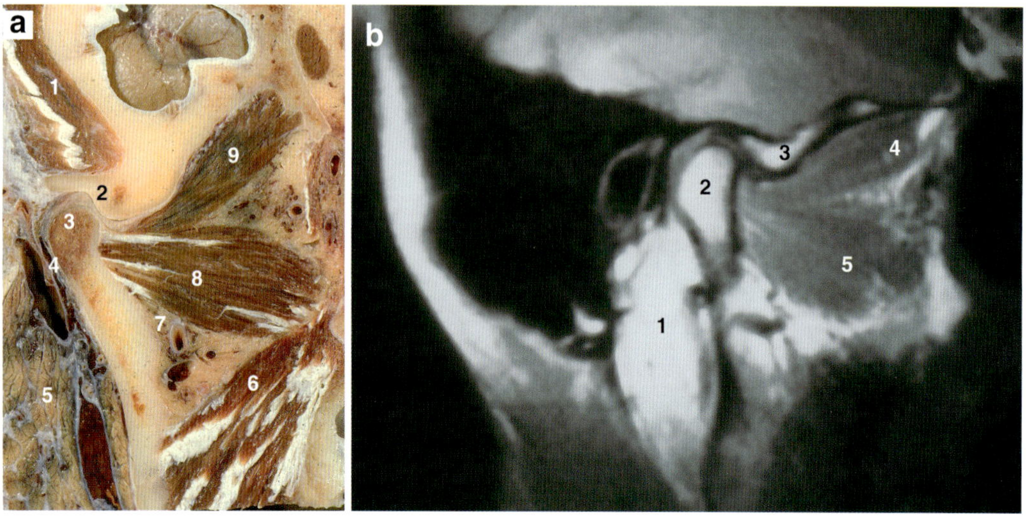

图 7.4 翼外肌矢状位斜至 45°。(**a**) 解剖面：1. 颞肌；2. 颞骨的关节结节；3. 关节盘（注意 S 形）；4. 下颌骨髁上翼外肌下束附着的翼肌凹；5. 腮腺及其上的静脉丛；6. 翼内肌；7. 上颌动脉；8. 翼外肌下颌束；9. 翼外肌上半月板束。(**b**) 翼外肌矢状面 45°：1. 腮腺；2. 下颌髁；3. 颞骨的关节结节；4. 翼外肌上部；5. 翼外肌下部

在手术切除带有口腔底部一部分和喉部患者中，张口也是通过翼外肌的运动，但是在正常情况下，下颌肌束的扭矩是通过翼外肌的前拉和二腹肌前腹的后拉实现的，这可以在张口对抗阻力时观察到。

7.2.2.3 前伸、后拉和左右移动

翼外肌主要负责前伸，颞肌的水平后束负责后拉，鼓骨限制其向后运动，关节囊限制其向前运动。

在轴切面，翼外肌的生物力学组成在张口前后前拉和下颌骨的横向外侧移位（侧移）时中间偏 45°能观察到（图 7.8，7.9）。两侧肌肉协同完成张口以及单侧活动时，会形成侧移，但是并不能像反刍动物那样具有横向圆柱形下颌骨髁状突达到完全的横向移动。事实上，侧移总是伴随着对侧骨节一定角度的旋转。

需注意的是，在牙关紧闭时，所有的咀嚼肌收缩，其中也包括支配张口的肌肉。矛盾的是，肌肉的暴发力增加了牙齿的压力，但是也有关节盘这一保护机制来抵抗过度的约束。事实上，翼外肌的上束作为“S”形的活动带，牵拉关节盘的前部分，并产生下压力来减少下颌骨头产生的上压力。但是，在超高的机械压力（mechanicalhyperpressure）下，可能会发生关节盘爆裂或被挤出。

7.3 下颌姿态的控制

根据定义，姿态是指身体节段的一个稳定状态。这意味着一个控制系统通过神经回路在有意识的自主控制下或在自动模式下保持姿态。

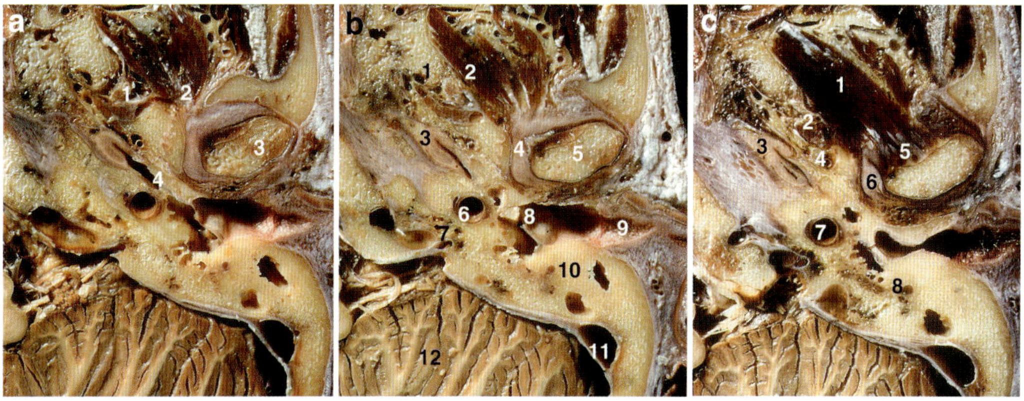

图 7.5　上面观右侧翼外肌轴位。(**a**) 上面观：1. 下颌神经（V3）；2. 翼外肌的半月板固定；3. 下颌髁；4. 咽鼓管骨道（原鼓室）。(**b**) 中间观：1. 下颌神经（V3）；2. 翼外肌的上半月板束；3. 咽鼓管；4. 半月板附件；5. 下颌髁；6. 颈内动脉；7. 耳蜗；8. 鼓膜；9. 外耳道；10. 面神经（Ⅶ）；11. 乙状窦；12. 小脑。(**c**) 下面观：1. 翼外肌的下颌束；2. 下颌神经（V3）；3. 咽鼓管；4. 脑膜中动脉；5. 翼外肌附着于翼肌凹；6. 关节盘增厚中间部；7. 颈内动脉；8. 下降段面神经

7.3.1　运动控制基本原则

人体是构造复杂的机器，它们的操纵者大多不了解它们，甚至对于生物学的了解聊胜于无。一言以蔽之，运动系统的主要关键词是自动控制。

这预示着两种控制水平，第一种是主动和有意识地发出指令动作，发出动作——而非肌肉——的指令语言，而并不需要完全了解动作是怎样完成的。

第二种是无意识的执行，来自生物感受器的信息经过分析处理成语言，然后发出指令给所有的效应器肌肉，通过脑干的下橄榄精确判断时空并实时纠正错误。一些通过训练习得的更复杂的运动程序，如骑车或弹钢琴，它们被储存在基底节中央区的皮质下区，这里是一个真正的运动程序库。

中枢神经系统通过额叶中央前回（Penfield 运动矮人模型）4 个区的运动键盘（motor keyboard）控制 600 个具有黏弹性、不可逆性和非线性（actuators，viscoelastic，non-reversible and non-linear）的肌肉作动器，并通过顶叶 1、2、3、5 中央后回控制包括所有感觉皮肤区的感觉键盘。因此，存在一个静-动大脑皮质控制回路，该回路由大脑-小脑-大脑相互联系并激活，运动前区决定所做动作并进行详细规划（图 7.10）。

需要理解的重点是，对于运动控制需要两个信息，就像机器人学（robotics）里说明的那样：第一，大脑通过肌梭和高尔基体辨别肌肉僵硬度（而非它们的长度）处于三种状态（放松、收缩、拉伸）中的哪一种，来感知运动状态；第二，身体角度，它对于姿态调节和运动控制起作用。

但是关节角度不能由众多黏弹性的肌肉给出，因为它们没有用于进行几何计算的数据库；韧带也不能完成这项任务，因为它是限制关节移动的指示器。

事实上，感知关节角度是由覆盖全身的皮肤完成的，在运动或姿态中，其通过机械变形，把 Ruffini 描述的感受器的信息（如拉伸信息）传递给大脑，并通过视觉使人们对关节角度的判断更加精确。

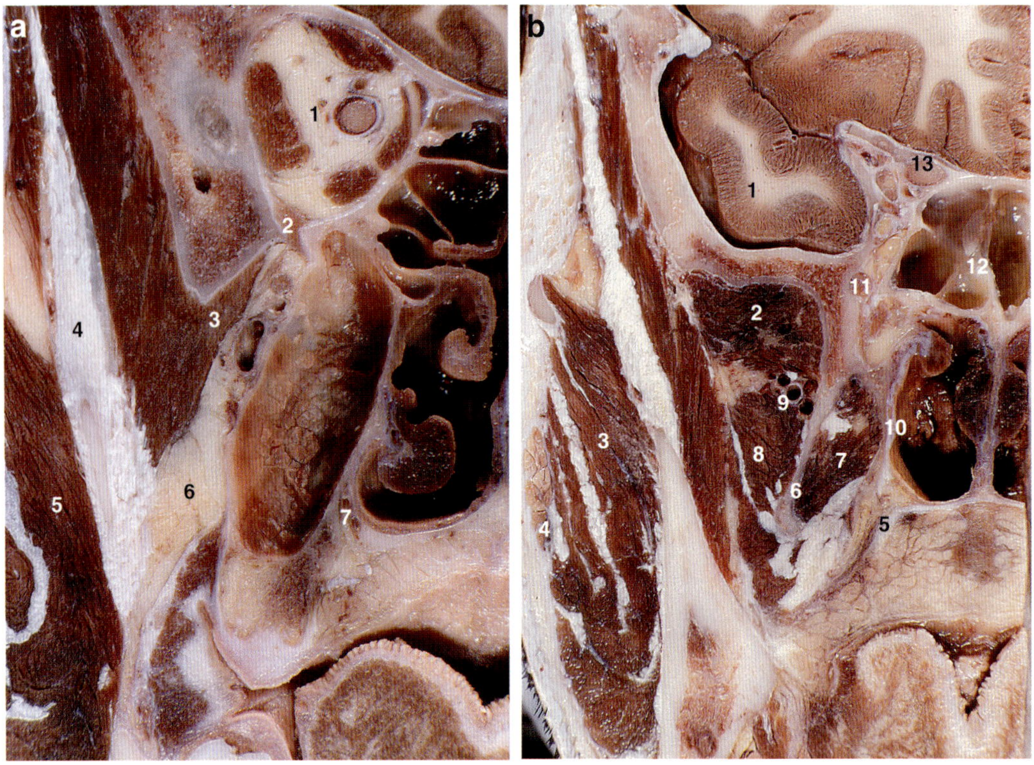

图 7.6 前面观咀嚼肌冠状位。(**a**) 1. 眶尖视束和眼动脉；2. 眶下裂；3. 颞肌内侧束；4. 颞肌肌腱；5. 咬肌；6. 脂肪垫；7. 下颚血管和神经。(**b**) 剖面后面观：1. 颞叶；2. 翼外肌上束；3. 咬肌；4. 腮腺 Stenon 管；5. 张肌延续到软颚上方肌腱在翼突内侧板钩突周围的反折；6. 翼突外侧板；7. 翼内肌；8. 翼外肌下束；9. 上颌动脉；10. 翼突内板；11. 翼管神经；12. 蝶窦；13. 视神经管内的视束和眼动脉

只有当肌肉疼痛的时候，我们才能有意识地感知到它，因此，获得皮肤和视觉的信息输入，才能使我们有意识地感到自己存在于三维空间中（动态和静态的人体感知系统）。

7.3.2 下颌姿态与运动

从这一简短的回忆中，可以看出下颌是不断活动的，可以通过肌肉的放松和强力收缩而变换各种姿势，而且可以表明个人心理状态，如紧张、敌视、疼痛、痛苦……[10]

磨牙症是指牙尖的相互摩擦，运动是无意识的，在儿童中尤为常见，这些运动不能通过肌肉运动觉有意识地识别，（因为如果肌肉不出现疼痛我们甚至察觉不到它们，）而是通过面部和肌肉的皮肤感觉到的。面部完全由三叉神经（Ⅴ）所对应的三个层面的三个分支支配，颈部由颈丛支配。正如我们发现的那样，面神经（Ⅶ）是颈阔肌的运动神经，颈阔肌可以生成表情，其感觉神经为三叉神经。颞下颌关节也一样，在正常情况下，感觉是很迟钝模糊的，但是，在关节囊和关节盘损坏的情况下，下颌关节的运动会产生疼痛，导致一类特殊的症状产生，需要进行适当的矫形、手术或手动治疗。

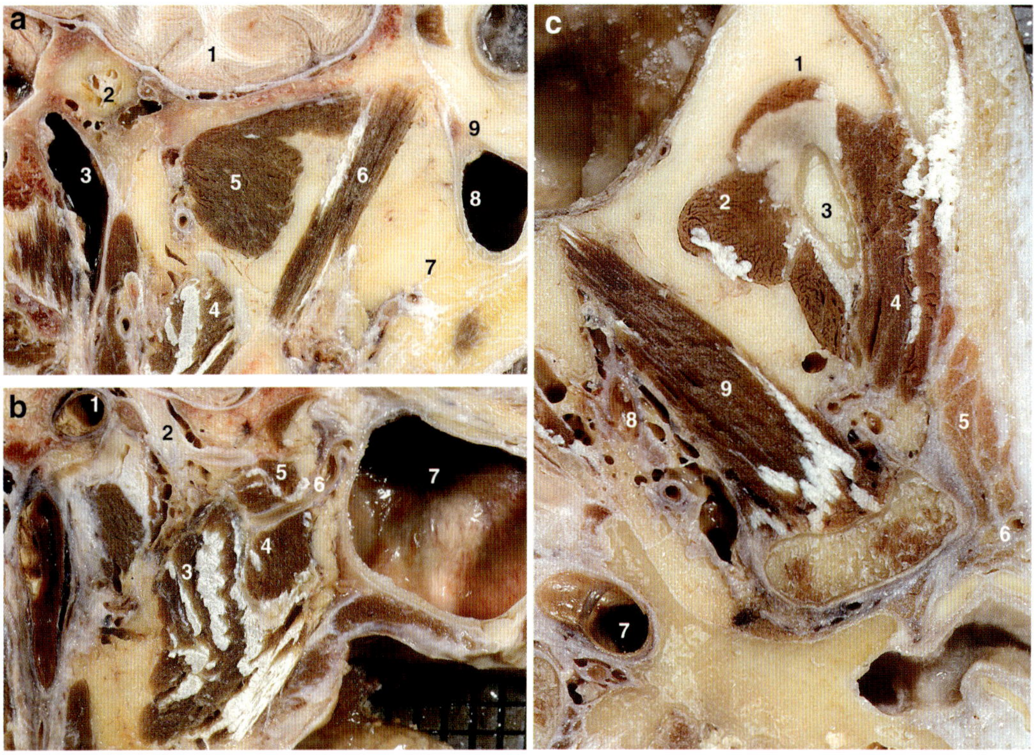

图 7.7 右侧颞下窝失状和轴状位。(**a**) 失状面外侧：1. 颅中窝中的颞叶；2. 耳蜗；3. 颈内静脉；4. 翼内肌；5. 翼外肌下方；6. 颞肌内侧束；7. 脂肪垫 (boule de Bichat)；8. 上颌窦；9. 眶脂肪。(**b**) 矢状位内侧：1. 颈内动脉；2. 卵圆孔发出的下颌神经 (V3)；3. 翼内肌；4. 翼外肌内侧；5. 翼外肌上部；6. 上颌动脉；7. 上颌窦。(**c**) 轴位：1. 脂肪垫 (Bichat)；2. 颞肌内侧束；3. 颞肌肌腱和冠状突；4. 咬肌；5. 腮腺；6. 颞浅动脉；7. 颈内动脉；8. 上颌动脉；9. 翼外肌下束

7.3.3 下颌骨的姿态和直立姿态

自从 Baron 创立姿态学以来，已经取得了巨大进步，并且建立了专业的咨询机构。就像我们前面提到的那样，对于测量的解读需要一个更加科学的方法，这是毋庸置疑的。

需要记住的是，姿势的技术问题主要是关于维持轴位和对称解剖结构的稳定状态，直立姿势是通过带有多个信息输入方式的姿势自动控制装置实现自动化的：视觉、皮肤（动态的足底测力板）、前庭阈、有牵张反射的肌腱肌肉（牵张反射负责保持脊柱的左右平衡）。这一系统不稳定，需要通过预先的神经冲动进行不断的动态校正。这与下颌姿势的情况相同，需要对称的肌肉维持稳定。但是，我们都清楚轴位结构的对称只是理想状态：通常我们的一只眼会比另外一只眼大，两侧脸会有轻微的不同，一只脚也会略长于另一只脚，……；咀嚼也通常是不对称的，会根据牙弓的情况或单侧牙齿疼痛的情况存在所偏好的一侧。这种咀嚼的经常性不对称也会造成吞咽动作的不对称。双侧面部运动肌肉产生的面容也经常略不对称，在发声的时候经常可以看到。

因此，下颌姿势和直立姿势之间有些技术相似性，有人可能怀疑是否有任何可能的理由将其联系在一起；例如对颞下颌关节紊乱的患者绘制稳定图。我们可以由

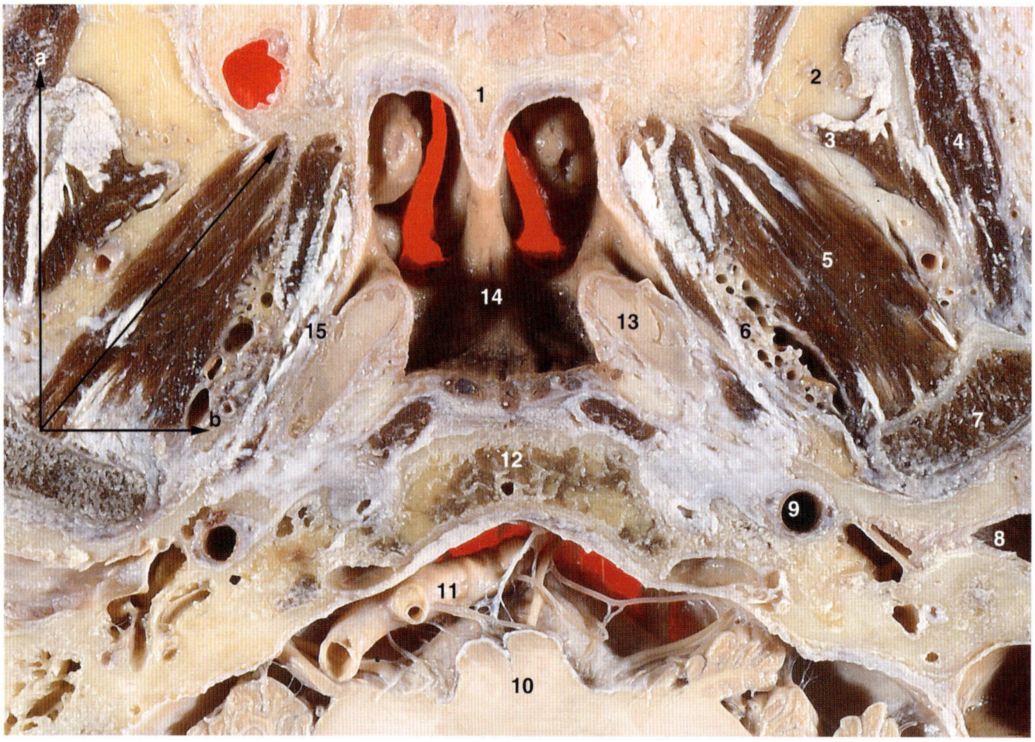

图 7.8 轴位下面观：翼外肌的生物力学组成。(**a**) 双侧下颌髁协同向前牵拉张口。(**b**) 单侧旋转向外侧运动。1. 腭棘后部；2. 脂肪垫（boule de Bichat）；3. 颞肌内侧束；4. 咬肌；5. 翼外肌下束；6. 下颌神经（V3）；7. 下颌髁倾斜角度（140°）；8. 外耳道；9. 颈内动脉；10. 延髓；11. 双侧椎动脉汇合入基底动脉处；12. 斜坡；13. 咽鼓管咽口的纤维软骨瓣；14. 鼻咽；15. 腭帆张肌

此产生一些假设。

所有同步的左/右侧系统会促使启动器或控制器（initiator or controller）所在的一侧触发两侧神经中枢的同步序列（synchronous sequence）。这种主导现象或者主导侧适用于所有的具有同步速度的对称系统（symmetrical systems with synchronous speed）。

对于这一问题理解性的解决方法需要在中枢神经系统中寻找，运动自动性（motor automatisms）的处理依靠脑干和小脑，第一级分析中枢位于脊髓。对于下颌和面部，正如我们之前说的那样，第一鳃弓的三叉神经具有所有脑神经中最长的中枢神经核，部分是因为该核处理所有的纯运动神经（Ⅲ、Ⅳ、Ⅵ和Ⅻ）的本体感觉信息，也是皮肌姿势闭环控制和咬肌运动的敏感部分，由于三叉神经脊束核（两极部）和面神经运动核（Ⅶ）之间的联系，该核也负责表情的调解。在那里，三叉丘脑通路的背侧和腹侧会接收来自脊柱背侧的纤维。这些纤维传递来自足底板（姿势平衡）的 Pacini 受体和关节周围皮肤的 Ruffini 受体的信号，经过薄束核和楔束核中继后，传导至与之连接的小脑，并加入到内侧丘系。

因此，在向皮质投射前的丘脑水平，可以防止不同的信息融合在一起。丘脑腹外侧核（VP）的腹后部，称为腹侧基底复合体，含有腹后外侧前核（VPLa），该核接收来自内侧丘系自主平衡运动感觉纤维，腹后外侧后核（VPLa）接收来自精细觉的

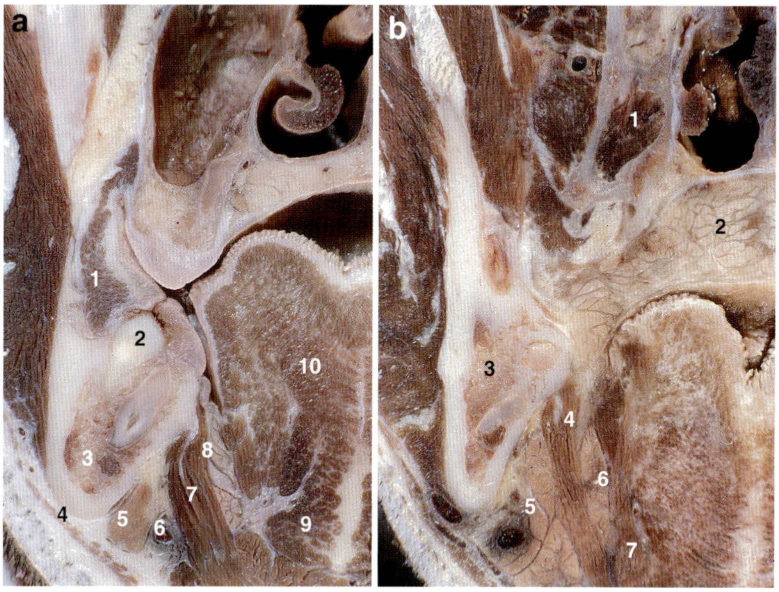

图 7.9　右侧下半面的冠状位。（**a**）下颌骨体的后部剖面：1. 颊肌；2. 黏膜下的第三磨牙；3. 下牙根管；4. 颈阔肌；5. 下颌下腺；6. 颏下动脉；7. 下颌舌骨肌；8. 舌下腺；9. 颏舌肌；10. 舌。（**b**）下颌支剖面：1. 翼窝；2. 上颚；3. 下颚；4. 下颌舌骨肌；5. 下颌下腺和面静脉；6. 舌下腺和下颌下腺管（Wharton 管）；7. 舌骨舌肌

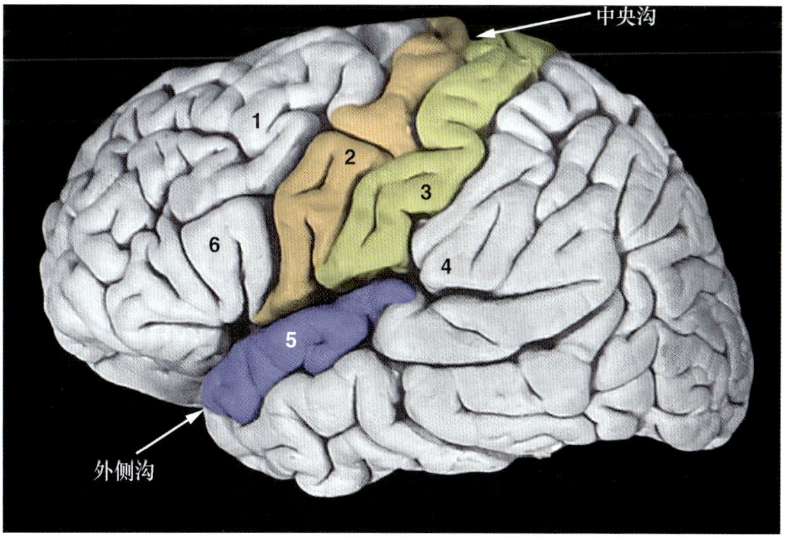

图 7.10　皮质中枢运动和平衡运动回路控制。1. 运动前区（有意识的运动支配区）；2. 运动区 4 区；3. 感觉区 1，2，3，5 区；4. 颞上回的语言理解区（Wernicke 区 22 区）；5. 颞上回听觉区；6. F3 下部为运动语言中枢（Broca 区，44、45 区）

触觉。事实上，不同的姿势会有不同的感觉信息传入，这些信息的传入是相互冲突的。

最后，下颌姿势和直立姿势在某种协调方式上具有功能的相似性，但是需要进一步研究来证明这一点。很显然，对神经的复杂性进行全面的认识是很困难的，因此，应当警惕简化论者的解释，否则会形成危险的教学教条主义。

但是，我们注意到，从力学上讲，颞下颌关节非常易于诱发疼痛，具有依赖于许多外界因素的姿势模式，因为它非常强地集成于身体和大脑。这些可以解释为什么颞下颌关节的慢性痛常会导致"躯体化"，就好像疼痛也发生在膝盖或脊柱中一样。

参考文献

1. Rabischong V, Rabischong P (1986) Anatomie fonctionnelle et biomécanique de l'articulation temporo-mandibulaire. Les Questions d'Odonto-Stomatologie 44:327–333
2. Christensen FG (1969) Some anatomical concepts associated with the temporo-mandibular joint. Ann Aust Coll Dent Surg 2:39–60
3. Hellings G, Klineberg L (1983) The masseter muscle: the silent period and its clinical implications. J Prosthet Dent 49(1):106–112
4. Lavigne G, Frysinger P, Lund JP (1983) Human factors in the measurement of the masseteric silent period. J Dent Res 62(9):985–988
5. Orthlieb JD (1983) La courbe de Spee; un impératif physiologique et prothétique. Cah Prothese 44:89–116
6. Duday H, Lapeyre L (1982) La place du ptérygoïdien latéral dans les mouvements de la mandibule. Rev Electroencephalogr Neurophysiol Clin 12: 153–157
7. Grant PG (1973) Lateral pterygoid, two muscles. Am J Anat 138:1–10
8. McNamara JA (1983) The independent functions of the two heads of the lateral pterygoid muscle. Am J Anat 138:197–206
9. Rabischong P, Guerrier Y, Vignaud J (1981) Anatomical bases for the surgical access to the pterygopalatine fossa. Anat Clin 2:209–222
10. Abrams IN (1963) Oral muscles pressures. Angle Orthod 33(2):83–104
11. Gelb H (1983) Clinical management of head, neck and TMJ pain dysfunction. W.B. Saunders, Philadelphia, PA

第8章　吞咽和语言

（刘晓东　李茗初　译，宋刚　校）

摘要

咽喉的组织结构清楚解释了吞咽和语言两大复杂功能是如何实现的。首先，在呼吸消化道的交叉处要求对于气道和消化通道有非常精准的调控，因为空气通过时，咽部闭合，保证其他固体和液体不会渗入鼻腔和喉部。嘴在咀嚼食物的同时，喉部可以发出声音，通过研究这一现象发现了实现这一复杂功能的结构。众多特殊解剖结构如软腭、会厌、舌根和杓状软骨垫的连接，喉部运动等保证了吞咽功能安全完成。为了理解发声机制，了解一些声学（acoustics）、语音学和语言学（phonetics and linguistics）的基本概念是非常有必要的。耳朵对声音的控制以及鼓膜两侧压力同步依赖于软腭和咽鼓管复杂结构。舌头和声带的作用对于理解奇妙的语言功能具有非常重要的作用，这一功能和人类特定皮质区域直接相关。

8.1　引言

吞咽和语言是两个使用了复杂的自动调节机制的重要功能，我们应该从技术上准确地理解它们。相关的解剖区域是咽喉部位，在胚胎时期来源于前肠周围中胚层的分割，生长为四个鳃弓，向外受限于胚层沟，向内受限于外胚层囊[1]。每个鳃弓里都有混合神经支配。

8.1.1　下颌弓

第一腮弓下颌弓，同时也是最大的腮弓，形成了面部以及咽颅的大部分结构。下颌弓形成的结构中有三个底壁，每个底壁都被一个三叉神经的分支所控制。三叉神经是一个混合神经，含有一个感觉神经根及三叉神经节，和一个运动神经根即咀嚼神经。三叉神经的每个分支都含有其他神经来源的副交感成分，如下：

- 三叉神经第一支含来源于动眼神经的睫状神经节纤维，调控虹膜括约肌；
- 三叉神经第二支含来源于面神经的翼腭神经节纤维，调控泪腺和黏液腺；
- 三叉神经第三支含来源于舌咽神经

的耳神经节纤维，调控腮腺；

- 三叉神经第三支含来源于面神经的颌下神经节纤维，调控颌下腺和舌下腺。

上述所有神经节的节后纤维通过三叉神经的分支分布。

这一内脏腮弓的上部分形成了眼眶底，而来源于迈克尔软骨的下部分即下颚部分最终发育成中耳的锤骨和砧骨小骨。第一腮弓的肌肉则形成了咀嚼肌、口底、鼓膜张肌和帆张肌。

8.1.2 舌弓

第二腮弓也叫舌弓，分化出颞骨的茎突、茎突舌骨韧带和舌骨小角及部分顶部。舌弓的肌肉则形成镫骨肌、舌骨肌、二腹肌后腹和面部肌肉。与之有关的神经是面神经。面神经（Ⅶ）也是一个混合神经，含一个感觉神经根及膝状神经节，和一个支配上述肌肉的运动神经根。我们不应再提及Ⅶbis或者舌腭的概念，因为它们实际上是面神经的感觉神经根（先前解剖学者的认识错误）。

8.1.3 甲状舌骨弓

第三腮弓即甲状舌骨弓，分化形成舌骨的下半部分和甲状软骨的大角及上部。与之有关的神经也是具有两个神经根的混合神经——舌咽神经（Ⅸ），其感觉神经根及上、下神经节由舌后三分之一、中耳岬部黏膜、腭扁桃体和咽上部的感觉传入纤维构成；运动神经根则支配下述肌肉：茎突咽肌，上、中咽缩肌和帆提肌。

8.1.4 甲状（腺）-杓状（软骨）-环状（软骨）弓

第四对腮弓也是最后一对腮弓——甲状（腺）-杓状（软骨）-环状（软骨）弓形成较低的内脏器官喉的骨架，包括甲状腺、杓状软骨和环状软骨。

此处是由第十对脑神经迷走神经支配的。它有一个感觉神经根和两个颈丛神经节，控制着喉黏膜（喉上神经）、咽下部、咽鼓管和外耳道皮肤的敏感区域；它还有一个位于延髓下外侧面的运动神经根，参与构成下喉返神经，支配所有的喉内肌，如环甲肌、后环杓侧肌、斜向和横向的杓状软骨肌和声带肌。

在腮弓下方，迷走神经逐渐演变成一条大的副交感神经，下行至体腔，直至骨盆。

要记住这些解剖数据，用理解性的方法分辨出其中的技术问题，并将其关联到对应的解剖学解决方法，这是很有必要的。在上述观点下，我们将就以下三点展开讨论：呼吸消化道交界/会厌区、吞咽，以及发声。

8.2 呼吸消化道交界/会厌区

在人的脸上可以看见两种孔道：

- 首先，是标志着呼吸道起始部的双侧鼻孔，它是空气出入鼻腔、喉、气管、支气管和肺的大门。
- 第二个是位于鼻子下方的口腔，张开口是两排牙齿，由此进入口腔，口腔就像一个餐厅，它的天花板是覆盖黏膜的口腔上颚，地板是可变形的舌，口腔代表消化道的起始，由此进入食管和胃（图 8.1）。

呼吸道只接受和传送空气。消化道将口腔内咀嚼和混合好的固体或液体送入食管。

从技术上讲，气道无疑只能传输空气，因此不能接受其他物质。由于呼吸道和消化道最终的目的地完全不同，所以显然需要分成两个管道。然而观察这片区域，我

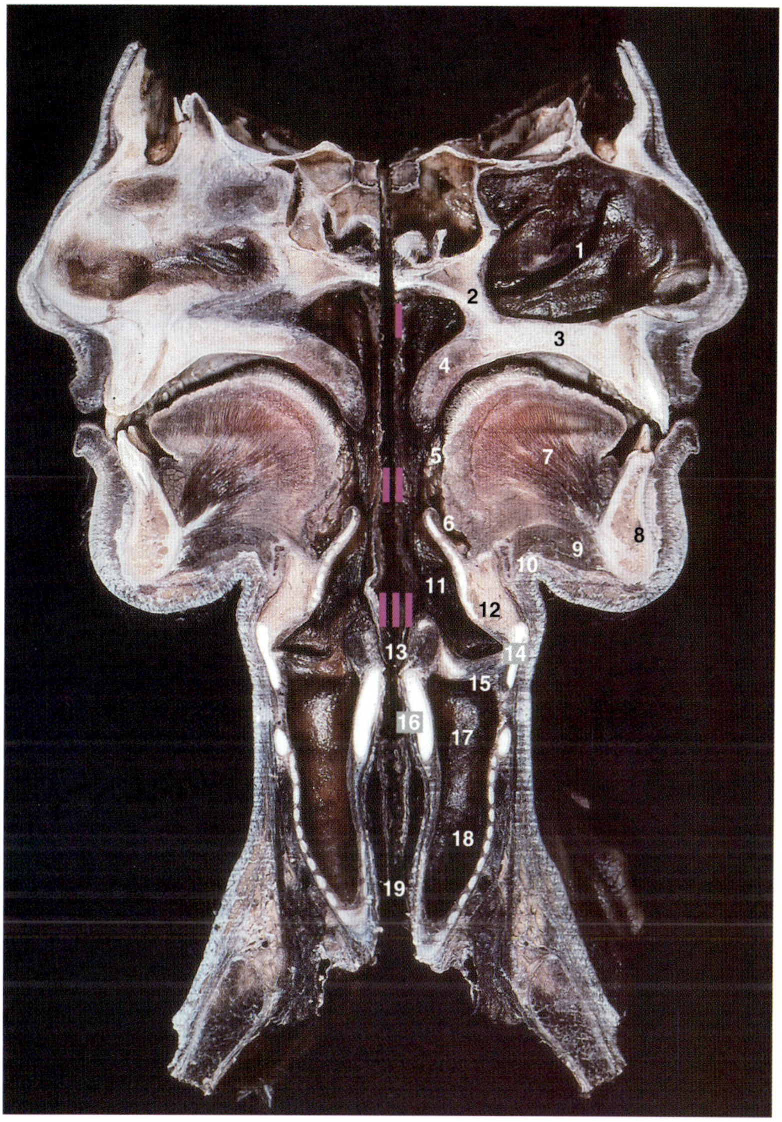

图 8.1　面部经中线矢状位切面观（此部分标本来自于一名 20 岁医学生死后捐献的尸体）图示咽的三部分：Ⅰ. 鼻咽，Ⅱ. 口咽，Ⅲ. 喉咽。1. 鼻腔；2. 犁骨限制的鼻后孔；3. 硬腭；4. 软腭；5. 舌根部；6. 会厌谷；7. 舌；8. 下巴；9. 颊肌肉层；10. 舌骨；11. 会厌和喉入口；12. 会厌软骨前间隙；13. 杓状软骨垫（杓状软骨及杓状软骨肌）；14. 甲状软骨（前部）；15. 声门（声门裂）；16. 环状软骨（后部）；17. 声门下；18. 气管；19. 食管

们发现气道首先在鼻窝中，即靠上的位置，在颈胸水平靠前；与此不同的是，消化道首先位于相对较低位置，从口腔开始，在颈胸水平则靠后。那么如何解释位于咽部水平的这两个管道的交叉处呢？

能够回答这一问题的事实就是，口腔不仅能咀嚼食物而且可以从喉部发出声音，通过口鼻的共鸣器调整和塑型产生联动性的言语。因此，发音功能决定了这样一个结构类型的存在。

原理上讲，我们可以构建一个完整的系统，该系统对咽部环境有一个绝对严格的控制，但其面临的一个主要问题就是：没有一颗固体或液体颗粒在上下气道内。最终，空气可以进入柔软的管状食管。之后，不同物种对于上升空气处理的特点迥异。

避免消化道食流进入鼻腔的主要结构是软腭，它可以通过收缩软腭肌肉关闭鼻咽，因此在吞咽和发声中具有重要作用。

8.3 吞咽

吞咽是将口腔内容物送入食管内。吞咽时，软腭封闭鼻咽避免了鼻腔部的反流，同时阻止口内容物进入喉部[2-6]。

吞咽是一个复杂的功能，要求全自动化，并且涉及一系列完美的校准调控。

8.3.1 舌

舌占据口腔整个空间，通过它的移动将口内容物向后移动，并且通过舌头扫过牙弓以清除牙周边的物质。两侧下颌舌骨肌和表面的二腹肌前腹形成的肌群具有闭合口腔的作用。这些肌肉的收缩推动舌和口内容物向后移动。口内容物通过狭小的间隙（咽峡）进入咽部，两侧是软腭的皱襞，两个淋巴器官扁桃体位于其间。这两个防止感染的免疫器官不是完全有效的，但是在 Waldeyer 发现咽淋巴环的重要性后，人们对此有了更好的认识，口腔外科医生不再像以前那样常规切除扁桃体了。

8.3.2 喉关闭

经过第一个快速时期即软腭关闭阻止固体和液体进入鼻咽，喉此时也必须关闭[7]。喉关闭依靠两个动作：喉部上升和附着在杓状软骨上的舌垂直部后移。

为了理解上述动作，需要明确喉由三部分软骨结构组成：

- 甲状软骨（源于希腊语“盾”），其形状像是向后打开的屏风；
- 环状软骨，呈环状连接气管，它形成一个强化的软骨环壁，可以垂直运动（图 8.2，8.3，8.4）；
- 两个杓状软骨，横跨在环状软骨上缘形成一个正方形。从矢状面看，包括一长条的肌肉：声带肌（肌肉声带），由扭曲的肌纤维固定在甲状软骨角上（图 8.5）。杓状软骨肌肉可以向侧方或绕垂直轴旋转。

喉被悬挂在舌骨上，舌骨通过韧带及两侧的茎突舌骨肌连接在颅底，二腹肌形成这一富有黏弹性的悬挂结构。二腹肌后腹起自乳突内侧，斜向前下；两个肌腹以中间腱相连，中间腱借筋膜形成滑车系于舌骨，二腹肌前腹固定于下颌骨背面。由此形成一个能够提升喉的弹性悬挂系统。

附着在舌骨和下颌骨体内侧斜面的下颌舌骨肌，可以推动舌头在口腔底部向上和向后运动。

这里有几个细节可以证明这一系统的智能性和可靠性。

正如我们所看到的，喉部的控制依靠舌根部和杓状软骨垫联动来完成，两个杓状软骨和中间的厚厚的杓状软骨肌形成杓状软骨垫。这个结构看起来像张开的嘴，在两个嘴唇之间插入了会厌。这种柔软而灵活的纤维软骨就像一个踏板，踏板的柄部通过甲状会厌韧带固定在甲状软骨角上。其前部呈瓦片状，有两个斜坡，在覆盖喉中起到重要作用，主要是将消化流侧移至梨状窝，也叫咽喉沟（图 8.6）。

此外，喉头的中间是呈箭头状的声门裂，两边是声带肌肉。呼吸时声门裂随着杓状软骨向侧方移动和环杓后肌牵动声带一起打开；杓横肌内收，声门裂完全关闭。

最后，在吞咽动作完成的最后阶段，吞咽主要是通过消化道（会厌和梨状窝）侧移和气道（声门裂）内移关闭来完成的。在此过程中，喉也发挥了括约肌的功能（图 8.7，8.8）。

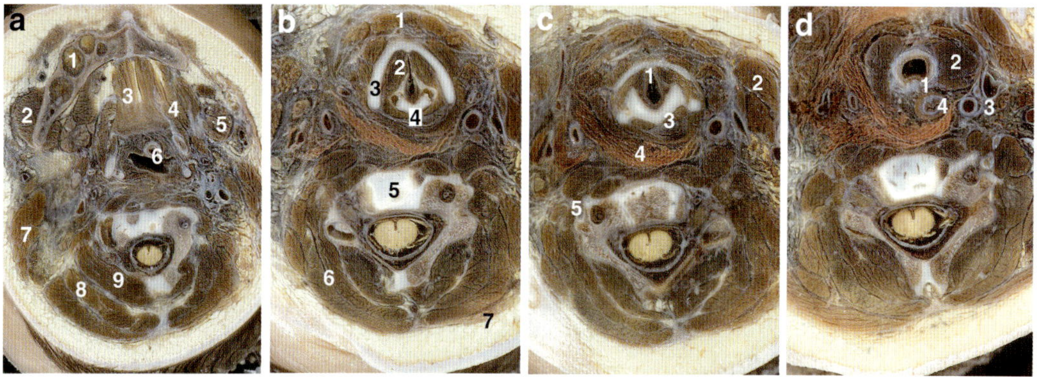

图 8.2　新生儿头轴位下面观。(**a**) 下颌骨水平：1. 下颌骨；2. 咬肌；3. 颏舌骨肌；4. 二腹肌；5. 腮腺；6. 鼻咽会厌；7. 胸锁乳突肌；8. 头半棘肌的头部；9. 下斜肌。(**b**) 甲状软骨水平：1. 舌骨下肌群；2. 声带和声带杓状软骨突；3. 甲状软骨；4. 环状软骨上部分；5. 椎间盘；6. 头夹肌；7. 斜方肌。(**c**) 环状软骨水平：1. 声门；2. 胸锁乳突肌；3. 环状软骨下方；4. 咽后血肿；5. 椎动脉。(**d**) 气管水平：1. 气管；2. 甲状腺；3. 颈总动脉和颈内静脉；4. 食管

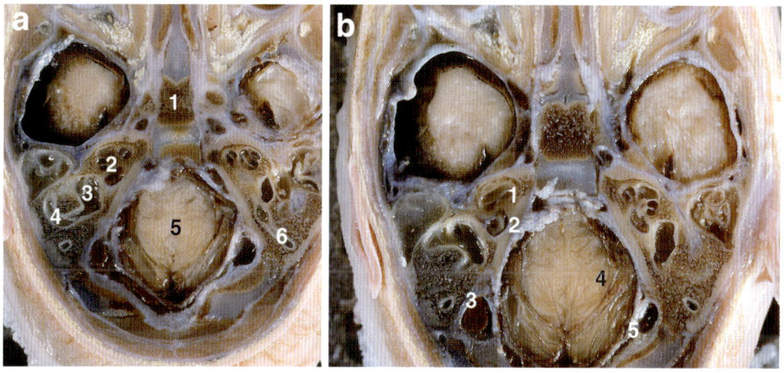

图 8.3　新生儿颅骨轴面观。(**a**) 下面部分：1. 蝶骨；2. 耳蜗（成人大小）；3. 前庭；4. 外半规管；5. 脑干；6. 后半规管（成人大小）。(**b**) 上面部分：1. 耳蜗；2. 镫骨；3. 上半规管；4. 脑干；5. 小脑扁桃体

如果喉的括约肌功能未能很好地发挥作用，则造成食物碎屑进入气道。由于喉上神经支配的喉黏膜对外来刺激具有高度敏感性，一旦发生这种情况，产生相应的咳嗽反射清除异物。例如说，宴会常在欢笑与觥筹交错中结束。同时大笑与喝酒就会导致清理喉前庭的咳嗽反射。

另一方面，目前针对喉部的手术，尤其是对于喉癌的手术，已经取得了很大进步，但仍然受到很多解剖方面的约束：

- 为了避免术后吞咽困难，必须保留舌根部和一部分杓状软骨垫。
- 喉软骨是无血管组织，很难被肿瘤侵蚀，肿瘤主要影响的是喉黏膜。因此术中切除会厌，对吞咽影响较小。
- 声门是一个血管淋巴屏障，使肿瘤分化于其上或其下生长。

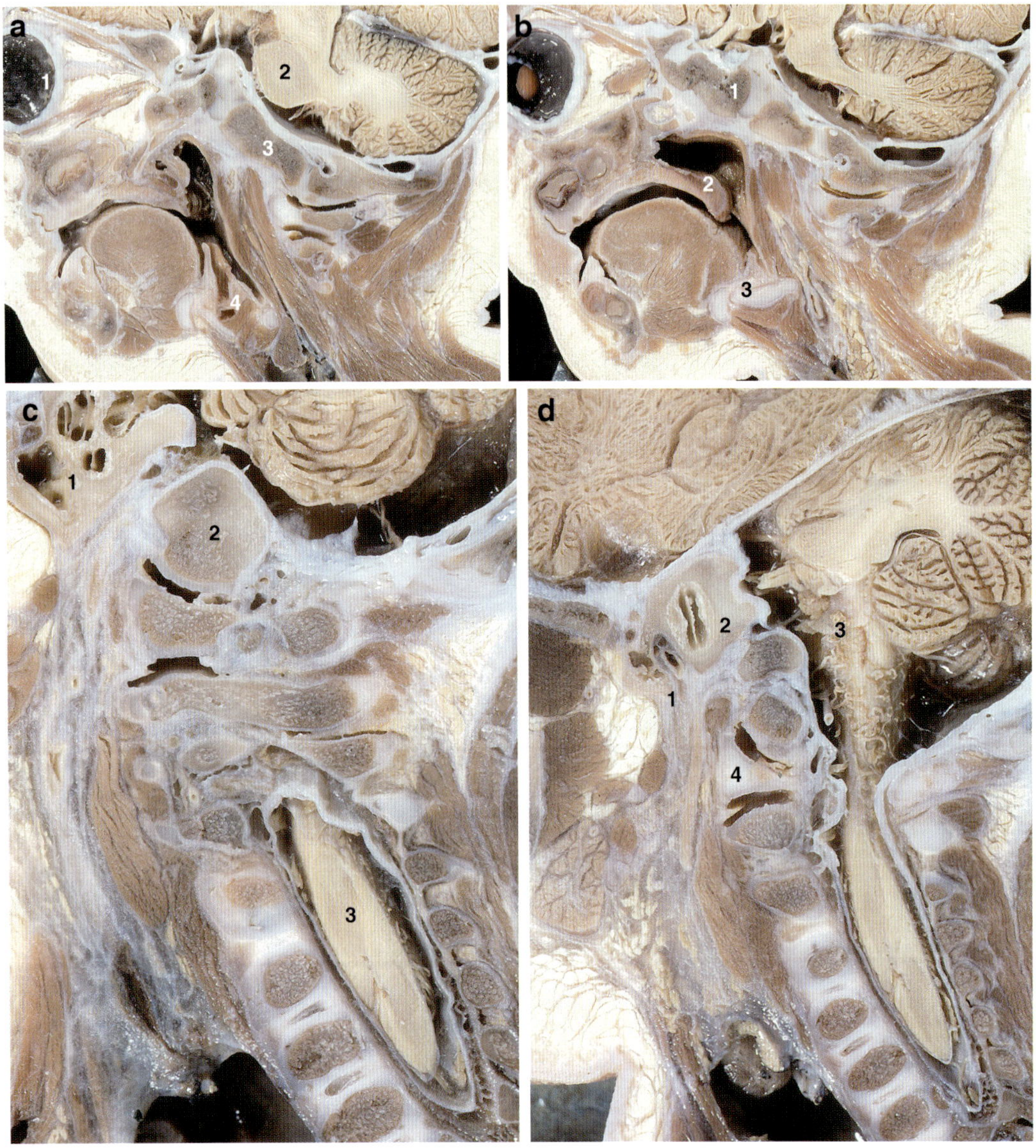

图 8.4 新生儿面部和颈椎矢状面观。(**a**) 颅底旁矢状切面：1. 眼球，视束和肌肉群；2. 脑桥；3. 斜坡；4. 喉会厌。(**b**) 侧矢状断面：1. 蝶枕结合部；2. 腭帆；3. 舌骨。(**c**) 颅颈交界区：1. 耳蜗（成人大小）；2. 枕外侧；3. 脊髓。(**d**) 枕骨大孔：1. 颈内动脉；2. 耳蜗；3. 脑干和小脑；4. C2

- 如果喉部全切，消化道重建是可能的，但气道则不一定，因为气道要求气管和皮肤之间有一个气门连接。喉部的缺失意味着失音，通过模仿和训练可以重建食管发音，通过扩音器将声音放大。喉的假体目前还未应用于临床。

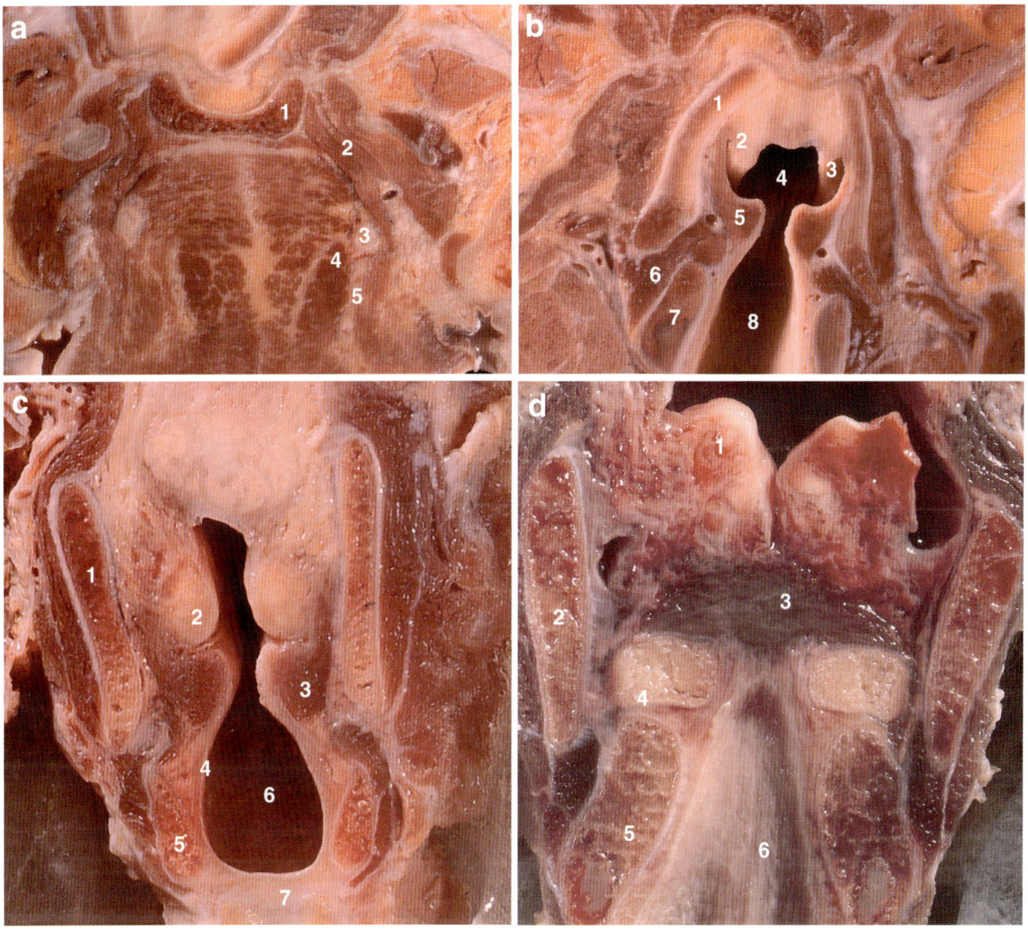

图 8.5　喉自前向后的冠状面观（新鲜尸体）。(**a**) 1. 舌骨体；2. 下颌舌骨肌；3. 舌下神经（Ⅻ）和舌动脉；4. 舌骨舌肌；5. 舌神经（V3）。(**b**) 1. 甲状腺软骨；2. 喉室襞；3. 喉室；4. 声门下间隙；5. 声带；6. 环甲肌；7. 环状软骨；8. 声门间隙。(**c**) 1. 甲状软骨；2. 假声带；3. 声带；4. 弹性圆锥；5. 环状软骨；6. 声门下间隙；7. 气管。(**d**) 1. 杓状软骨；2. 甲状软骨；3. 杓状软骨肌肉；4. 环杓关节；5. 环状软骨；6. 声门下间隙

8.4　发声

吞咽，人每天要进行上百次的动作，是一个快速且完全自动化的过程。但喉的主要功能是发出声音，通过声门上共振产生音素和单词。

8.4.1　声音的基本概念

为了了解喉发声的原理，我们需要探讨声学（acoustics），声音的物理科学（the physical science of sound），语音学（phonetics），发声器官学（the science of phonatory organs），以及语言学的基础知识[8-12]。

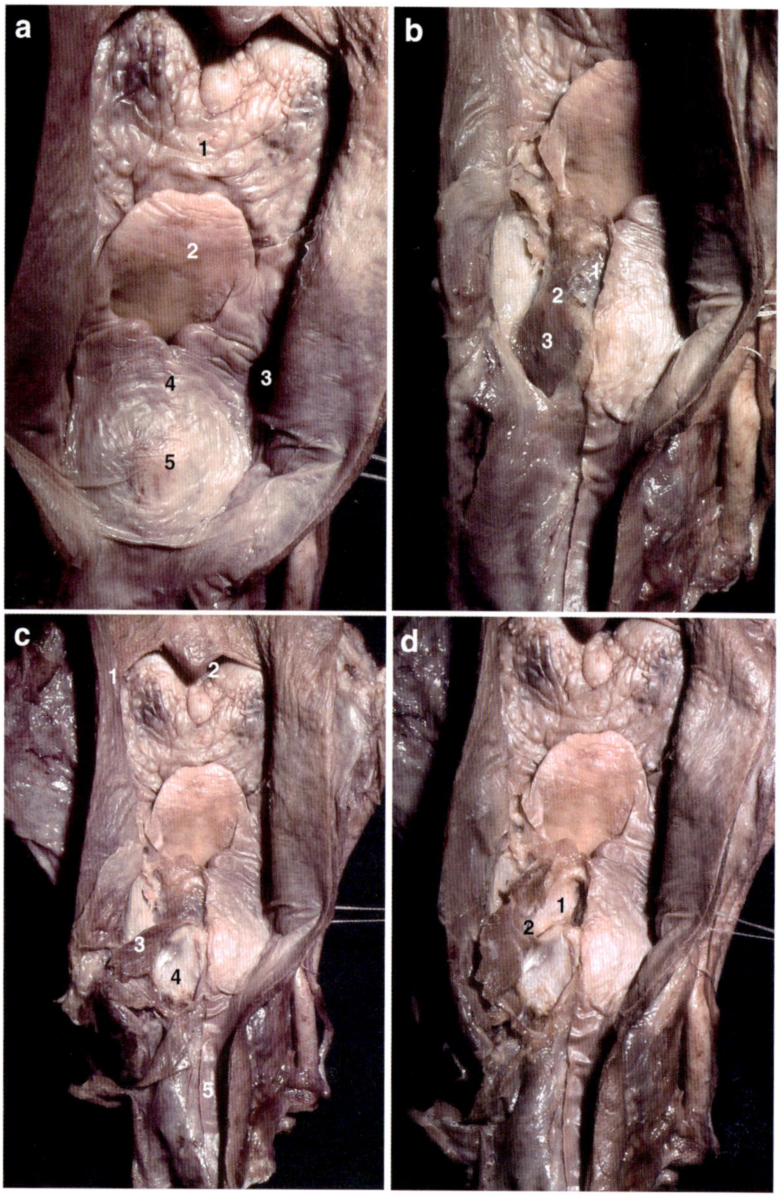

图 8.6 喉后面看（去除喉部后方肌肉）。（**a**）咽括约肌层面：1. 舌垂直部；2. 会厌后方；3. 梨状窝；4. 杓状软骨垫；5. 被覆黏膜的环状软骨后部。（**b**）黏膜开口处：1. 杓间肌小角结节顶部（圣托里尼）；2. 喉上神经和喉返神经结合部；3. 环杓肌（后部）。（**c**）后靠：1. 峡部侧缘弓；2. 悬雍垂；3. 环杓肌后弯部；4. 环状软骨后方软骨；5. 食管。（**d**）杓间肌斜面：1. 杓状软骨后凹面；2. 环杓关节

声音是由空气分子机械振动产生的。因此这是一种能量传递而没有物质移动。这类现象的典型代表就是石头扔进水里产生的一系列波纹，波纹逐渐衰减，使漂浮物摆动但并不会移动它们。

声音的速度取决于传播介质的密度和温度（在空气中，0℃时 330m/s，20℃时 340m/s）。

振荡的频率是单位时间的振荡次数，单位是赫兹（Hz）：振荡数/秒（oscillation number/second）。

波长（wavelength）λ，即波在一个完整周期内传播的距离，使用国际单位米（m）。

声波的能量随着与声源距离的增加而减小，我们用能量以 10 为底的对数（分贝）和距离的二次方的关系来描述这一特点。

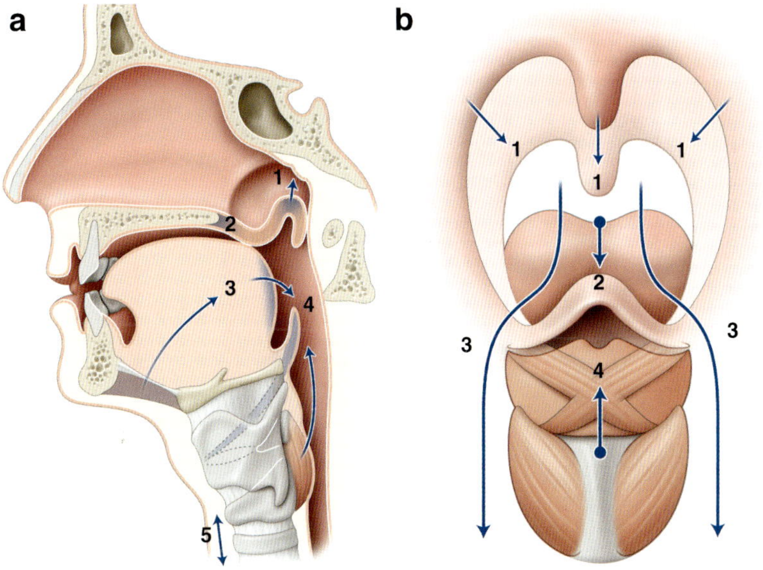

图 8.7 吞咽示意图：(**a**) 矢状面：1. 由腭帆提肌收缩使软腭向上卷曲；2. 腭帆张肌收缩使软腭的前三分之一变硬；3. 通过口底肌肉收缩舌向后推进；4. 位于舌垂直部和杓状软骨垫之间的会厌；5. 喉的垂直运动。(**b**) 后路观：1. 缩小的咽峡部；2. 会厌弯曲改变食团的流动方向；3. 食团被推向两侧；4. 上升的杓状软骨垫

声波的强度用分贝表示，也可以以瓦/平方厘米（$Watts/cm^2$）测量。

高音和低音音调的定义取决于频率。

人耳能听到25Hz和20 000Hz之间的声音；低于下限则是次声，超出上限是超声。

弗莱彻图定义了一个听觉区（听力），报告了频率（以赫兹计），以及用分贝表示的可知觉阈值和疼痛阈值。

我们可以了解一下声音的不同代表方式：表示时域变化的波形，振幅和周期，有不同频率的频谱，以及矢量。

Joseph Fourier（1768—1830）发展了声音的频谱分析。由此我们可以给耳定义出一个在500到5000赫兹之间的敏感区域。随着年龄的增长，听力老化性下降可达三倍。在同一频率段受到听觉创伤（如长期使用100赫兹电钻而且不采取保护措施的工人），他的听力图显示相应频段的听力丧失。

我们可以区分单一频率的纯音，比如调音时给出的一个音，和有基频的复合音或乐音，虽然混有谐波的话，用谱分析的方法判断音符会慢一点。谐波的频率是基波的整数倍——偶数倍（不对称信号）与奇数倍（对称信号）。噪声是一些数量不定的声音的组合。

声音由以下三个参数来定义：音高（高或低），强度（弱或强）和音色（与基波混合的谐波决定，音色用于区分乐器以及不同人声）。

自人类出现就开始利用空气柱振动产生声音。空气柱受声波激励，产生振动以传递声音，空气柱又处于共振腔内，通过调节管状的共振器口径大小来使气流受抑制或暴发，从而调控声音。

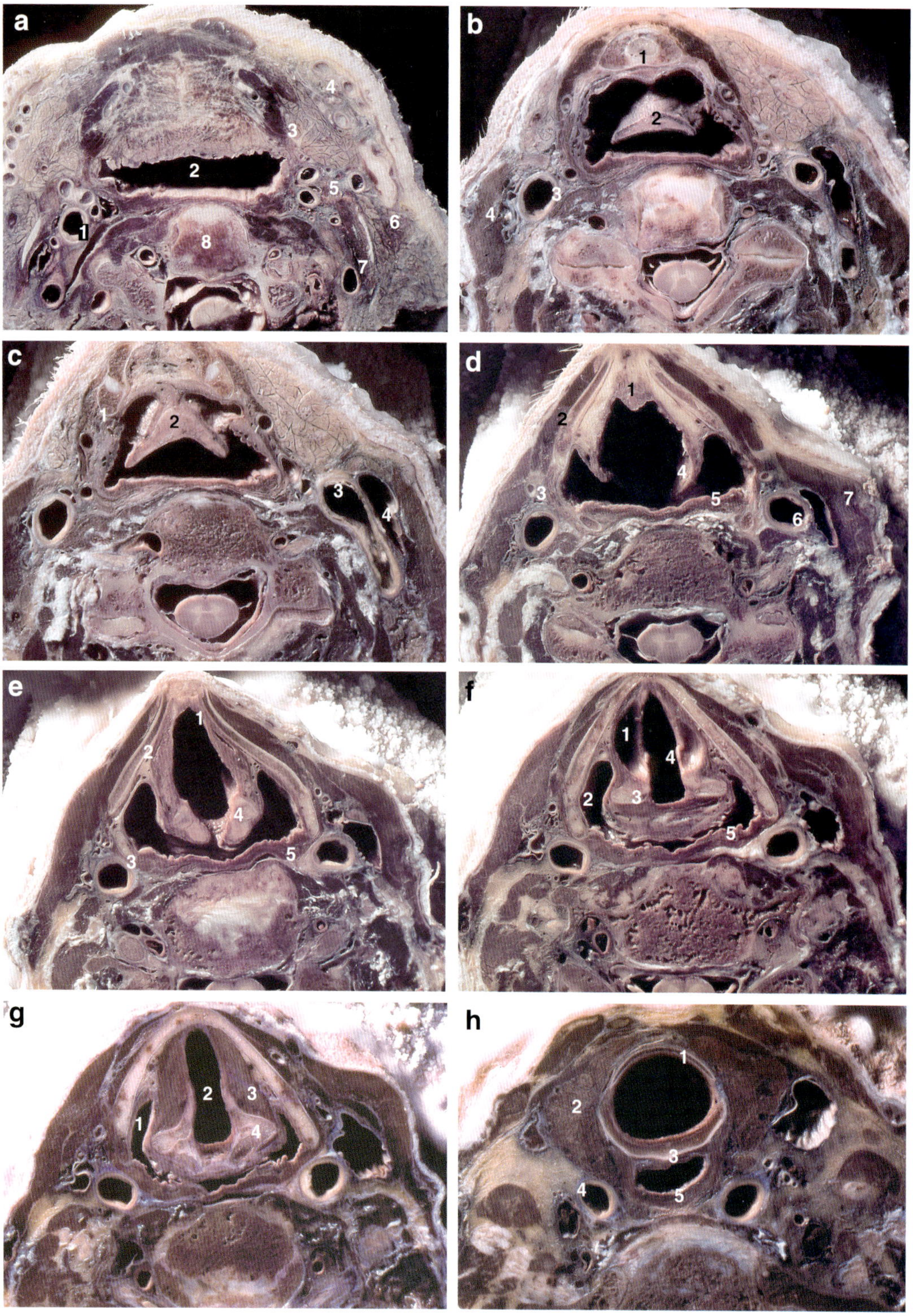

图 8.8 喉的断层解剖轴位观（由上至下）。(**a**) 1. 左颈动脉分叉；2. 口咽部；3. 二腹肌肌腱的中间肌；4. 下颌下腺；5. 颈外动脉；6. 胸锁乳突肌（SCM）；7. 颈内动脉；8. 颈椎。(**b**) 1. 舌骨体；2. 会厌；3. 左颈总动脉；4. 胸锁乳突肌。(**c**) 1. 舌骨体大角；2. 会厌（形似罗马瓦）和舌骨会厌韧带；

8.4.2　发音语音学

语音学是研究人类如何发声的。

喉的中心位置发出声音：声门是一个靠后的三角形区域，基底由两块声带肌肉组成，周围有被覆黏膜形成的声襞，向后固定在杓状软骨。

它们的顶端是前庭韧带或声韧带，在同一方向紧邻一个黏液腔，莫尔加尼描述其为喉室。位于声门下的圆锥状有弹性的喉有助于声音的形成。

声门下方的气流来源于气管、支气管和肺，这些均来源于膈和腹壁肌的收缩和舒张，对声音的控制很重要。

以上就是从声门到嘴唇的声音通道，紧邻声门上共振器：

- 咽；
- 被鼻旁窦（上颌窦、蝶窦、筛窦、额窦）环绕的鼻腔；
- 口及其中的舌；
- 骨腭及向前的牙槽骨和牙；
- 软腭与其后方的悬雍垂和肌肉群；
- 上下唇。

声音通道上的所有这些结构，都会改变穿过它们的空气柱，产生“共振”，最终实现丰富的语言表达。

发音的关键在于通过对气道阻力的调控实现不同类型的发音，发声类型与发声部位不同有关：

- 唇（双唇或单唇）；
- 牙（牙与牙间）或两者（唇齿）；
- 龈缘的上门牙（肺泡前中后）；
- 硬腭（前腭、腭和后腭）；
- 软腭（帆）；
- 悬雍垂（小舌）；
- 舌根（基）；
- 咽（咽腔）；
- 声门（喉）。

发音的模式（articulation mode）非常重要，主要有：无阻力发声，单纯口腔发声，口鼻腔发声和颊部中间和侧部发声。

8.4.3　语言

居住在地球上的不同群体的人对语言的使用导致了语言的多样性：世界上 21 种被最多人使用的语言，第一是中国的普通话，占到世界人口的 70%；世界上使用语言和方言的种类总数估计在 6000 种左右。

语音，作为主要通信工具，很快衍生出保存记忆的书写方法，并由此开始了有记载的文明史。美索不达米亚、埃及和中国的文字记载都开创了人类文明史，因为只有这些国家和地区的文字有规范和科学的书写方式。一些文明的象形表意文字需要使用解密密钥，而不能读出音节。这一现象仍然存在于中国和日本一些表意文字中。后来，出现了字母书写，它和每一种语言都有对应关系。字母［alphabets，来自于第一个希腊字母 α（α）β（β）或引物］在每一种语言都提供一个列表对应的拼音字母（音节、词、语句），作为口语使用。

图 8.8（续）　3. 右颈动脉分叉；4. 颈内静脉。(**d**) 1. 甲状腺上切迹；2. 甲状软骨；3. 上角；4. 杓会厌；5. 咽下缩肌；6. 右颈总动脉和颈内静脉；7. SCM。(**e**) 1. 梨状隐窝；2. 甲杓肌；3. 喉前庭；4. 小角软骨（圣托里尼）；5. 咽下缩肌。(**f**) 1. 杓状软骨垫（杓斜肌和杓横肌）；2. 梨状窦；3. 喉室；4. 杓状软骨的声带突及其韧带；5. 声门（声门裂）。(**g**) 1. 梨状窦；2. 声门；3. 声带肌；4. 具有声带突的杓状软骨基底。(**h**) 1. 气管；2. 甲状腺侧叶；3. 环状软骨的基底；4. 颈总动脉；5. 食管

由此我们进行了一系列基本的分类，主要是在元音和辅音之间进行（图 8.9）。

元音的特点是声音气流在声门上腔无阻力通道中产生。有 6 个元音字母（A，E，I，O，U，Y）和 16 个辅音。它们大多是由声带振动引起的共振产生的。我们区分其不同类型是根据其不同的谐振器：鼻（an，on），唇腔（ou，oh），牙（舌前：haie，ah），后方（舌背：hou），关闭（以最小的口孔）或打开（最大口孔）。

辅音是由空气在声门上腔的通道受阻引起的。可以通过其表达模式不同而进行区分：爆破音（完全堵塞和“爆炸”释放），缩窄，响音和擦音（在缩紧点的喉音与摩擦的混合物），或塞擦音（一个闭塞和擦音的组合）。辅音依靠软腭的相互作用在口腔或鼻腔发音。

因此，语音学家是语音领域的专家，或科学和技术专家（工程师、声学、研究人员、音乐老师…）或治疗专家（发音障碍治疗学专家、言语治疗师）。

8.4.4 发声机制

三个结构发挥了重要作用：声带、软腭和舌。

8.4.4.1 声带肌

声带肌不能产生高频率的声音是由于肌纤维无法以这个频率主动收缩。然而，它们的收缩可以调整其强度，由空气柱的推动改变它们的振动模态。

声音由声带振动产生，其特性取决于声带的振动频率以及其开放程度。

一个更复杂的系统可以调节它们的张力。事实上，它们是借助关节连接甲状软骨的内下方，下方有环状软骨，通过环甲肌的作用来调节开关。声带张力的变化会通过改变振动频率，即令音高发生变化，从而影响声带的振动。

有关吹管乐器（有一个或者两个簧片的，如单簧管、双簧管，或者小号这样由嘴引起振动的）的详细的技术知识让我们明白，音符的改变是靠振动的空气柱的长度改变实现的。这说明了孔或键存在的原因；对于长笛来说，勃姆体系是重要的技术创新的来源。显然，很难想象在管上打孔然后把手指放上去。

因此，对大音域的歌手（女高音，女中音，女低音，男高音，男中音，男低音）来说，为了涵盖一个大范围的可接受的音域和变音区域，声门需要垂直移动并固定在不同的位置，这是靠喉外肌来完成的（图 8.10）。

两个系统确保功能执行：

- 首先，关于“舌骨支架”的活动性：我们已经看到，舌骨支持喉部和舌根。有肌肉附着在舌骨上方：二腹肌带，茎突舌骨肌，下颌舌骨肌，颏舌骨肌；也有肌肉附着于舌骨下方：靠中间的附着于胸骨的胸骨舌骨肌，外侧的二腹肌肩胛舌骨肌固定在肩胛骨上缘的肩胛切迹。后者的颈筋膜覆盖整个舌骨下区并维持其张力；
- 其次，垂直运动的甲状软骨，向上通过甲状舌骨肌和舌骨相连，向下通过胸骨甲状肌连接到胸骨和第一肋骨。这两类肌肉插在甲状软骨上，使肌肉力量达到一个理想的分布。

这个非同寻常的复杂组织明显符合喉部发出低音和高音的需要，使发声性能提高三倍。此外，就像一个弦乐艺术家把他的手指放在琴弦上正确的位置，并通过手指振动产生特定的共振从而得到经典的“颤音”一样，一个训练有素的歌手通过甲状软骨两侧肌肉的交替收缩振动来赋予他的声音以特色。

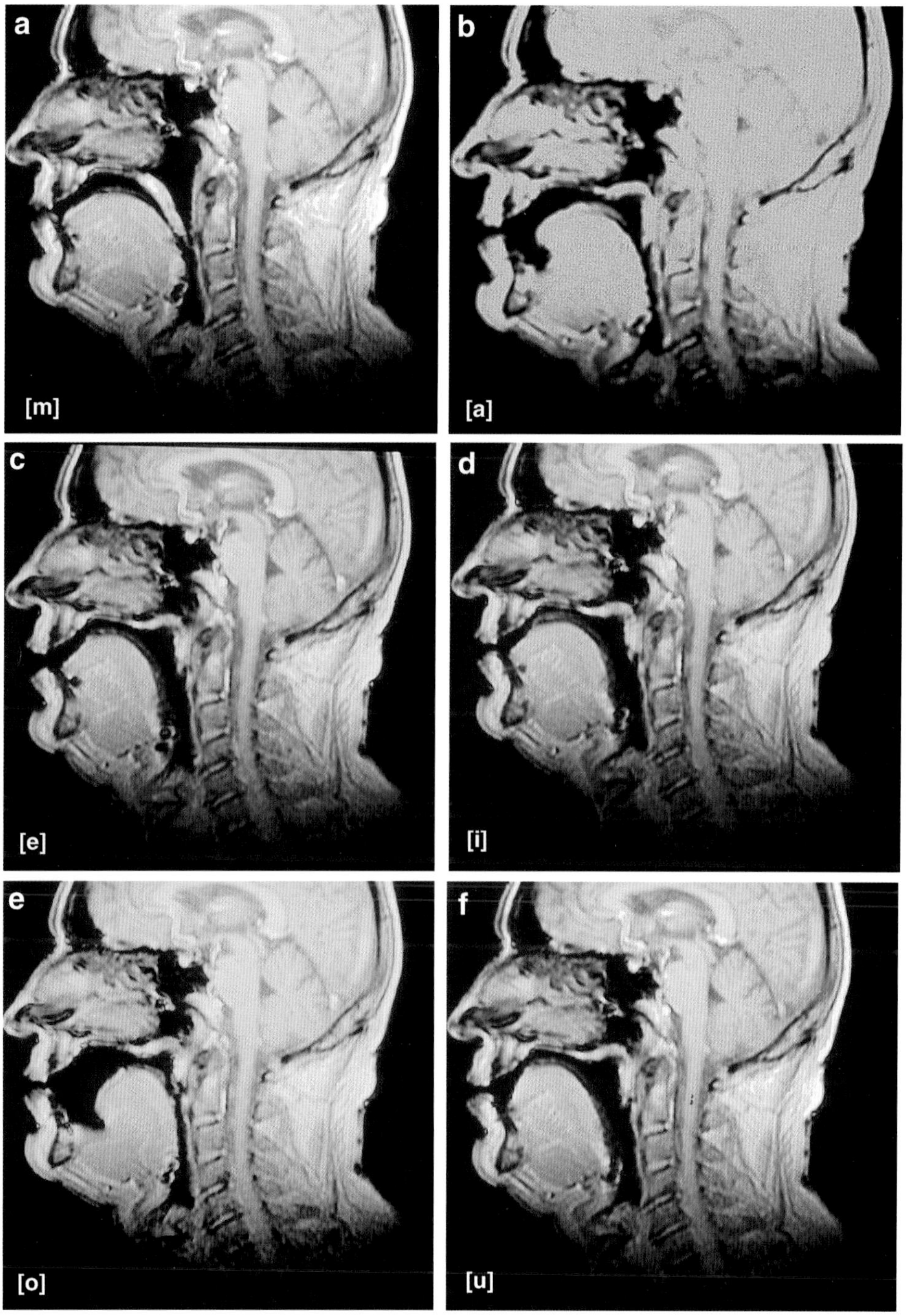

图 8.9　发声时 MRI 矢状断面研究。(**a**) 发［m］时，软腭呈放松状态的鼻腔方式。(**b**) 发［a］时，腭帆提肌收缩关闭鼻咽部和前颊腔。(**c**) 发［e］时，腭帆提肌收缩。(**d**) 发［i］时，腭压缩。(**e**) 发［o］时，用前颊腔。(**f**) 发［u］时，后颊腔舌垂直部倾斜

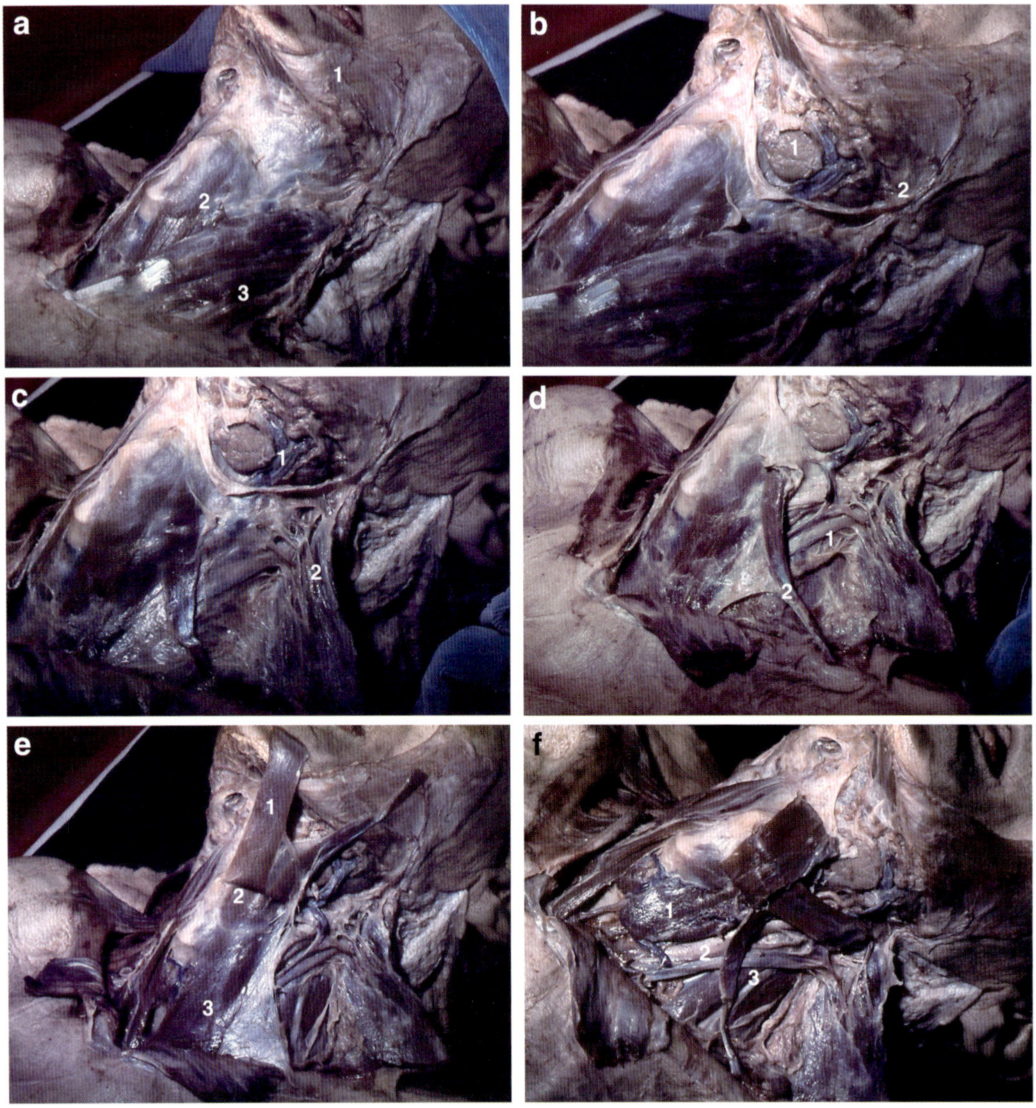

图 8.10 颈前肌解剖图。(**a**) 浅表观：1. 颈阔肌；2. 喉；3. 胸锁乳突肌。(**b**) 颈浅筋膜切开：1. 颌下腺；2. 斜腱膜。(**c**) 胸锁乳突肌外侧：1. 甲状腺舌面主干静脉；2. 副神经（Ⅺ）支配的胸锁乳突肌。(**d**) 颈部血管蒂：1. 颈总动脉及颈内静脉；2. 肩胛舌骨肌。(**e**) 部分胸骨舌骨肌与肩胛舌骨肌：1. 胸骨舌骨肌；2. 甲状舌骨肌；3. 胸骨甲状肌。(**f**) 甲状腺的解剖：1. 甲状腺侧叶；2. 血管蒂；3. 前斜角肌腱膜内的膈神经

这些所有肌肉位于颈内静脉前一块手掌大小的区域，由颈丛神经支配（C2、C3），并由舌下神经前支来支持。

8.4.4.2 软腭

正如 Sébileau 所述："它的外观如同一个具有四个柱子的悬拱桥"（图 8.11）。事实上，它上面有两条肌肉分别连接颅底、咽鼓管与软腭，即腭帆提肌与腭帆张肌。软腭下面通过其前柱连接于舌，即舌悬雍肌；通过其后柱连接于咽，即咽悬雍肌（图 8.12）。上述两对腭弓之间便是腭扁桃

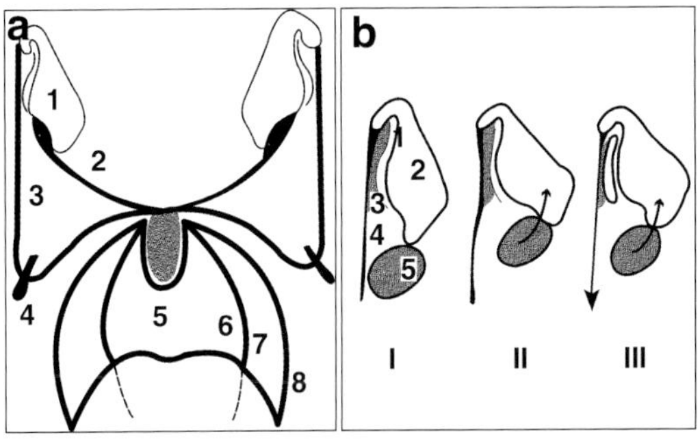

图 8.11　示意图。（**a**）"悬拱桥"有四大支柱：1. 咽鼓管纤维软骨瓣；2. 腭帆提肌；3. 腭帆张肌；4. 翼钩；5. 喉峡；6. 腭咽肌（后柱）；7. 扁桃体窝；8. 腭舌肌（前柱）。（**b**）咽鼓管咽口三种状态：1. 开口；2. 软骨瓣；3. 固定在腭帆张肌的纤维管膜；4. 腭帆张肌与咽鼓管侧缘；5. 向下拉的腭帆提肌，咽鼓管呈现三种状态：Ⅰ. 放松：管口关闭；Ⅱ. 发音：腭帆提肌收缩，咽鼓管关闭；Ⅲ. 两块肌肉同时收缩，咽鼓管开放（吞咽和打哈欠时）

体，它对于耳鼻喉科医生的意义，如同阑尾对于普通外科医生。

为了便于理解软腭，了解中耳的解剖结构显得十分重要[13]。它与咽鼓管及鼓膜的压力调节有直接关系。

鼓室等压（The Tympanic Equipressure）

人类的听觉功能可以捕获、处理和识别声音，这是通过测量和控制声波的强度（由听骨链完成）和频率（由耳蜗完成）来实现的[14-18]。听觉的传导是从耳朵（外、中、内）到脑干（5 个前庭蜗神经中继核团、下丘）和大脑颞叶皮质（第一个颞叶脑回的横回）。

在可以感受振动的所有物质中，鼓膜是最佳选择。但一个主要的限制就是鼓膜两侧的压力必须相等，才能确保最高的效率以及最大的弹性变形上限。相反，如果一侧鼓膜压力高于另一侧，那么鼓膜这侧的变形能力就会大大减弱。

鼓膜位于外耳道的底部鼓骨的鼓膜沟中。其外侧与外界的空气相通，内侧位于骨室腔内，接收锤骨柄的振动并将其传导至听小骨链（锤骨、砧骨、镫骨）（图 8.13，8.14）。这是一个封闭的腔，可以通过乳突气房向后传导，其内壁是类似于椎体海绵状骨组织的乳突气房[19-20]。

事实上，为了保持鼓膜的内面与外界空气压力平衡，需要解决一个连接上的问题。为了解决这一问题，我们猜想可以从鼓室放置一个开放的管道至外界，就位于外耳道下方。但在这种情况下，振动链分析将会同时到达双侧鼓膜，力学上来讲一侧会与另一侧抵消。

完美解决这一问题的就是距离最近的鼻腔专门用于输送外界空气的神奇的咽鼓管。咽鼓管是一个连接鼓室和鼻咽部的通道，在鼻咽侧壁可清晰地看到咽鼓管咽口[21-24]（图 8.15）。由此，任何外部压力的增加或减少均可在双侧的耳鼓（eardrum）同时感知。

然而，又有另一个技术问题出现了。若中耳与声道之间存在这种相通的管道，当声带发出声音时就会沿两个不等长的路径听到自己的声音。长通道是从口至外耳道及鼓膜的外侧，而短路径是从喉经咽鼓管通至鼓膜的内表面（图 8.16）。两个通道的长度的差异会带来声信号的相移。因此，永久性咽鼓管开放的患者通常饱受听到自己混乱声音的困扰[25-26]。

解决方案很简单，就是不要让咽鼓管持续性开放，除非当喉不工作之时，即吞咽或打哈欠的时候。

软腭与咽鼓管的协同作用

这就是为什么软腭上部两条肌肉与咽鼓管存在千丝万缕关系的原因。它的内侧为能够提供咽鼓管硬度的纤维软骨，外侧为纤维膜。它从咽部至原鼓室逐渐变细，原鼓室是位于咽鼓管的起始部，附着于颅

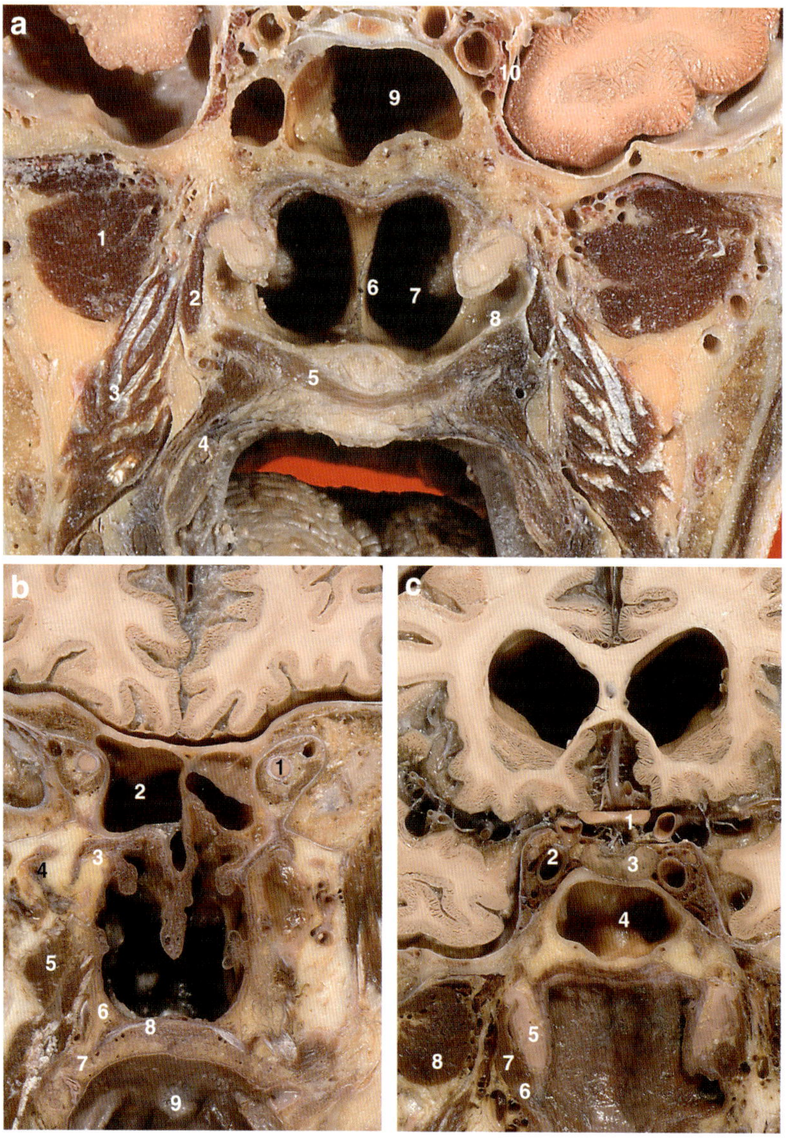

图 8.12 腭帆提肌。(**a**) 鼻咽部冠状后面观：1. 翼外肌（LPM）；2. 腭帆张肌；3. 翼内肌（MPM）；4. 舌咽和腭咽肌；5. 腭帆提肌形成软腭肌肉带，横向纤维形成悬雍垂肌；6. 鼻中隔（犁骨）；7. 后鼻孔；8. 咽鼓管咽口；9. 蝶窦；10. 颈内动脉。(**b**) 鼻咽冠状位前面观：1. 视束眶尖，眼动脉和眼上静脉；2. 蝶窦；3. 蝶腭动脉；4. 副交感翼腭神经结；5. 翼内肌；6. 腭帆张肌；7. 翼突外侧板的钩状突起；8. 腭帆张肌腱在软腭表面返折；9. 腭垂。(**c**) 垂体冠状断面：1. 视交叉；2. 颈内动脉海绵窦段；3. 垂体；4. 蝶窦；5. 咽鼓管；6 腭帆提肌；7. 腭帆张肌；8. 翼外肌

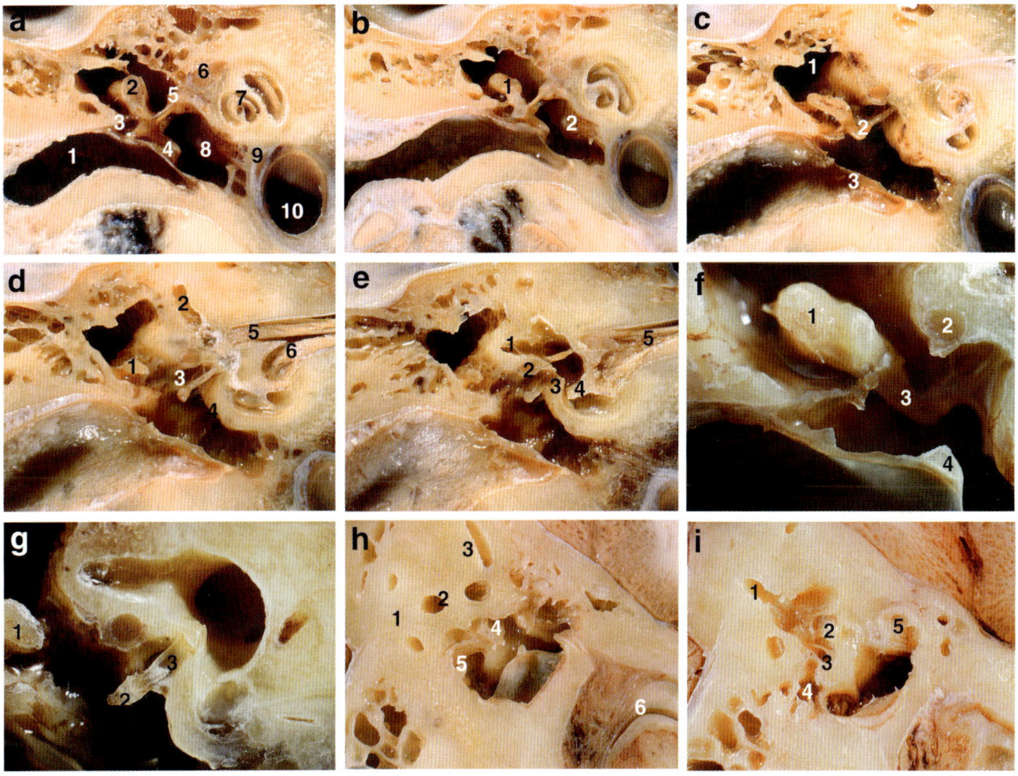

图 8.13　右侧听小骨链断层解剖（由前至后）a/b/c/d/e 冠状矢状连续断面。（**a**）1. 耳道外；2. 锤骨上韧带；3. 锤骨侧突；4 连接鼓膜的锤骨；5. 附着于匙突的腭帆张肌肌腱；6. 膝状神经节（Ⅶ）；7. 耳蜗；8. 鼓室腔；9. 颈内动脉周围的交感神经纤维；10. 颈内动脉。（**b**）1. 砧骨锤骨链；2. 岬。（**c**）1. 乳突窦入口；2. 砧骨镫骨关节链；3. 鼓膜。（**d**）1. 砧骨短脚及其砧骨窝内韧带；2. 上半规管；3. 镫骨和镫骨肌腱；4. 鼓室神经（Ⅸ）；5. 前庭神经（Ⅷ）；6. 耳蜗神经（Ⅷ）。（**e**）1. 外半规管；2. 面神经（Ⅶ）；3. 镫骨上卵圆窗；4. 耳蜗第一圈螺旋骨管；5. 内耳道。（**f**）放大的砧骨和镫骨：1. 砧骨体；2. 面神经鼓室段；3. 豆状突关节，砧骨长脚，镫骨头；4. 锤骨及鼓膜。（**g**）镫骨放大视图：1. 砧骨短脚；2. 砧骨-镫骨关节豆状突；3. 镫骨后脚和卵圆窗基底。（**h**）右耳的矢状切面：1. 后半规管；2. 外半规管；3. 上半规管；4. 镫骨；5. 圆窗（耳蜗）；6. 颞下颌关节。（**i**）矢状切面：1. 外半规管；2. 椭圆囊；3. 球囊斑；4. 第二鼓膜封闭圆窗；5. 骨性管内的鼓膜张肌

底的一个骨性凹槽。

腭帆提肌起于咽鼓管软骨部下面及邻近的颞骨岩部下面，纤维向下并斜向前内方，止于腭腱膜[27]。它收缩后向后上拉紧软腭，从而确保悬雍垂能够封闭鼻咽部。这一功能对于吞咽以及鼻音和口腔发元音起到十分重要的作用（图 8.17）。与此相反，无论怎样提高纤维软骨瓣膜向上的角度，咽鼓管都不会开放。此外，它不具有肌梭（Winckler），实际上只有运动神经支配便能控制鼻咽的开/关状态，而不需要比例控制。

第二条肌肉便是腭帆张肌。它形成一个三角形的幕，起自蝶骨角棘、翼突根部、翼突窝、咽鼓管软骨部和膜部，纤维向下聚集成小腱，绕翼突钩略呈直角，折向正中线编入腭腱膜。重要的是，该肌紧密附着在咽鼓管的侧面纤维膜上。

因此，该肌单独收缩可以发挥其声音调制器的作用。吞咽过程中与腭帆张肌的共同收缩形成的张力允许咽鼓管约 0.4s

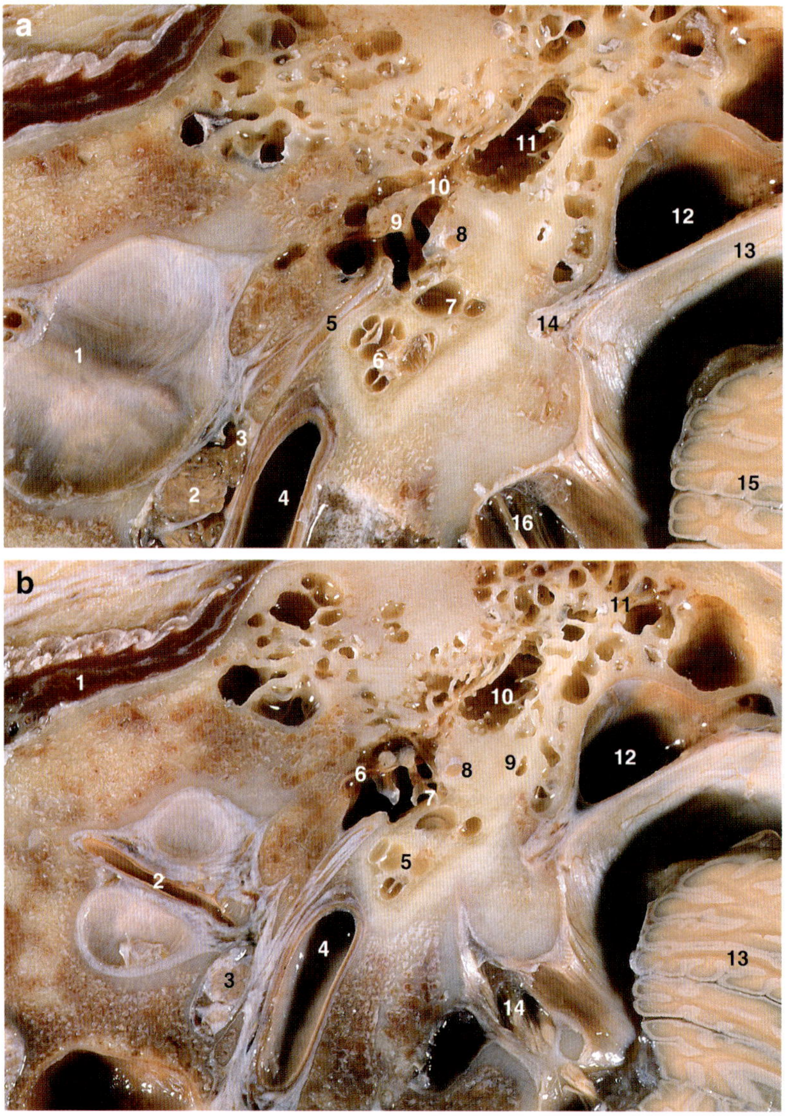

图 8.14 右耳上方轴位观。(**a**) 上部：1. 脑膜中动脉；通过颅中窝看到大脑硬脑膜；2. 卵圆孔的下颌神经（V3）；3. 棘孔；4. 颈内动脉；5. 鼓膜张肌和匙突的肌腱固定于锤骨；6. 耳蜗；7. 前庭；8. 面神经（Ⅶ）；9. 砧骨（覆盖锤头）；10. 砧骨窝内砧骨短脚；11. 乳突窦入口；12. 乙状窦；13. 颅后窝的硬脑膜；14. 内淋巴管；15. 小脑；16. Ⅶ、Ⅷ神经。(**b**) 下部：1. 颞肌；2. 脑膜中动脉；3. 下颌神经（V3）；4. 颈内动脉；5. 耳蜗；6. 锤骨与砧骨之间的鼓索；7. 位于前庭（椭圆形）窗口的镫骨；8. 面神经（Ⅶ）；9. 半规管；10. 窦；11. 乳突气房；12. 乙状窦；13. 小脑；14. 内耳道顶

的短暂开放，这是由腭帆提肌打开瓣膜以及张肌固定外侧纤维膜实现的（图 8.18）。这足以平衡鼓室两侧的压力梯度。

直接验证这一现象的方法可以通过爬山或乘坐空中的飞机。这样会有大约 2000m 的海拔高度变化引起的压力变化。在起飞或降落时，压力逐渐变化，并且你会感到听力的衰减，这可能会带来疼痛，尤其是对于患有鼻炎的儿童。为了恢复压力平衡，可以做一系列吞咽动作，比如喝一些饮料。

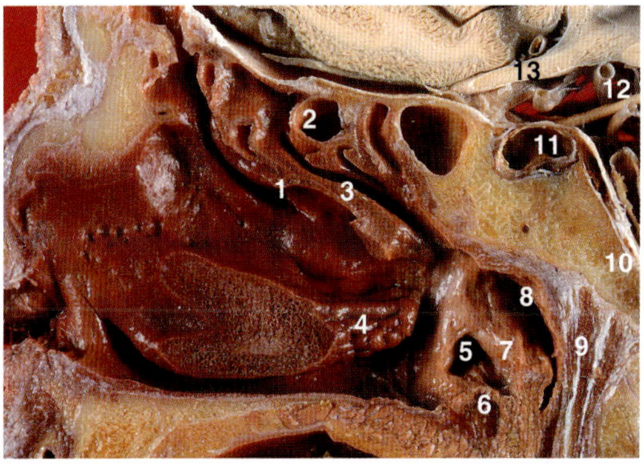

图 8.15　左侧咽鼓管咽口旁矢状面观。1. 筛漏斗和额鼻管；2. 筛房；3. 切除中鼻甲显示中鼻道；4. 下鼻甲的后部；5. 咽鼓管咽口和腭帆提肌；6. 咽鼓管咽襞皱（肌肉）；7. 咽鼓管圆枕（卸载阀）；8. 咽隐窝；9. 椎前肌；10. 斜坡；11. 颈内动脉；12. 动眼神经（Ⅲ）；13. 视交叉

医学上不推荐使用潜水员常用的 Valsalva 动作——强力闭呼动作，即深吸气后紧闭鼻腔和嘴，再用力将空气推入鼻腔。虽然有效，然而鼻腔的高压会促使所有鼻咽黏膜的细菌侵向中耳，从而引起耳部感染[28]。

鼓膜和锤骨柄的连接是我们需要继续探讨的问题。当鼓膜一侧压力发生显著变化，会使其被推向外侧。然而，鼓膜张肌针对这一问题起着特殊的保护作用，其位于鼓膜张肌半管内，它的肌腱以适当的角度通过匙突止于锤骨柄基底，其作用是将锤骨拉向外侧，张紧鼓膜。这块肌肉形成了具有二腹肌的肌肉系统，且具有相同的张肌，共同被三叉神经支配。通过收缩，这些肌肉保持在适当的位置，为锤骨提供一个有效的保护。此肌肉有肌梭，在吞咽过程中会形成牵张反射[29]。

应特别强调的另一块小肌肉是位于听骨链另一头的镫骨肌[30]。镫骨肌位于鼓室后壁的锥隆起内，肌腱入鼓室，止于镫骨，此肌收缩使镫骨底向后外方移动，蹬动前庭窗，将鼓膜的振动传至内耳。镫骨肌反射简单来说是耳在受到过大声音刺激时，

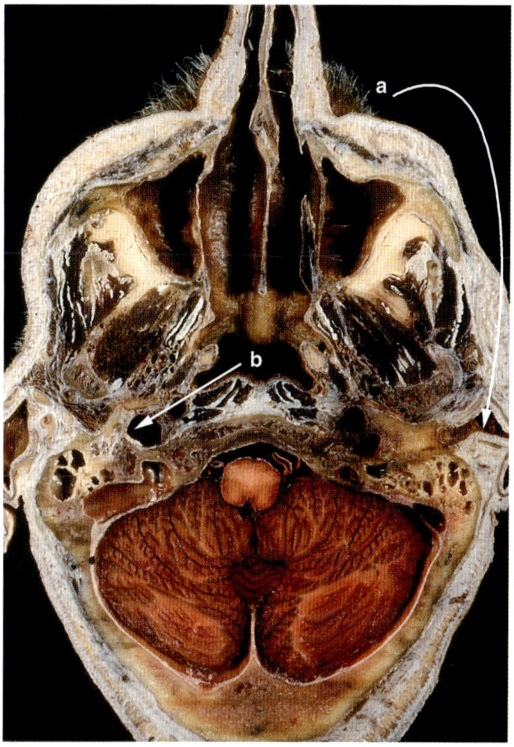

图 8.16　声音传播的轴位示意图。a. 从口至耳的长路径；b. 从鼻咽经咽鼓管到耳短路径。发声时咽鼓管关闭，避免声音失真

镫骨肌收缩增加中耳传导途径的强度，而阻止过大声音传入内耳，避免损伤内耳，保护耳蜗。与腭帆张肌不同，它没有肌梭，由第Ⅶ对脑神经面神经支配[29]。听觉反射通路由在脑干中的蜗神经核团和橄榄复合体及面神经核团共同构成[31-32]。每当我们说话或存在巨大的噪声源时这种反射就会被激活。这就是年轻人会发生噪声性耳聋甚至是失聪的原因，因为他们常将“播放器”音量开到最大（100dB 以上）或常去夜总会（那里不停歇地放出声音很大的音乐而不能进行安静的谈话）。事实上，当镫骨肌这块小肌肉变得疲惫和过度工作时，便不再能收缩了。对于那些遭受噪声性创伤的猎人们可以在开枪前发出一些杂音，以便启动声反射保护耳蜗，但这仅仅是一个建议，未必会有效。

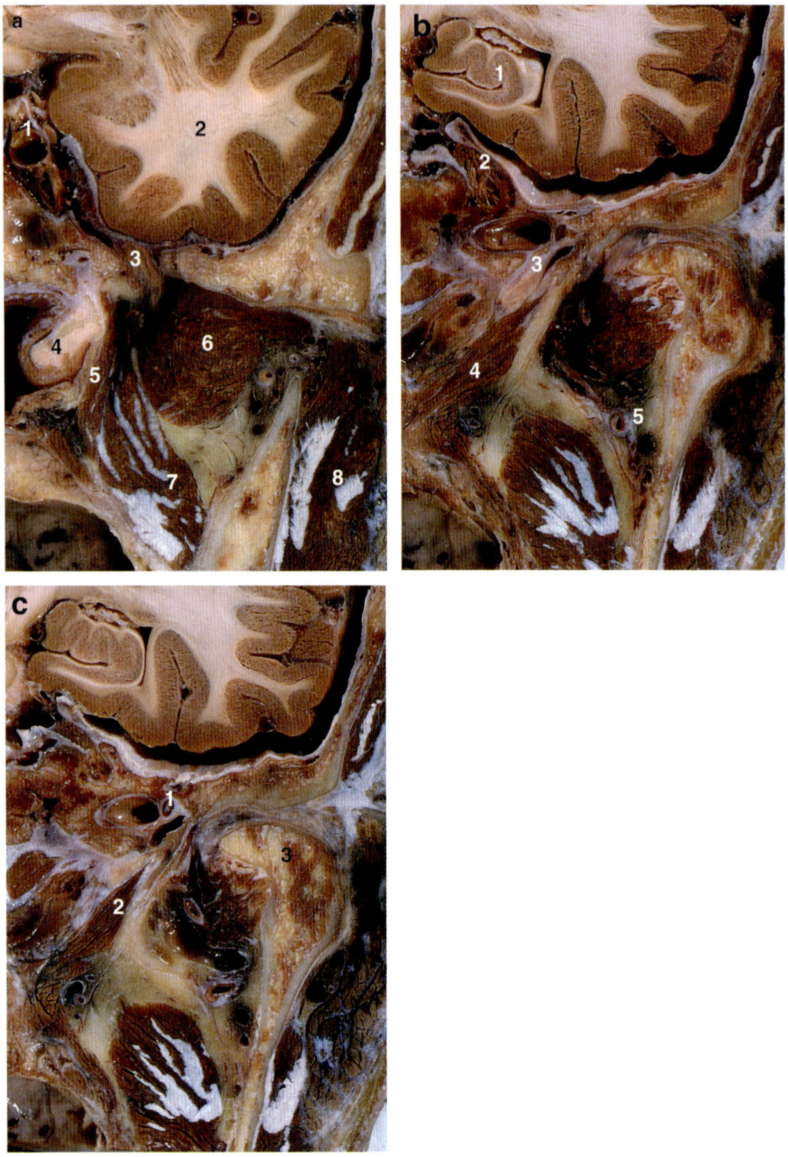

图 8.17 右半部分冠状位后面观。(**a**) 后段：1. 颈内动脉；2. 颞叶；3. 下颌神经（V3）；4. 咽鼓管纤维软骨部；5. 腭帆张肌；6. 翼外肌；7. 翼内肌；8. 咬肌。(**b**) 中段：1. 海马；2. 三角丛三叉神经；3. 咽鼓管；4. 腭帆提肌；5. 上颌动脉。(**c**) 前部：1. 原鼓室的鼓膜张肌；2. 腭帆提肌；3. 下颌髁

综上，我们着重讲了独自或协同工作的三条肌肉。腭帆提肌在发声时起着重要作用，由舌咽神经（Ⅸ）支配；腭帆张肌的两个肌腹，鼓膜张肌均由三叉神经（V）支配。腭帆张肌与腭帆提肌协同收缩时负责吞咽和咽鼓管开放，单独收缩时使腭帆前 1/3 紧张，为食团通过咽峡提供压力，鼓膜张肌单独收缩时具有保护锤骨的作用。

8.4.4.3 舌

舌是参与发声的三个主要成员之一，它是一块具有高度灵活性的肌肉，覆盖着不同的黏膜，其前三分之二覆盖着不同的黏膜，由感觉神经舌神经（V3）支配，后三分之一分布着不同形式的味蕾：丝状，锥形，菌状，叶状和小扁豆状分布的。味蕾感受味觉：甜、咸、酸、苦并受舌咽神

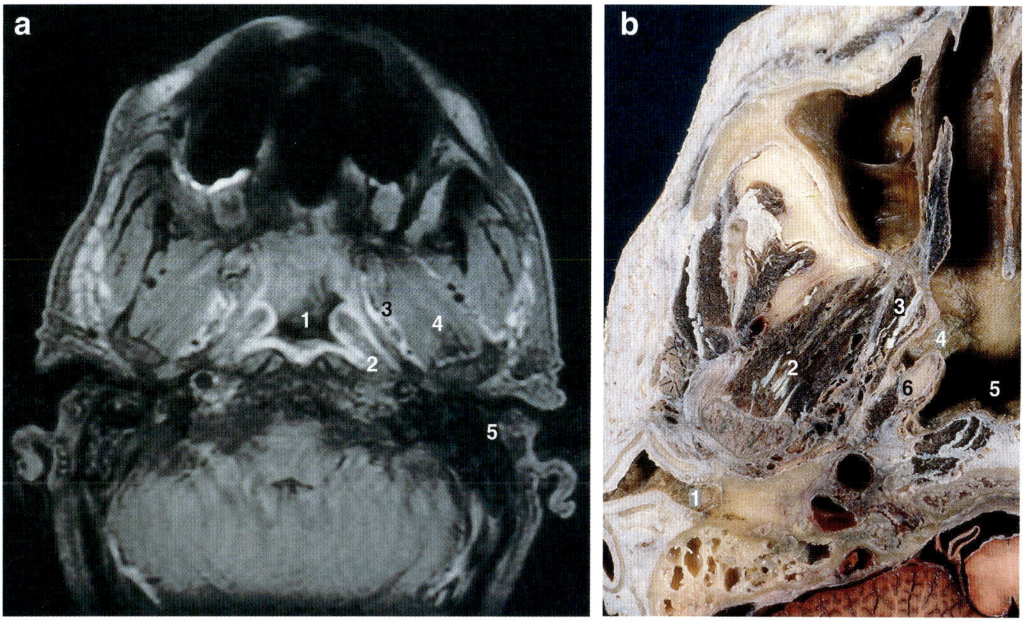

图 8.18　咽鼓管开放的解剖学基础。（**a**）在鼻咽部喷涂钆造影剂后 MRI 轴位观（Dr pharaboz）：1. 咽；2. 咽鼓管内侧阀；3. 腭帆张肌放松时呈弯曲形状，收缩过程中被拉直，咽鼓管的纤维产生的牵引使其开放 40～100s；4. 翼外肌；5. 外耳道。（**b**）相应的解剖轴位观：1. 外耳道；2. 翼外肌；3. 弯曲的腭帆张肌；4. 咽鼓管咽口；5. 鼻咽；6. 咽鼓管内侧瓣

经（Ⅸ）支配。舌分为上、下两面。上面叫舌背，舌背上有一向前开放的“V”形沟叫界沟，它是甲状舌管的胚胎残留。此外，舌黏膜的状态还能代表机体消化道的状态（白舌苔…）。

舌头有 17 块肌肉（2×8＋1），因此，舌头是独具非凡灵活性和敏锐性的触觉器官。有句谚语说：“牙疼的地方总有舌头”。

要理解它的结构，我们可以一块一块地分析：

- 首先，有两个矢状肌肉束：颏舌骨肌起自下颌骨颏棘，止于舌骨位于下颌舌骨肌的上方，正中线的两侧，舌的下方，因此在口腔形成一个三明治样的结构。
- 其次，舌体的中间是一块强有力的矢状肌肉——颏舌肌，它起于下颌体后面的颏棘（靠近下中线），止于舌中线两侧。双侧颏舌肌收缩时牵拉两侧舌根部向前，舌尖伸向前下。
- 第三，外侧两边均是垂直插入舌体的肌肉即舌垂直肌，收缩时可以使舌体变平。上方有舌神经（V3），下方和内侧有舌下神经（XII），蜿蜒的舌动脉一直走向舌尖。事实上，有两种手术方式能发现舌动脉三角内通过垂直走行的舌下神经纤维。首先，背部的 Beclard 三角受到舌骨大角和舌骨后缘及二腹肌后腹部的限制；Pirogoff 三角被舌下神经、二腹肌的中间腱、后下方的颌舌骨肌肉边缘限制。

可以方便地从连接舌感觉神经和舌下神经的舌下肌群的侧方进行神经的分离和吻合。事实上，舌头的肌肉有很多肌梭，因为需要在口腔内精确定位，这样也就有了这种重要的本体感受器。

- 第四，茎突舌肌居二腹肌后腹之上并与之伴行，起自茎突，止于舌骨，连接颅底。黏膜的下面从舌尖到舌根均存在上纵肌和下纵肌。这两种肌肉能够使舌头在口腔中收缩。比较特殊的是这种横向的舌肌集中在舌头的两侧边缘。最后它们相互交错在大量的肌纤维中。

舌头的运动神经是由具有本体感受功能的舌下神经（Ⅻ）所支配的。口腔的下半部分（下颌舌骨及其所属的肌肉）的肌肉运动是受 V3 所支配的，而不是受颈丛（C2/C3）所支配。

神经系统能够单独激活舌头的不同肌肉，这一点对发声至关重要。但是正如我们在运动控制章节提到的那样，人类作为人体这台机器的操纵者不需要也不了解大脑是如何详细地调配每一块肌肉进行复杂的运动，我们的指令是对动作而言，并不需要直接调控每一块肌肉。

8.4.5 发声的指挥和调控

首先，我们必须记住两个基本概念：发声是由 35 块不同的肌肉运动所形成的，而主导这些运动的前提是听觉。事实上，语音由耳朵所控制，这也就解释了为什么一个先天失聪的孩子必然是哑巴。

最神奇的事情是，神经系统会逐渐形成一种由我们出生时所处的语言环境或者是父母所使用的语言所决定的语音应用模式[33]。在大脑具有可塑性的早期，更容易学习另一门新的语言。

神经系统能够自动链接口语中的单词和书面的单词，并使它们之间能够被很好地理解。换言之，我们可以将已掌握的语言的文本文字和其发音建立紧密的联系[34]。通过解释上述技术问题，我们可以看出在大脑中，必然存在一个中心控制语音的传送，以及另一个中心处理文本与口语语言含义的联系。此外还需要一个巨大的数据库，其中存储了文字、符号、图像、标记等，以及它们的使用方法：句法和语法[35-41]。

随着我们研究神经系统的方法的发展，我们理解书面语和口头语的联系的方法也在逐步提高。原来，心理学家受制于他们叫作“行为学”的研究大脑的方法，即改变输入分析输出的变化。

Broca 据此制定了一种解剖-临床方法，直到今天，在一些大型神经论坛中仍有提及。这种方法通过对观察神经系统疾病患者的临床症状，并在其死后，通过采用不同的技术来观察其大脑的形态变化及病理切片。这仍是目前神经病理学的一种主流研究方法。

解剖学家兼神经学家 Paul Broca 在 1861 年研究中报道了对一名叫作 Leborgne 的患者的 20 年随访观察。这名患者能够理解别人对他所说的话，但是他不能用言语表达自己的意思。这名患者死亡后，通过尸检发现患者左侧额叶较低的部位受损。

一些年后，Carl Wernicke 发现大脑一些具有独立的区域用来控制对于语言的理解，包括角回、缘上回、大脑外侧裂区域。随后，Dejerine 亦发现具有控制文本语言理解的独立区域[42]。这样，所有的语言中枢都得到了定义。

用这种方法得到的巨大进步首先是在神经外科手术中，用电刺激清醒患者的运动皮质以探索其脑功能。除了个别较深的区域外，触摸大脑并不会带来疼痛。因此，1920 年，加拿大的一名神经外科医生 Willer Penfield 采用这种方式，通过对超过 1000 名患者的测试，描述人脑运动中枢的“解剖模型”。实验结果显示，与语言发音相关的面部活动及咽喉活动占据运动皮质中很大的区域。

这种方法也在 Julin Wada 于 1949 所做

的实验中得到了应用，其通过术中唤醒患者后对其左侧颈内动脉注射阿米奴巴比妥钠来进行。

如今，随着现代神经影像技术的发展，使我们能够通过功能性磁共振成像“看到”大脑不同区域的静脉回流及其血流效应。此外，PET 能够通过对水分子沿神经纤维束弥散来进行示踪显像。与之相对的是，随着神经科学的发展，神经解剖和神经组织学家提供了越来越多的信息，让我们可以在大脑皮质中确定语言发音及语言记忆功能的区域，它对于说、读、写、记忆都是必要的，比如它可以记忆一次演出的演员或者是一场音乐会的音乐家[43]。

当然，大脑皮质中的第 6 区可以储存大量的信息。它与大脑的其他部位如脑干和小脑，中央基底神经节（纹状体和苍白球）一起完成这项工作。所有的这些神经功能都是依靠并行排列而成的数十亿神经元细胞完成的[44-45]。我们把这种具有交互功能的系统称为“脑的认知”，而目前有越来越多的科研组织对其进行专门的研究。

最后，对于我们传统的简化倾向，我们最大的困难是：我们如何在如此复杂的具有相关性的整体中还原我们需要的独立的部分。我们所讨论“思想”是一个统一的整体，但它具体是什么呢？我们必须再次回到“黑匣子”的理论中来，黑匣子不能被打开检查，但是它工作得很好。

因此，大脑自己具有完善的思维功能，我们只需填入分好类的信息并通过编码来记忆。在这里，应该对大脑的两个半球做出一些解释。我们已经描述了关于大脑对喉、口、软腭这些器官的调控作用。运动控制中枢有两个，每个大脑半球或者脑干的一半各有一个。我们在前面已经提到过其中一个在调控中占主导地位，我们称之为优势半球。大脑在工作的时候是一侧发出指令，另一侧与之同步。鉴于大脑需要将双侧大脑的信息进行整合，我们研究人的上肢和下肢发现：大约有 64％的人为右手利，4％的人为左手利，其余 32％的人双侧都比较灵活。大多数人的语言中枢主要位于左侧大脑，其用来对发音和书写信息进行整合和理解。左侧大脑半球的卒中会引起右侧肢体偏瘫和语言功能的缺损。

所以，在这种情况下，右侧大脑在对语言的控制中扮演什么样的角色呢？我们收集了大量的单侧大脑半球患者的临床数据[46-47]。我们发现双侧大脑的功能并不完全是由出生时决定的，比如一个年幼的孩子切除一侧大脑半球后，另一侧大脑半球能够代偿所有的脑功能。我们可以说，虽然左侧大脑半球在语言中起主导作用，但右侧大脑半球的作用也不像我们所想的那么小。右侧大脑半球在语言中主要用来调整一个人说话的语调、口音、语气，甚至是说话时连贯程度、话语的重复等作用。右侧大脑受损后可以表现出对侧肢体偏瘫及语言功能的不完整，包括语言失去连贯性及节律性，声音中蕴含的感情较少甚至冷漠。因此，右侧大脑半球更多的是为语言增加情感。

对于音乐创作人的研究也提供了一些证明[48-49]。受到右侧大脑支配的左耳对音乐的旋律较右耳更为敏感。Alajouanine 对 Maurice Ravel 的一个特殊的临床研究发现，这个失用、失读、失写的患者能够听懂乐曲中的旋律甚至能找出旋律中的错误。这名患者（右手利者）甚至能够在自己头脑中创作新的乐曲，但是他不能把这首乐曲书写或者是演奏出来（左侧大脑半球受损）。他仍然能够调琴，这可能与存储在基底神经节库中的自动的无意识运动信息有关。

右侧大脑半球负责采集音乐的旋律和乐曲中所包含的思维情感。左侧大脑半球负责音乐技能，因此代表一种分析性逻辑性的思考。包含 200 万个神经纤维组成的胼胝体中用来负责联系双侧大脑半球的信息交换及同步、协同工作，其也可以在一侧大脑受损时使另一侧大脑代偿部分功能[50-51]。

最后一点，也是非常重要的一点是，大脑亦有其自己的“内部语言”。典型特点就是，它能够允许我们在脑内通过说或者唱，甚至是一张图片来进行表达，而不必用言语表达。我们能够在大脑中创建一个句子，而不一定要把它念出来、写出来，我们可以把单词和字母写在脑子里。甚至可以在脑海中改变这句话的语气。

如果没有这一内部语言，我们还能思考吗？在任何时候都是，语言的丰富程度决定了思想的丰富程度。当一个人回忆往事或者估量当下状况时，都会存在这种不用语言的沟通。当然，转变为梦也是很容易的，唯一一个主要的区别就是通过切断脑干（蓝斑）和大脑的联系来让人失去意识。所以对于那些无意识地盯着某个物体，或者沉浸在回忆或理想中的人来说，有很大的做白日梦的空间。病理学家可能会因此认为谵妄患者脑海中所看到的画面是多彩的，即他所期望看到的画面（白日梦），而不是实际的画面。最后，一个音乐家能够在自己脑海中完成他的音乐创想，而不一定需要乐器。这也解释了，Ludwig van Beethoven 和 Gabriel Fauré，在其听力完全丧失的情况下，仍然创作出包括著名的第九交响曲在内的伟大作品。

结论

总之，每个人都有一个独一无二的生物身份证，不管是他的声音、语调、动作、步伐、笔迹，都是具有唯一性的。通过复杂的机制产生的语言，亦具有这样的功能，也是人区别于其他动物的一种典型特征。

参考文献

1. Langman J (1972) Embryologie médicale. Masson et Cie, Paris
2. Aviv J (1999) The normal swallow. In: Carrau RL (ed) Comprehensive management of swallowing disorders. Singular Publishing Group, San Diego, CA, pp 23–29
3. Humbert IA, Robbins J (2007) Normal swallowing and functional magnetic resonance imaging: a systematic review. Dysphagia 22(3):266–275
4. Martin RE, Goodyear BG, Gati JS et al (2001) Cerebral cortical representation of automatic and volitional swallowing in humans. J Neurophysiol 85:938–950
5. Miller AJ (1982) Deglutition. Physiol Rev 62:129–184
6. Mosier KM, Liu WC, Maldjian JA et al (1999) Lateralization of cortical function in swallowing: a functional MR imaging study. AJNR Am J Neuroradiol 20 (8):1520–1526
7. Shaker R (1995) Airway protective mechanisms: current concept. Dysphagia 10:216–227
8. Titze IR (1994) Principles of voice production. Prentice-Hall Inc., New York
9. Fischetti A (2003) Initiation à l’acoustique. Editions Belin, Paris
10. Jessel M (1973) Acoustique théorique. Masson, Paris
11. Matras JJ (1990) Le son. PUF, Paris
12. Val M (2002) Acoustique appliquée. Dunod, Paris
13. Rabischong P (1994) Anatomia ragionata dell’orechio. In: Salvolini U, Chiesa A (eds) Otoradiologia. Guido Gnocchi, Napoli
14. von Bekesy G (1960) Experiments in hearing. McGraw Hill, New York
15. Fletcher H (1951) On the dynamics of the cochlea. J Acoust Soc Am 23:637–645
16. Kemp DT (1986) Otoacoustic emissions, travelling waves and cochlear mechanisms. Hear Res 22:95–104
17. Sterkers O (1984) La formation des liquides de l’oreille interne. J Fr Otorhinolaryngol 33:239–250
18. Aran JM (1973) Clinical measures of VIIIth nerve function. Adv Otorhinolaryngol 20:374–394
19. Mancuso AA, Hanafee WN (1982) Computed tomography and magnetic resonance of the head and neck. Williams and Wilkins, Baltimore
20. Veillon F (1991) Imagerie de l’oreille. Médecine-Sciences Flammarion, Paris
21. Riu R, Flottes L, Bouche J et al (1966) La physiologie de la trompe d’Eustache; Applications cliniques et thérapeutiques. Arnette, Paris
22. Aschan G (1955) The anatomy of the Eustachian tube with regard to its function. Acta Soc Med Ups 9:131
23. Buch NH, Jorgensen MB (1964) Eustachian tube and middle ear. Arch Otolaryngol 79:472
24. Tamari MJ (1953) Auditory tube and tympanic cavity during embryonal, fetal and prenatal life. Arch Otolaryngol 57:627

25. Miller JB (1961) Patulous Eustachian tube. Report on 30 cases. Arch Otolaryngol 73:310
26. Neveu M (1959) La béance permanente de la trompe d'eustache. Un trouble physiopathologique peu connu. Ann Otolaryngol 76:950
27. Basmadjian J, Dutta CR (1961) Electromyography of pharyngeal constrictors and levator palati in man. Anat Rec 139:561
28. Soros P, Lalone E, Smith R et al (2008) Functional MRI of oropharyngeal air-pulse stimulation. Neuroscience 153(4):1300–1308
29. Winckler G (1982) Particularités de l'innervation de certains muscles dans le domaine oto-rhino-laryngologique. Arch Anat Hist Embr Norm Et Exp 65:49–56
30. Lang J (1995) Skull Base and Related Structures. Schattauer, Stuttgart
31. Moller AR (1974) The acoustic middle ear muscle reflex. In: Keidel WD, Neff WD (eds) Handbook of sensory physiology. Springer, Berlin
32. Bratzlavsky M (1976) Human brain stem reflexes. Sahani Elsevion, Amsterdam
33. Mesulam M (2000) Principles of behavioural and cognitive neurology. Oxford University Press, Oxford
34. Philipose LE, Gottesman RF, Newhart M et al (2007) Neural regions essential for reading and spelling of words and pseudowords. Ann Neurol 62(5):481–492
35. Aboitiz F, Garcia RV (1997) The anatomy of language revisited. Biol Res 30(4):171–183
36. Bookheimer SY (2002) Functional MRI of language: new approaches to understanding the cortical organization of semantic processing. Annu Rev Neurosci 25:151–188
37. Damasio AR, Geschwind N (1984) The neural basis of language. Annu Rev Neurosci 7:127–147
38. Hickok G, Poeppel D (2007) The cortical organization of speech processing. Nat Rev Neurosci 8 (5):393–402
39. Jacquemot C, Scott SK (2006) What is the relationship between phonological short-term memory and speech processing? Trends Cogn Sci 10(11):480–486
40. Matsumoto R, Nair DR, LaPresto E et al (2004) Functional connectivity in the human language system: a cortico-cortical evoked potential study. Brain 127 (10):2316–2330
41. McCarthy R, Warrington E (1984) A two-route model of speech production. Brain 107(2):463–485
42. Dejerine J (1895) Anatomie des centres nerveux. Rueff et Cie, Paris
43. Schulze K, Zysset S, Mueller K et al (2011) Neuroarchitecture of verbal and tonal working memory in nonmusicians and musicians. Hum Brain Mapp 32(5):771–783
44. Duvernoy H (2005) The human hippocampus, 3rd edn. Springer, Berlin
45. Paxinos G, Mai JK (eds) (2004) The human nervous system. Elsevier, London
46. Ross ED (1981) The aprosodias: functional-anatomic organization of their affective components of language in the right hemisphere. Arch Neurol 38 (9):561–569
47. Powell HW, Parker GJ, Alexander DC et al (2006) Hemispheric asymmetries in language-related pathways: a combined functional MRI and tractography study. Neuroimage 32(1):388–399
48. Bigand E, Habib M, Brun V (2012) Musique et cerveau; nouveaux concepts. Nouvelles applications. EMPR Sauramps Médical, Montpellier
49. Garrel R, Amy de la Bretèque B, Brun B (2012) La Voix Parlée et la Voix Chantée. EMPR Sauramps Médical, Montpellier
50. Paul LK, Brown WS, Adolphs R (2007) Agenesis of the corpus callosum: genetic, developmental and functional aspects of connectivity. Nat Rev Neurosci 8(4):287–299
51. Schmahmann JD, Pandya DN (2006) Fiber pathways of the brain. Oxford University Press, New York

第 9 章　膀胱与直肠控制

（郭宗铎　译，宋刚　孙澎　校）

摘要

膀胱和肛门括约肌的功能是在尿液和粪便排泄间期保持盆腔储存库的安全节制，这一过程是有意识的主动控制的过程。这些功能都是由自主（植物）神经系统：交感神经和副交感神经来支配的。对这两种排泄需求的感觉在功能上十分重要，且这二者不同。对膀胱来说，肾持续产生尿液，膀胱尿容积和尿液对膀胱逼尿肌的压力与尿意的产生有关。对直肠来说，便意始自直肠的强制性收缩，并受控制精神的大脑皮质的调节，这可以很好地解释经常出现的便秘现象，特别是在女性中。括约肌有平滑肌和横纹肌两种类型。平滑肌提供节制功能的主要部分，而横纹肌可以在紧急的情况下提供补充作用。膀胱和直肠括约肌中的横纹肌不能各自分别收缩，可能是为了避免太过复杂的意识控制。

9.1　引言

这一运动功能由括约肌中的圆柱形横纹肌结构完成，它们围绕在盆腔的排泄管道周围，控制着肾和消化道代谢产物的清除。

9.2　技术问题及解决方案

盆腔储存代谢物的部位位于骨盆底部。膀胱收集由肾持续产生的尿液。直肠收集具有典型的令人厌恶气味的粪便，该气味有助于避免从口腔到肛门的正常消化进程的逆转。

代谢废物的排泄必须是间断进行的，而且是可控的。对代谢废物的储存，首要的问题是需要具有防水、高弹性和可变形的功能的存储器，以防在非排泄时间发生渗漏。而且，存储器必须具有一个入口，允许代谢废物以正压通过单向的阀门注入。在排泄时，它还必须能够避免代谢废物反流。

存储器需要通过收缩其体壁以减少容积。因此，这两个存储器都需要具有收缩功能。膀胱由黏膜和平滑肌（逼尿肌）[1-4]构成，直肠由纵向和环形的平滑肌纤维构成（图 9.1）。

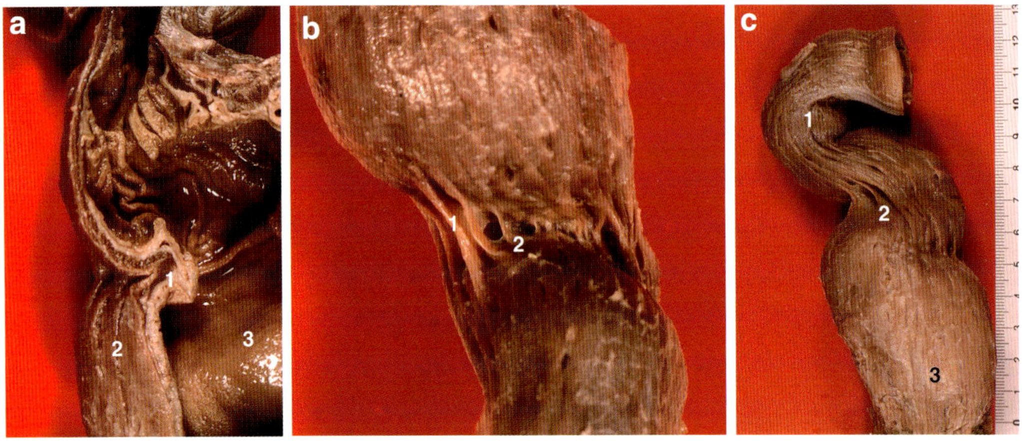

图 9.1 直肠解剖。(**a**) 直肠壶腹显示不同层次：黏膜层，深部的圆形和表面的纵行的平滑肌纤维层。1. 永久性直肠圆形纤维皱襞具有阻止反流的作用；2. 纵向平滑肌纤维；3 黏膜皱襞。(**b**) 直肠永久皱襞的外部观：1. 维持皱襞的纤维束；2. 皱襞的深部。(**c**) 直肠陷凹的一般性观点：1. 直肠乙状结肠交界处；2. 直肠上部具有阻止反流作用的皱襞；3. 直肠上部储存粪便

9.2.1 强制性克制

是否排泄必须在中枢意识控制的横纹肌和由自主神经支配的平滑肌之间进行决定。这一选择具有较好的抗疲劳性，已明确地进行了选择。事实上，主要的问题是在排泄时的节制。

在排泄途径中有 3 种既不同又能互补的装置：

- 首先，平滑肌括约肌能够维持永久收缩，提供大部分的克制。
- 其次，横纹肌括约肌会快速疲劳（女性 130 秒，男性 60 秒）。但它可以阻止主动控制的排泄或在存储器内压力过高时维持节制，例如在咳嗽或排尿中途时中止排泄。在横纹肌括约肌内，有专为此目的而形成的神经肌梭，能够诱导钳式牵张反射。
- 第三个特征是充分利用排泄管道的几何形状。在膀胱，其膀胱三角区组织包括浅层的部分依赖外层纵向逼尿肌的肌肉，和深层不可伸长的成纤维结缔组织部分。在直肠，由肛提肌的耻骨直肠束向后牵拉成 95°的肛肠角，形成一个“回领带”固定在骨盆前方（图 9.2）。它还发出纤维至肛缘皮肤，Milligan 和 Morgan 将其描述为“肛门褶皱肌”[5]。

9.2.2 排泄过程

对排泄需求的感觉对控制排泄是必不可少的。这一感觉来自黏膜下的机械传感器，它对充溢期间的机械扩张敏感，但对存储器的主动收缩尤为敏感。膀胱和直肠的工作原理不同。

9.2.2.1 排尿

- 当膀胱充盈达到 175～200ml 时就会出现第一次便意，此次便意可以很容易被抑制。但在脊髓损伤患者，其抑制能力减弱，就会出现尿失禁。当膀胱充盈达到 400ml，伴随着逼尿肌开始收缩，尿意就会更加强烈，迫切地需要排尿。排尿的意识控制

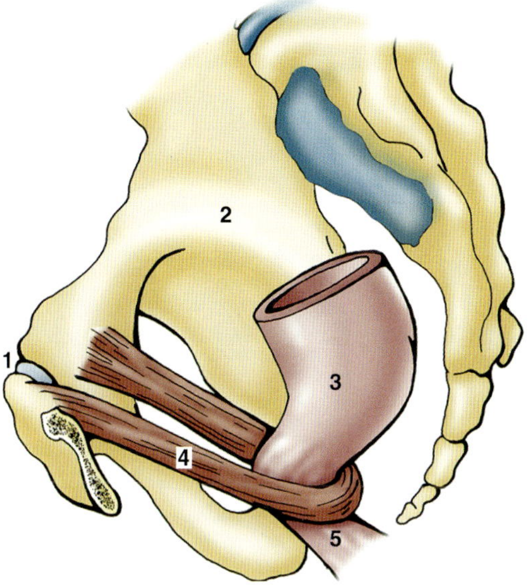

图 9.2　骨盆耻骨直肠肌侧面观。1. 耻骨联合；2. 髂骨；3. 直肠壶腹部；4. 耻骨直肠肌；5. 80° 肛肠角

来自尿道黏膜的感觉反馈[6]，排出通道，可以增强逼尿肌的主动收缩促使排尿；但通过意识控制横纹肌括约肌的收缩可以抑制逼尿肌收缩，有时可以抑制排尿（图 9.3）。

9.2.2.2　排便

直肠排便与膀胱的排尿不同[7]。便意是来自于直肠的主动收缩，而不是直肠的充盈。直肠收缩不像依赖于横纹肌的主动控制，而主要是基于教育和个人习惯控制诱导的皮质控制机制，例如：在日出时，早餐或午餐后，抽第一支香烟之后，或睡觉前。便秘在女性中经常出现，其常常具有不想排便的心理基础和便意的丧失。如果没有直肠的主动收缩，通过收缩腹肌和膈试图促进排便是无效的。但胃肠病学家或进行康复治疗的辅助医疗人员并不都理解这一点。对便秘的女性进行阴道触诊常常会发现直肠里满是粪便。

此外，在肛管的内侧壁富含各种触觉小体，能够精确感知直肠容积的变化。同时，它还具有许多含内衬隐窝的黏膜皱襞，它们与多少不等的重要的痔静脉丛相连。Stelzner 将其命名为“直肠海绵体”，参与某种形式的被动调控。

肛门黏膜对控制排出的重要作用尤其体现在解决气体排出这一难题。这些气体是由结肠内容物发酵产生的，随粪便排入直肠。它们使直肠膨胀，会产生一种特殊的感觉。有的人可以通过横纹肌括约肌松弛来调节排放气体时产生的尴尬声音。但是，他们无法避免气体所释放的气味，但如果躲在一群人当中，那就很难发现是谁排出的气体了。

可以通对截瘫患者进行肛门刺激[9]，或给便秘患者插入栓剂或注射轻泻药，引起肛门直肠反射[8]，产生直肠收缩。

直肠的主动收缩对会阴部后方产生的压力与腹肌收缩有关，充分证明 Winckler[10]、Gagnard-Landra 和 Sambuc 描述的横纹肌括约肌和肛提肌的解剖结构。

横纹肌括约肌有一个舟状窝，深部由围绕肛门平滑肌的环形纤维围绕，被结缔组织和脂肪之间的间隙隔开，浅层部分由弯曲成弧形的矢状纤维构成（图 9.4）。这些纤维平行排列附着在尾骨后方，形成尾骨直肠肌。在前方，它们通过中间的肌束固定在男性的会阴节点和海绵体肌；在女性，通过肌肉束附着在阴蒂，环绕在阴道口周围，止于坐骨直肠肌。因此，连接尾骨肌肉和前会阴部及耻骨的肌肉，称为耻骨尾骨肌。

1897 年 Holl 和 1899 年 Thomson 命名了肛提肌，它是真正存在于耻骨和髂骨的内侧的隔膜肌，通过附着在闭孔内肌内侧筋膜的肛提肌腱弓连接到尾骨[10]。肛提肌将两侧骶骨坐骨切迹之间的开放区域封闭起来。应当指出的是现代成像技术，尤其是 MRI，发现在尸体上的不同影像，该区域显示为一个凹顶结构而不是凸顶结

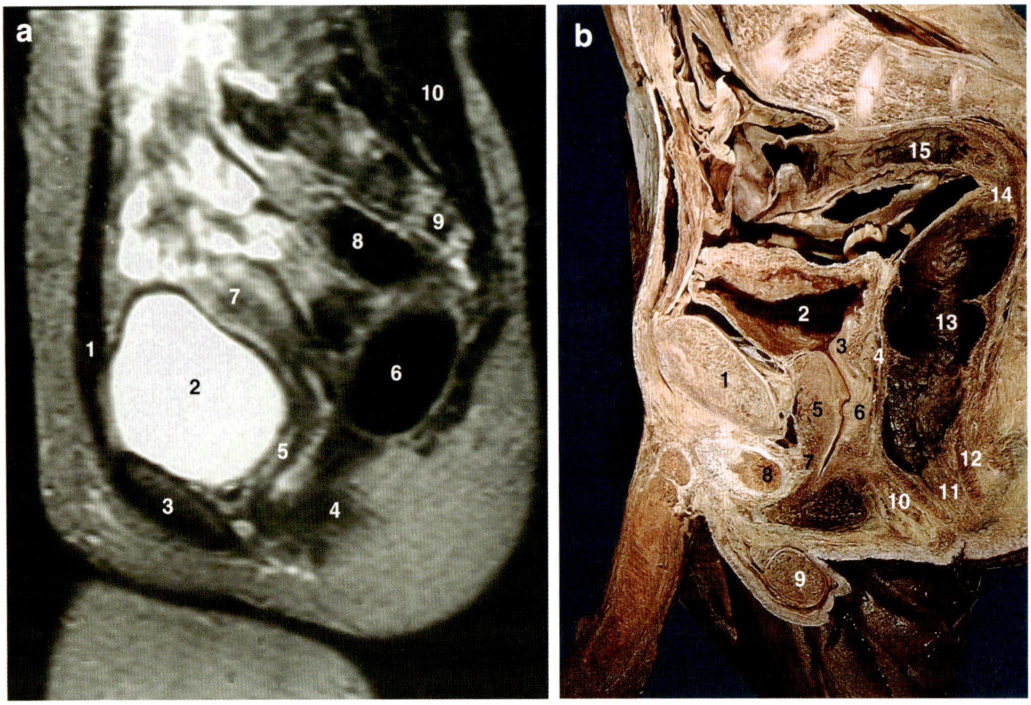

图 9.3 骨盆和括约肌。(**a**) 年轻女性骨盆的 MRI 矢状位图像：1. 腹直肌；2. 完整的膀胱；3. 耻骨联合；4. 肛门；5. 阴道；6. 直肠；7. 子宫；8. 乙状结肠；9. 骶骨；10. 脊柱的肌肉。(**b**) 男性骨盆矢状切面：1. 耻骨联合；2. 膀胱；3. 膀胱颈；4. 精囊；5. 前列腺；6. 前列腺尿道与射精管；7. 尿道括约肌；8. 海绵体；9. 睾丸；10. 外部横纹肌括约肌；11. 肛管与肛柱（含有丰富的静脉丛）；12. 内部平滑肌括约肌（与直肠平滑肌相连）；13. 直肠；14. 直肠乙状结肠交界处（抗反流阀）；15. 乙状结肠

构[11-12]。最后，就像前面提到的，在直肠与乙状结肠结合处的上部，有必要存在一个由厚的横向圆形肌肉构成的黏膜皱襞以防止反流。当直肠的纵向纤维和环形纤维相接触时，活瓣即会关闭，避免向乙状结肠回流（抗反流），同时直肠的高度降低，有利于排便。同时，附着于肛缘皮肤底面的纤维提高，加上横纹肌括约肌的最终收缩，就会创建出“雪茄切刀”的效果。

9.3 指挥和控制

9.3.1 两个互补水平的控制

为指挥和控制骨盆的存储[13-15]，有必要设计两个既不同又互补的控制系统：一个是受初级感觉顶叶皮质和脑干控制的有意识和自主的决定，负责管理所有生物维持的半自动功能，特别是背侧被盖的脑桥中央排尿中枢；另一个系统则是无意识地进行克制和控制排泄这些自动化程序。

这两种自主神经系统具有相同的结构，但作用却是相反的。它们有以下几点：

- 轴心内部：C8/L2 脊髓灰质中间部的交感神经，脑干和骶椎 S2、S3、S4 的副交感神经；
- 轴外神经节：颈-胸-腰骶部交感椎体侧链，加上交感神经系统内脏神经节和颅、骶的副交感神经系统神经节；

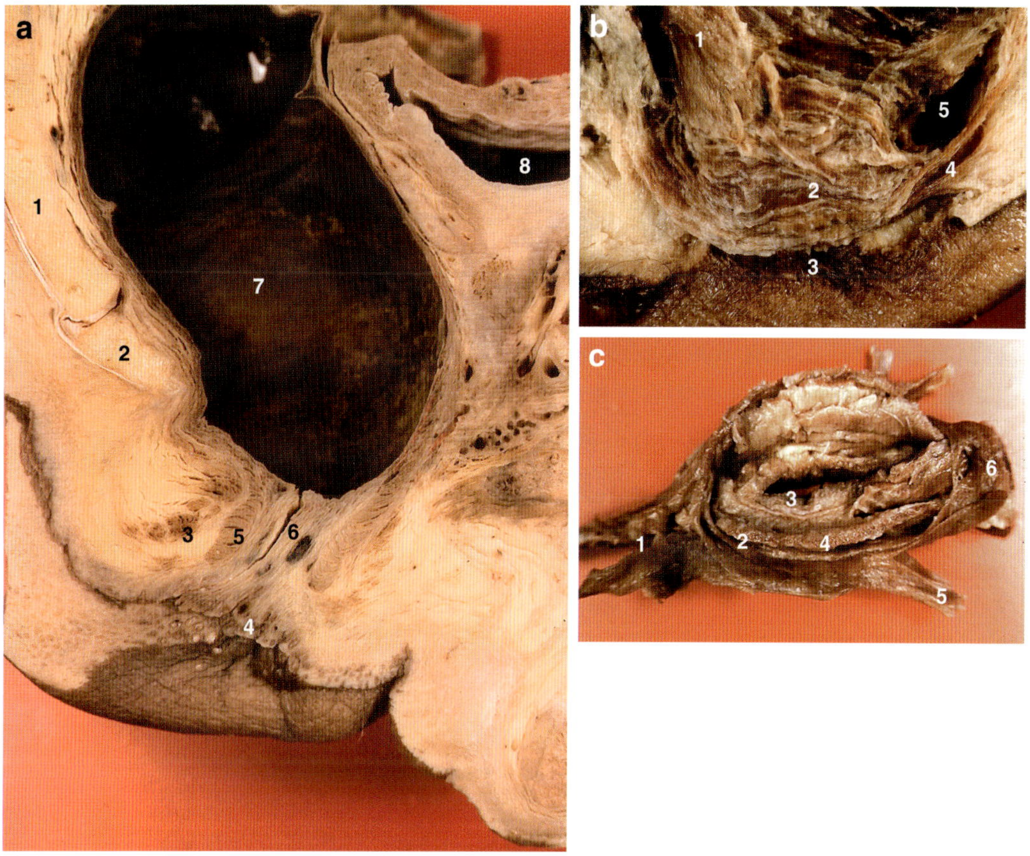

图 9.4　直肠和肛管的括约肌。(**a**) 直肠矢状切面（左半边）：1. 骶骨；2. 尾骨；3. 外部横纹括约肌；4. 肛门；5. 内部平滑肌括约肌与直肠的平滑肌纤维相连；6. 肛管静脉丛；7. 直肠陷凹；8. 膀胱。(**b**) 肛管矢状切面（左半边）：1. 肛提肌；2. 横纹括约肌；3. 直肠；4. 肛尾骨肌；5. 坐骨直肠窝。(**c**) 肛管解剖：1. 两个后方肛尾骨肌；2. 外部横纹括约肌；3. 肛门；4. 内部平滑肌括约肌；5. 耻骨直肠肌从后方固定肛门（维持肛门直肠角）；6. 会阴中心腱

- 与周围神经的联系：交感神经系统通过白交通支（节前纤维）和灰交通支（使用所有外周神经为载体的节后纤维）进行联系，副交感神经系统（由脑神经传导的节后纤维：Ⅲ、Ⅴ、Ⅶ、Ⅸ、Ⅹ），通过到达骨盆的迷走神经和骨盆神经传导；
- 在下腹部内脏神经从，交感神经确保松弛逼尿肌和直肠平滑肌，收缩平滑肌括约肌和逆转副交感神经的作用[11]。

9.3.2　躯干神经支配

只有记住会阴部的躯干神经分布，才能对盆腔及会阴部的疼痛进行正确的分析。

第一组胸腰部神经（T10/L1）包括：

- 在髂腹下神经（T12/L1）发出外阴部分支分布于耻骨、阴唇和大腿上内侧区域的皮肤；
- 髂腹股沟神经具有相同的起源和分布；
- 生殖股神经（L1/L2）分布于阴唇。

精确了解这些神经对正确诊断该部位的疼痛根源至关重要。闭孔神经除了对闭孔外肌的肌肉敏感，没有其他的敏感的区域。

第二组来自骶部的骶神经主要包括阴部神经（S2/S3/S4），它们分布在臀肌区域，走行至梨状肌的下方，然后传入闭孔内肌的筋膜折返。它有三个分支：支配阴部和肛门区域的感觉直肠下神经；支配前会阴三角的会阴神经，对大小阴唇、尿道、阴道前庭的感觉敏感；阴茎和阴蒂的背神经。臀神经（S1/S2/S3）是大腿后皮神经的分支，支配肛门和阴唇的外侧区域。

最后重要的一点是，膀胱和直肠两个横纹肌括约肌不能被独立地自主激活，可能是因为两个括约肌具有相同的功能目标，只需要一个控制两个括约肌的简单命令就可以达到相同的效果。

参考文献

1. Andersen J, Bradley WE (1976) The syndrome of detrusor sphincter dyssynergia. J Urol 116:493–495
2. Barrett DM, Wein A (1981) Flow evaluation and simultaneous external sphincter electromyography in clinical urodynamics. J Urol 125:548–551
3. Blaivas JG, Sinha HP, Zayed AH et al (1981) Detrusor external sphincter dyssynergia. J Urol 125:545–548
4. Bradling A (1987) Physiology of bladder smooth muscle. In: Torrens M, Morrisw JFB (eds) The physiology of the Lower Urinary tract. Springer-Verlag, Springer, New York, pp 161–191
5. Bartolo DCC, Jarratt JA, Read MG et al (1983) The role of partial denervation of the puborectalis muscle in idiopathic faecal incontinence. Br J Surg 70:664–667
6. Deleval J (1984) Contribution à l'étude du sphincter de l'urètre. Acta Urol Belg 52:147
7. Kerremans R (1969) Morphological and physiological aspects of anal continence and defecation. Ed. Arcsia, Brussels
8. Henry MM, Swash M (1978) Assessment of pelvic floor disorders and incontinence by electrophysiological recording of the anal reflex. Lancet 311:1290–1291
9. Girard R, Minaire P, Casteran JP et al (1978–1979) Anal and urethral sphincter electromyography in spinal cord injured patients. Paraplegia 16:244–247
10. Winckler G (1964) Manuel d'anatomie topographique et fonctionnelle. Masson et Cie Ed, Paris
11. Rouanet JP, Filhastre M, Maubon A et al (2011) Anatomie IRM du plancher pelvien. In: Bonneau D, Mares P (eds) Algies pelvi-périnéales et thérapies manuelles. Sauramps Medical, Paris, pp 21–34
12. Singh K, Reid WM, Berger LA et al (2002) Magnetic resonance imaging of normal levator ani: anatomy and function. Obstet Gynecol 99(3):433–438
13. Blok BF, Holstege G (1998) The central nervous system control of micturition in cats and humans. Behav Brain Res 92:119–125
14. El Badawi A, Chenk E (1971) A new theory of the innervation of bladder musculature. J Urol 105:372
15. Fowler CJ, Griffiths D, de Groat WC (2008) The neural control of micturition. Nat Rev Neurosci 9(6):453–466

第 10 章 射精和性高潮

（徐磊 译，宋刚 校）

摘要

为了种族延续必须要进行生殖。要求其是一个高效且智能自动（intelligent automation）的过程，并且基于一个重要的因素就是配偶的刺激：快感——生殖的主要动因之一。为了使两个配子（精子和卵子）有可能在女性生殖道内结合以制造出一个新的个体，需要一些特殊的解剖结构：一个刚度可变的注射器——阴茎；一个由横纹肌构成的尿道球海绵体肌构成的泵；以及交配达到高潮时突发的射精动作得以把精液和快感一起释放出来。对于男性，这种快感是由脊髓射精中枢的神经元放电所产生的。而对女性而言，在给予感应器阴蒂以适当的刺激后，也能记录到类似的性高潮发作。大多数关于性的问题均源于对这一神经生理过程知识的缺乏。

10.1 引言

对依赖于雌性和雄性配子结合以产生新个体，从而保持物种延续的种族来说，生殖功能是必不可少的。而这依赖于有独特排列结构的横纹肌的控制。

这个“生存装备”阐述了物种生存机制：除了人之外的所有生物都对生物学是完完全全一无所知的。这就是为什么生殖绝对需要自动进行，而且是三大生存过程之一：觅食（为了个体生存）、觅偶（为了物种生存）以及划定领地（用以觅食和觅偶）。

上述这三大过程均依赖于边缘系统[2]——它位于包括人类在内所有动物的大脑中，是生存行为的发生器。有些动物只有一个边缘皮质结构，它们把所有的时间都花费在吃、交配和捍卫自己的领土上。而人类不仅有一个复杂的包括扣带回、海马、穹窿、丘脑、杏仁核、腹中隔区、下丘脑、脑干中缝核等在内的边缘系统，而且上边缘系统皮质使其控制或多或少的边缘冲动。例如典型的边缘区域就经常被用于解释人类的战争、犯罪和嫉妒情绪，这些所有的表现形式在人类夫妻之间、家庭内部甚至在行业包括大学中亦存在。

这一章致力于研究边缘系统“生存装备”的其中一个部分——繁殖[3]。我们将通过研究大量相互关联的技术问题来回答一个疑问：如何繁殖？

10.2 交配的技术性难题

“交配”这一行为的目的是把雄性和雌性两个纳米级的组件共同放置在一个接收腔内：它们是头长 5μm、总长度为 60μm 的精子以及直径 200μm 的卵子。这二者结合之后将从一个受精卵经历胚胎发育阶段及胎儿阶段，最终诞生为一个新的生命。一些必要的技术特性将用来保证此过程的顺利实施。

10.2.1 刚度可变的注射器

在需要的时候，男性性器官必须能够达到足够的硬度才能进入女性的生殖道。而通常人类阴茎是处于绵软下垂的状态。解决方案是将动脉血注入一个可扩张结构——位于尿道下方的两条阴茎主海绵体，它具有一个内部网状结构[4]（图 10.1）。

因为液压系统（hydraulics）具有精准的特性，因此仅仅通过简单地增加入量和降低出量就可以控制阴茎的刚度——这是一个经典的“打开水龙头和关闭出口”给浴缸装满水的问题。而且这个浴缸日常还是维持半满状态的。

之前已经有大量的研究，以准确理解勃起的机制[5-6]。1900 年，一位名叫 Viktor・von・Ebner 的奥地利组织解剖学家（1842—1925）描述：海绵体动脉壁上有许多垫子样的结构，穿行于海绵体内，能够扩张动脉以填充海绵体。但法国泌尿科医生 G・Conti 在 1952 年认为在静脉外的主动瓣[7]能阻止静脉回流，导致勃起。然而 R・Virag[8]演示了向海绵体内注射罂粟碱导致勃起，从而认为构成阴茎海绵体网状体的血窦内富含的平滑肌细胞，在勃起中起到主要作用，在勃起的过程中，这些海绵体扩张从而引起膨胀[9]。

Lue 和 Tanagho 对静脉阻塞学说做了很好的解释：阴茎白膜下静脉丛被压导致静脉回流减少，从而维持勃起硬度[10]。

海绵体壁的平滑肌在交感兴奋时处于收缩状态，则导致阴茎疲软无力，在勃起时，则副交感神经兴奋。

在这个“注射器”远端的是尿道海绵体膨大形成的阴茎头，它有自己的血管网络以及其特定的脊髓控制中枢[11]。因此，它也有两条产生勃起的神经通路：龟头及尿道海绵体由 L1、L2 脊髓支配，阴茎海绵体由 S2、S3、S4 脊髓支配。这些功能是通过对截瘫患者的临床研究阐明的。这些脊髓勃起中枢处于来自大脑的和心理因素相关的“条件”命令控制之下，这也解释了脊髓中枢频繁进行勃起抑制[12]。同时我们还必须牢记静脉因素在勃起中的重要性[13]，这就意味着仅仅只考虑使用腹动脉等相邻动脉来修复阴茎海绵体动脉的手术方法是无效的。

10.2.2 尿道球海绵体肌“泵”启动注射器

就像前面曾经介绍过的那样，阴茎只能通过肌肉的收缩将精液从尿道排出。这个过程是由尿道前列腺部下方的尿道球海绵体完成的，里面有精阜用以连接精囊——一个位于前列腺的后上方的储存精液的器官。

由于来自尿道球海绵体横纹肌的横纹肌纤维层就像一个袖套一样包绕在球海绵体之外，通过有节奏地挤压输尿管起到泵的效果。这和用于体外循环的泵是一样的工作原理（图 10.2）。但是关键问题在于找到方法在射精时将精子有节律地泵出。

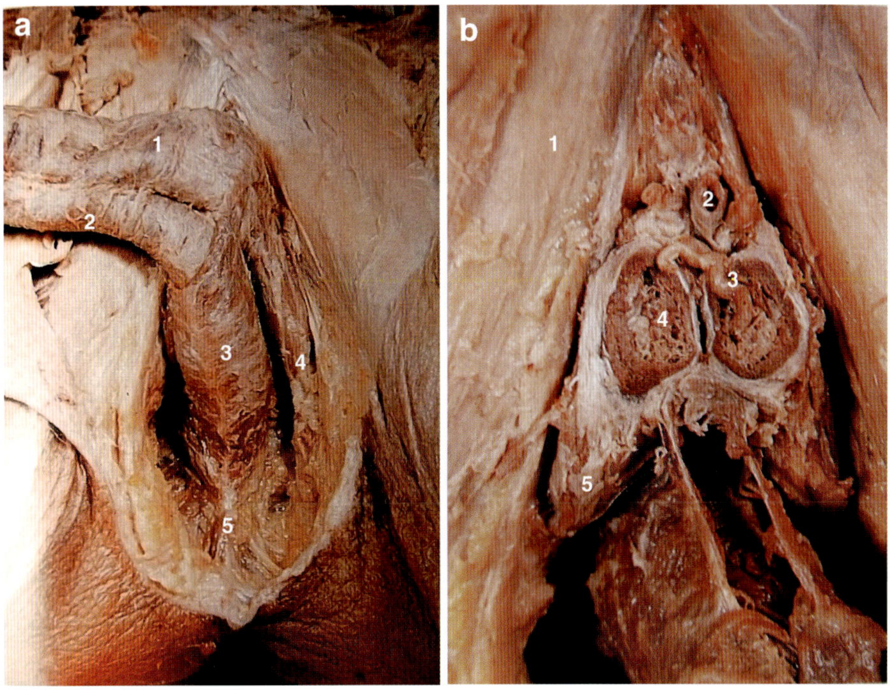

图 10.1　男性会阴前面观。(**a**) 正面观：1. 阴茎海绵体；2. 尿道；3. 球海绵体肌；4. 坐骨海绵体肌；5. 会阴中心腱。(**b**) 切除阴茎海绵体后：1. 耻骨下支；2. 前列腺；3. 穿入阴茎海绵体的阴茎海绵体动脉；4. 阴茎海绵体横截面；5. 阴茎脚

10.2.3　会阴的阵发性爆发——射精

我们已经在研究中心记录了射精过程，以了解泵在其中的作用[14]。射精动作将精液泵出的过程是不能中断的，当然这不包括射精的欲望。事实上，前、后会阴横纹肌（肛门括约肌）是不能分别进行自由支配的。这种同步性使得我们可以通过一种无创性的方法进行研究：使用如图 10.3 所示的一种特殊的装置——一端放置在肛管、另一端由气动传感器连接到测量器。由于整个会阴横纹肌肌肉是同步收缩的，因此，可以通过肛门外括约肌的收缩来测量球海绵体肌泵的同步收缩。

我们已经发现并记录了四个连续的阶段：前期，强直性收缩期，阵挛性收缩期以及后期。然而，这种生理现象易让人联想起癫痫发作的临床过程——同样是不能中断的过程，同样有三个相似的阶段：第一，包括呼吸肌在内的肌肉强直性收缩导致颜面发绀；第二，阵挛期，面部和四肢的肌肉有节律性地收缩；最后，在后期，患者已经丧失的意识开始逐渐恢复但伴有完全的逆行性遗忘。基于上述研究结果，现在，我们可以使用精神病治疗法（振动疗法或电休克疗法）诱导癫痫发作对其进行治疗。

当然，射精不是完全等同于前面描述的癫痫发作，但二者的神经生理过程特点相同。射精时所有的脊髓射精中枢会同步激活；而对于癫痫，有大发作时整个皮质的激活，以及颞叶癫痫时仅仅激活部分颞叶皮质等几种形式的发作。但当我们以前在性学大会上提出这些结果时，总有那样一些几乎从来没有接触过生理学或者神经

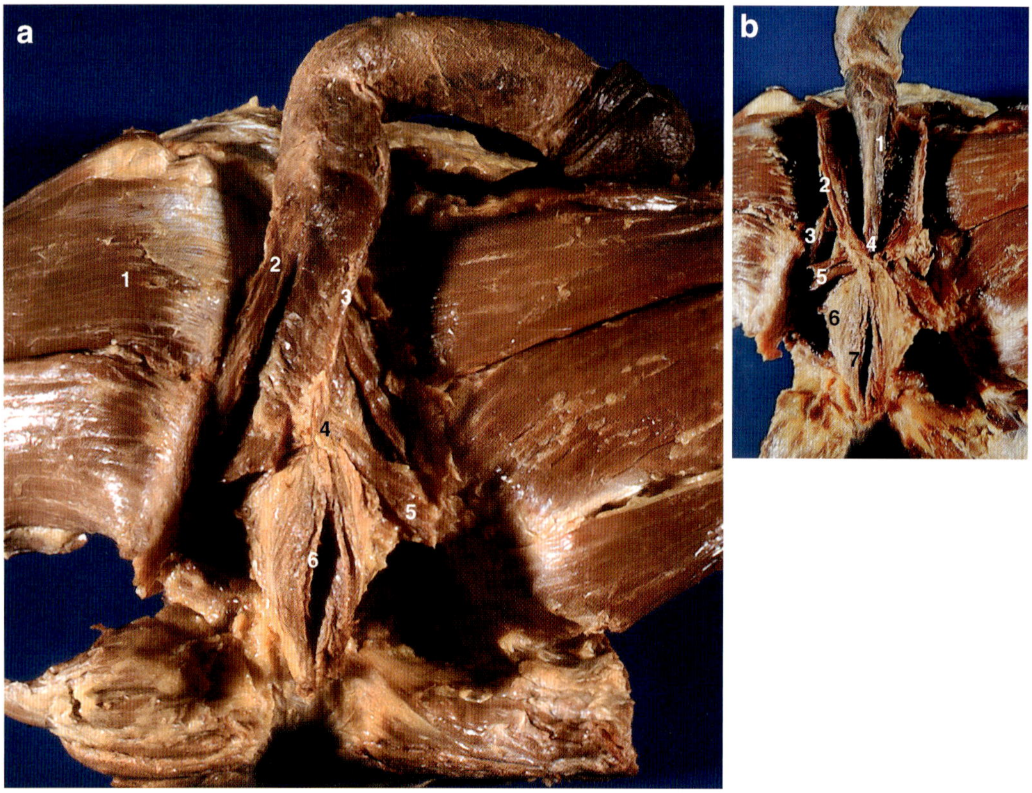

图 10.2 球海绵体泵及会阴肌肉前面观。(**a**) 浅面观：1. 内收肌；2. 坐骨海绵体肌；3. 环绕海绵体尿道及球部的球海绵体肌；4. 会阴中心腱；5. 会阴横纹肌；6. 肛门。(**b**) 切除会阴海绵体肌后：1. 尿道海绵体；2. 球海绵体肌；3. 坐骨海绵体肌；4. 会阴中心腱；5. 会阴横纹肌；6. 肛门外括约肌；7. 肛门

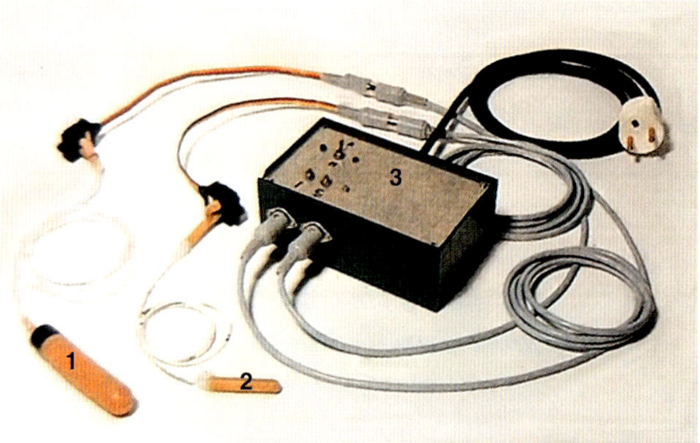

图 10.3 测量肛门和阴道收缩的装置。1. 气动阴道内传感器；2. 气动肛门内传感器；3. 电子测量和记录系统

病学的性学家们，表示出了咄咄逼人的苛责态度。不过在一个公众具有如此的多态性和丰富想象力的社会中，其实这并不足以让人感到惊奇。

事实摆在那儿：这套系统的优点在于有效地使用了同步“激活”全部的脊髓射精中枢这样一个神经生理学现象，从而产生了一个阵发性爆发，使得球海绵体肌和坐骨海绵体肌的节律性收缩影响射精泵[15-16]，在精囊收缩的同时打开精阜释放精子，同时收缩尿道括约肌横纹肌避免有缺陷的精子回流。在截瘫伴有永久性括约肌障碍的患者身上，我们也可以观察到这个现象。

最后，射精的生理过程通常是由对性器官触觉感受器的刺激引起的，这种刺激可以导致射精中枢神经元激活，并爆发出同步射精。由于这一射精不能中途停止，因此必须确保能将精子射出。

10.3　推测的运动：性高潮

既然对地球上的生命而言，繁殖是维持物种延续的必要手段，那么了解与繁殖有关的问题便非常重要。问题是，包括人类在内的所有动物，究竟如何组织应用“繁殖”这个功能。

仔细分析生殖生物学使我们理解了一个强制性的基本原则，它与“觅食”这一类的生存装备相似，觅食是为了满足需要，这种满足会产生一个重要参数：快感，它是一个很强的激励能力。因此生物具有快感功能，而所谓的“需求”其实也就是觅食和交配时内分泌改变所导致的新陈代谢。

雌性动物对生殖生物学一无所知，然而假如这个排卵期她要受精，她就会接受雄性，这被称为发情期。在此期间，分泌外激素吸引和触发雄性发情，同时雌性的外阴也将出现一系列例如产生分泌物、肿胀等等有利于接受交配的变化。

在这方面人类有所不同。如果一个女性不顾卵巢周期的生物制约，“原则上”接受男性，其导致生育也只会发生在排卵期。排卵通常是在月经周期的第 14 天，这附近的一个星期左右称为“排卵期”。性活动的目的不再是一成不变的保证繁殖成功（正如多数动物凭经验交配一样），而是成了多元有限文化的一种表现形式，魅力主要依赖于性伴侣的心理能力。

对男性和人类来说，性高潮的快感（性高潮这个词源于希腊语 orgao，意思是激情的泡沫）产生于射精过程，这也是繁殖必须进行的过程。显然，不同物种的这种情感经历是不同的，这取决于不同物种的大脑结构的差异性。然而，对经常快速性交的雌性动物而言，并不会经历前面描述的性高潮，重要的是性高潮对于繁殖并不是至关重要的。

由此引发关于女性性高潮的问题。有相当比例的女性从来没有感到过任何的性高潮，其中包括一些已经生育过好几个孩子的妇女。然而，在女性中使用如前所述相同的性高潮研究记录方法，发现她们具有与男性完全相同的性高潮形式[14]：强直期和阵挛期的会阴肌肉包括肛门括约肌在内的收缩（图 10.4 和 10.5）。

此外，女性的性器官[17-18]位于阴道开口的上方，是非常特别的专门为传递快乐而设计的一个小东西：阴蒂（词源学上讲是“钥匙”的意思），一个看得见摸得着的小小突起，与大量的触觉感受器（图 10.6）相连接，特别敏感。对女性而言，“性高潮”专门用来描述的阵发性爆发，虽然可能有不同的诱导爆发形式，但大多是通过不同的技术手段（——希望不会引起疼痛）刺激阴蒂以达到高潮，其中也会对阴道包括著名的 G 点进行刺激。最近的组织学研究发现 G 点其实就是围绕着尿道的神经纤维在阴道前壁形成的一个聚合点。

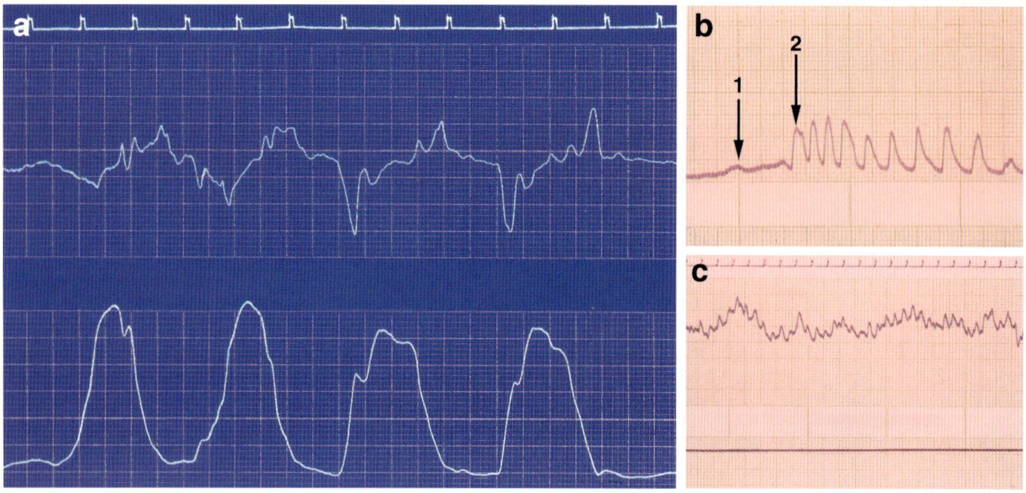

图 10.4 性高潮发作记录。(**a**) 自主收缩：肛门探头（上行）和阴道探头（下行）。(**b**) 由肛门传感器记录的射精：1. 强直相；2. 阵挛相。(**c**) 性高潮前激发阶段：心率和性高潮亢奋前期收缩记录

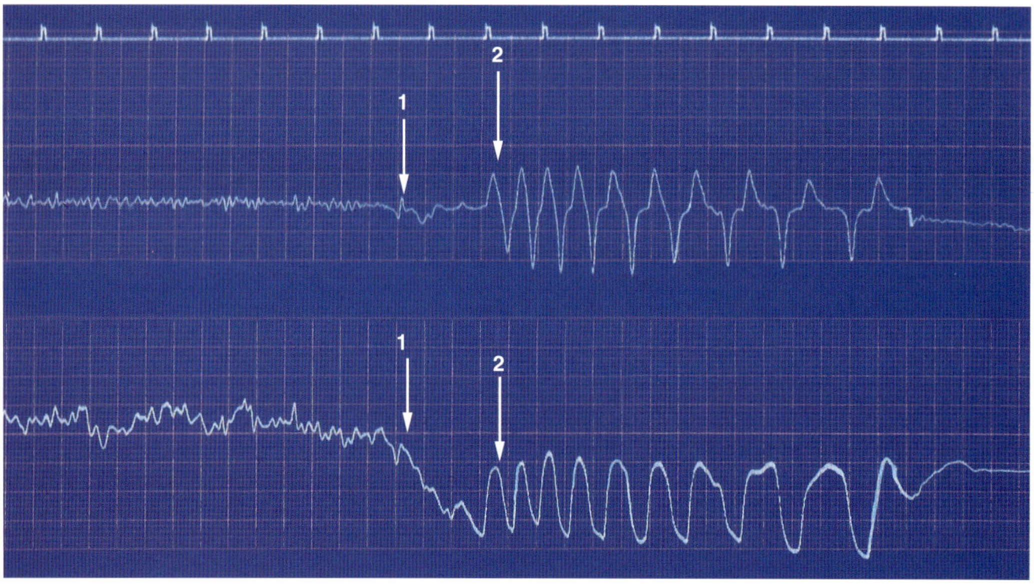

图 10.5 女性性高潮发作时肛门探头（上行）和阴道探头（下行）的记录。1. 强直阶段在阴道探头更为明显；2. 阵挛期：同步收缩的肛门外括约肌和阴道横纹肌括约肌

最后，需要了解的是女性性高潮类型可以存在于从迅速到非常缓慢的诱导过程中，也可以存在于在数量和性节奏方面可变的阵挛收缩期。反馈给性学家最多的是通常由认识不足导致性不和谐[19-20]。但是在了解了更多关于这一精确机制的知识后，这种不和谐很可能通过性伴侣间毫无禁忌的讨论得以改善。

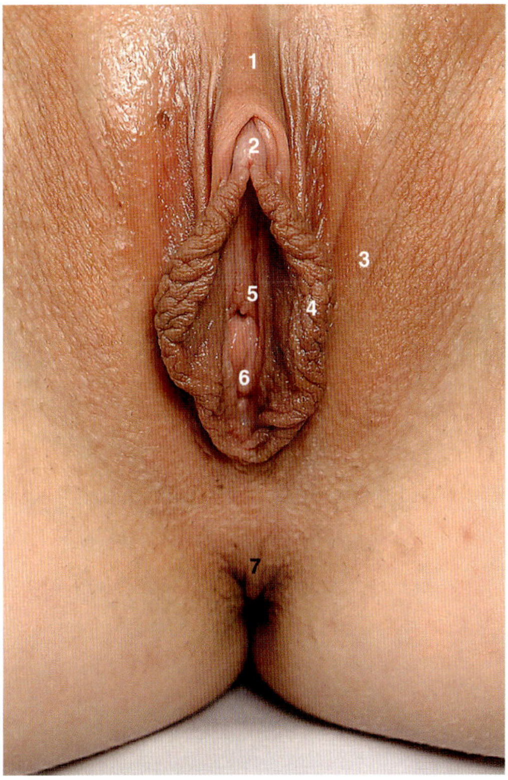

图 10.6 女性外阴。1. 阴蒂包皮；2. 阴蒂头；3. 大阴唇；4. 小阴唇；5. 尿道开口；6. 阴道开口；7. 肛门

参考文献

1. Saper CB, Chou TC, Elmquist JK (2002) The need to feed: homeostatic and hedonic control of eating. Neuron 36(2):199–2111
2. Hockman CH (1972) Limbic system mechanics and autonomic function. Charles C Thomas, Springfield
3. Zwang G (1972) La fonction érotique. Robert Laffont, Paris
4. Fitzpatrick TJ (1975) The corpus cavernosum intercommunicating venous drainage system. J Urol 13:494–496
5. Newman JF, Northup JD (1981) Mechanisms of human penile erection: an overview. Urology 17(5): 399–408
6. Wespes E, Schulmann CC (1984) Parameters of erection. Br J Urol 56:416–417
7. Conti G (1952) L'érection du pénis humain et ses bases morphologico-vasculaires. Acta Anat 14:217
8. Virag R (1982) Intracavernous injection of papaverine for erectile failure. Lancet 2:938
9. Friedman D (2001) Mind of its own a cultural history of penis. Free Press, New York
10. Lue TF, Schmidt RA, Tanagho EA (1985) Erection cavernosography. J Urol 133:189
11. Bors E, Blinn KA (1959) Bulbo-cavernous reflex. J Urol 82:128
12. Schiavi RC (1981) Male erectile disorders. Annu Rev Med 32:309–320
13. Delcour C, Wespes E, Brion JP et al (1983) Explorations artérielle et veineuse de l'impuissance d'origine vasculaire. Ann Urol 17(6):356–359
14. Rabischong P (1977) Approche physiométrique de l'acte sexuel. Actualités gynécologiques, huitiéme série, Masson, pp 37–44
15. Kolberg S, Petersen I, Stener I (1962) Preliminary results of an electromyographic study of ejaculation. Acta Chir Scand 123:478–483
16. Kegel AH (1952) Sexual function of pubococcygeal muscle. West J Surg 60:521–524
17. Perry JD, Whipple B (1982) Multiple comportments of the female orgasm. In: Graber B (ed) Circumvaginal musculature and sexual function. Karger, New York
18. Zwang G (1996) Le sexe de la femme. La Musardine, Paris
19. Zwang G (1976) Abrégé de sexologie. Masson, Paris
20. Zwang G (1990) Pathologie sexuelle. Maloine, Paris

总　结

（王杰　译，尚峰　校）

本书旨在阐明解剖结构在其技术领域内的复杂性。随着时间的推移，解剖学家从大量的描述性解剖中形成了对人体运动的功能性解剖概念。

时机合适，即使经过优胜劣汰的生物淘汰法则会降低整体的和谐性，最终也会使用精挑细选的和原始可靠材料制成的生物体，来呈现完美巧妙的组合。

很明显，懂得如何简单、有效地控制复杂的机体是有趣的，要远比人类在机械学、计算机科学和控制系统等专业领域取得的成就更让人唏嘘不已。

人类作为机器的创造者和发现者，得益于其在生物学方面的知识和技术进步，实现了运用复杂系统来寻找更多非常小或者微小以及纳米级生物的重要技术。借助于这些技术使生物元素的各种形态在显微镜下清晰可辨。生物结构的复杂性并不是由机体感知的。通常来说，生物机体不需要掌握生物学知识，它只需要少量的信息便足以出色完成复杂的运动功能。这就是我们在本书中想要阐明的最惊人的观点。

无论我们从所提供功能分析中得出怎样的结论。我们都不能不被各器官间真正需要的预先编制的无缝连接所折服。在器官的个体中，存在井然有序的多细胞分化以及起始和结束于中枢神经系统的神经。这些信息，最终将由数以亿计的神经元加工、储存。

我们会很快在周围神经和中枢神经的迷宫中迷失方向，即便是我们的还原论者亦不能全面地理解。我们机体内部的各神经区域紧密联系，并对应完全不同的功能，但又在同时工作着，这也一直困扰着我们。但是我们必须保持去发现这些奇妙系统的好奇心，这将一如既往地促使我们不断加强理解。每个生物体有其独特的原始功能，以充分配合不同的指令，这给予了解剖学家进行比较的教育价值。

最终我们可以认定，在该组织中不会有即兴创作的程序，而是有严格的程序使然。众所周知，世上不仅仅有三百多万种不同的生物；然而很多人仍然认为，生命是突变而不可预知或无规律的游戏。如果本书能给读者以充分的证明，便足以完成了它的使命。

索　引